Case Management zur Optimierung der sektorenübergreifenden Versorgung im Gesundheitswesen

Europäische Hochschulschriften
Publications Universitaires Européennes
European University Studies

Reihe V
Volks- und Betriebswirtschaft

Série V Series V
Sciences économiques, gestion d'entreprise
Economics and Management

Bd./Vol. 3259

PETER LANG
Frankfurt am Main · Berlin · Bern · Bruxelles · New York · Oxford · Wien

Andrea Thorenz

Case Management zur Optimierung der sektorenübergreifenden Versorgung im Gesundheitswesen

Eine empirische Studie der Versorgung von Frauen mit Mammakarzinom durch das *mammaNetz*

PETER LANG
Internationaler Verlag der Wissenschaften

Bibliografische Information der Deutschen Nationalbibliothek
Die Deutsche Nationalbibliothek verzeichnet diese Publikation in der Deutschen Nationalbibliografie; detaillierte bibliografische Daten sind im Internet über <http://www.d-nb.de> abrufbar.

Zugl.: Augsburg, Univ., Diss., 2006

Gedruckt mit Unterstützung des beta Instituts.

D 384
ISSN 0531-7339
ISBN 978-3-631-56789-0

www.peterlang.de

Vorwort

Lerne, für dich selbst und für die Schönheit der Welt zu arbeiten. Finde den Enthusiasmus der Entdecker wieder, die den entferntesten Horizont ins Auge fassten, um ihr Werk zu vollenden. In jedem einzelnen Augenblick deines Lebens solltest du die Freude des Aufbruchs zu neuen Ufern empfinden.

Tibetische Weisheit

Diese vorliegende Arbeit konnte nur entstehen, weil mich wichtige Menschen in meinem Leben gestärkt und auf vielfältige Weise unterstützt haben. Mein besonderer Dank gilt Horst Erhardt, Geschäftsführer des beta Instituts für angewandtes Gesundheitsmanagement. Erst durch seinen Enthusiasmus und sein Engagement kam das Forschungsprojekt, das der Arbeit zugrunde liegt, zustande. Er hat mir gezeigt, was es heißt „Entdecker“ zu sein.

Darüber hinaus bedanke ich mich sehr herzlich bei Prof. Dr. Helmut Giegler (Erstgutachter), Lehrstuhl für Soziologie der Universität Augsburg, der mich stets gefördert und mir zahlreiche wertvolle Hinweise sowie konstruktive Kritik für meine Dissertation gegeben hat. Weiterhin bedanke ich mich bei Prof. Dr. Anita Pfaff (Zweitgutachterin), Institut für Volkswirtschaftslehre der Universität Augsburg sowie bei Prof. Dr. Martin Stengel (Vorsitzender der Disputation).

Bei der redaktionellen Überarbeitung hat mir besonders Anna Grochocka geholfen. Für ihre Zeit, die sie eingebracht hat, ihre Gewissenhaftigkeit und ihre Mithilfe bedanke ich mich sehr.

Ein großer Dank geht auch an meine Familie: an meine Eltern, die mich stets fürsorglich unterstützt haben sowie an meinen Mann Axel Tuma und meinen Sohn Niklas. Sie haben mich gerade in der Schlussphase der Arbeit entlastet und sich sehr liebevoll um mich gekümmert.

Bei allen anderen Menschen, die mir behilflich waren und die Daumen gedrückt haben, bedanke ich mich ebenso sehr herzlich.

Augsburg, im Februar 2007 Andrea Thorenz

Inhaltsverzeichnis

Abbildungsverzeichnis 11
Tabellenverzeichnis 15
Abkürzungsverzeichnis 17
1 Problemstellung 19
2 Ziele und Aufbau des Studienprojekts 23
2.1 Untersuchungsziel und zentrale Forschungsfragen 23
2.2 Forschungshypothese 24
2.3 Inhaltlicher Aufbau der Arbeit 25
3 Sektorenübergreifende Versorgung im deutschen Gesundheitswesen 29
4 Diagnose Brustkrebs: Belastungen für die Frauen und Defizite in der Versorgung 33
4.1 Stand der medizinischen Versorgung von Frauen mit primärem Mammakarzinom 33
4.2 Psychische Beeinträchtigungen von Brustkrebspatientinnen und psychoonkologische Interventionen 37
4.3 Defizite in der Versorgung von brustkrebskranken Frauen: Empirische Studien 40
5 Fachwissenschaftliche Einordnung des Case Managements 45
5.1 Theorien der Sozialarbeit 45
5.2 Die Praxistheorie Case Management und Empowerment 47
6 Case Management bei Brustkrebspatientinnen 51
6.1 Empirische Studien zum Case Management 51
6.2 Case Management: Eine Beschreibung 57
6.2.1 Definition des Case Managements 57
6.2.2 Ziele und Aufgaben des Case Managements 57
6.2.3 Phasen des Case Managements 60
6.3 Grenzen und Chancen des Case Managements 62
7 Die Versorgung von Frauen mit Mammakarzinom durch das mammaNetz 67
7.1 Projektträger des mammaNetzes: Das beta Institut 67
7.2 Das mammaNetz: Der Beginn 70
7.3 Das mammaNetz – Begleit- und Orientierungsstelle für Frauen mit Brustkrebs 71
7.3.1 Zielsetzungen von mammaNetz 72

7.3.2 Sektorenübergreifende Begleitung und Vernetzung: Entwicklung eines Patientenpfades 73
7.3.3 Leistungen und Prozessabläufe des Case Managements bei mammaNetz 75
7.3.3.1 Leistungsspektrum 76
7.3.3.2 Exemplarischer Begleitprozess: Ein Patientenpfad von der Diagnose bis zur Nachsorge 76
7.3.3.3 Softwaregestütztes Tool zur Dokumentation des Patientenpfades 78
7.3.4 Indikations- und Bedarfsermittlung bei mammaNetz (Intake und Assessment) 85
7.3.5 Netzwerk-, Organisations- und Personalstruktur von mammaNetz 87
7.3.5.1 Netzwerk- und Organisationsstruktur 87
7.3.5.2 Personalstruktur 88
7.3.5.3 Personalentwicklung 90
7.3.6 Interdisziplinarität und Kooperationen bei mammaNetz 90
7.3.6.1 Interdisziplinarität im Team der Begleitstelle 90
7.3.6.2 Interdisziplinarität und Kooperationen im Netzwerk mammaNetz 91
7.3.7 Qualitätssicherung und -verbesserung 95
7.3.7.1 Versorgungsforschung im Rahmen des Care-Service-Science-Konzeptes 96
7.3.7.2 Maßnahmen der Qualitätssicherung und -verbesserung im mammaNetz 98
8 Methodische Grundlagen der empirischen Untersuchung 101
8.1 Datenerhebung 101
8.1.1 Die Erhebung der Prozessdaten 102
8.1.2 Datenerhebung der Patientinnenbefragung 103
8.1.3 Organisation der Patientinnenbefragungen 105
8.1.4 Organisation der Netzwerkpartnerbefragung 107
8.1.5 Konzeption und Struktur der Fragebögen 108
8.1.5.1 Die selbst entwickelten Fragebögen 108
8.1.5.2 Fragebögen für die Erfassung der subjektiven Lebensqualität 115
8.2 Studiendesign 117
8.2.1 Studientyp 117
8.2.2 Einschluss-Ausschluss-Kriterien 117
8.2.3 Untersuchungszeitraum und Beschreibung des Samples 118
8.2.3.1 Stichprobencharakteristika 118

8.2.3.2 Repräsentativität der Stichproben 120
8.3 Methoden der Auswertung des Datenmaterials 121
9 Darstellung der empirischen Ergebnisse 125
9.1 Aufbau und Struktur der Ergebnisdarstellung 125
9.2 Darstellung der Ergebnisse 126
9.2.1 Ergebnisse der Versorgungsqualität 127
9.2.1.1 Auswirkungen der Arbeit von mammaNetz auf das Klientsystem 127
9.2.1.1.1 Auswirkungen der Arbeit von mammaNetz auf die Lebensqualität 127
9.2.1.1.2 Auswirkungen der Arbeit von mammaNetz auf die seelische Verfassung der Patientinnen 133
9.2.1.1.3 Auswirkungen der Arbeit von mammaNetz auf die Kompetenz und Sicherheit im Umgang mit der Erkrankung (Empowerment) 142
9.2.1.2 Auswirkungen des mammaNetzes auf das Ressourcensystem der Patientinnen 153
9.2.1.2.1 Soziale Unterstützung nach der Diagnose 153
9.2.1.2.2 Unterstützungsmöglichkeiten und Zufriedenheit mit der Unterstützung 154
9.2.1.2.3 Defizite in der Versorgung aus der Sicht der betroffenen Frauen 164
9.2.1.3 Das professionelle Hilfssystem mammaNetz 165
9.2.1.3.1 Zufriedenheit mit der Unterstützung durch das mammaNetz (Case Management) 165
9.2.1.3.2 Ergebnisse der Befragungen der Netzwerkpartner 170
9.2.2 Ermittlung der Patientenpfadkosten für begleitetet Brustkrebspatientinnen nach der Case-Management-Methode 177
9.2.3 Prozessoptimierung: Steuerung des Patientenpfades durch Case Management 179
10 Zusammenfassung und Ausblick 183
11 Literaturverzeichnis 193
Anlagen 203

Abbildungsverzeichnis

Abbildung 1: Soziale Rolle des Case Managers 59
Abbildung 2: Vorteile von Case Management 60
Abbildung 3: Phasen des Case Managements 62
Abbildung 4: Zusammenhang zwischen Versorgungs- und Patientenpfad 74
Abbildung 5: Screenshot Case Management Assistant 79
Abbildung 6: Screenshot Case Management Assistant: Event Diagnose 80
Abbildung 7: Screenshot Case Management Assistant: Patientenakte geöffnet 81
Abbildung 8: Interne Organisationsstruktur der Begleitstelle mammaNetz in Augsburg. 88
Abbildung 9: Care-Service-Science in der Versorgungsforschung 97
Abbildung 10: Merkmale der Patientinnenbefragung 106
Abbildung 11: Themenblöcke der Befragungen 109
Abbildung 12: Inhalt der Patientinnenbefragung 112
Abbildung 13: Altersverteilung der Frauen 118
Abbildung 14: Auswertungsmethoden 122
Abbildung 15: Die Entwicklung der durchschnittlichen Werte der Dimension Soziale Funktionsfähigkeit der gesundheitsbezogenen Lebensqualität (SF-8) von B1 zu B2 130
Abbildung 16: Die Entwicklung der durchschnittlichen Werte der Dimension Psychische Lebensqualität der gesundheitsbezogenen Lebensqualität (SF-8) 131
Abbildung 17: Die Entwicklung der durchschnittlichen Werte der Skala Emotionale Funktion der krebsspezifischen Lebensqualität (EORTC-11) 132
Abbildung 18: Angst vor den körperlichen Auswirkungen der Erkrankung bei B1 134
Abbildung 19: Angst vor den körperlichen Auswirkungen der Erkrankung bei B2 134
Abbildung 20: Angst vor den körperlichen Auswirkungen der Erkrankung bei B3 135
Abbildung 21: Angst vor den körperlichen Auswirkungen der Erkrankung (Vergleich der Mittelwerte der Interventions- und Kontrollgruppe zu den drei Befragungszeitpunkten) 136

Abbildung 22: Angst vor den Auswirkungen der Erkrankung auf die häuslichen Verpflichtungen (Vergleich der Mittelwerte der Interventions- und Kontrollgruppe zu den drei Befragungszeitpunkten) 138
Abbildung 23: Angst der berufstätigen Brustkrebspatientinnen vor den Auswirkungen der Erkrankung auf die beruflichen Verpflichtungen (Vergleich der Mittelwerte der Interventions- und Kontrollgruppe zu den drei Befragungszeitpunkten) 139
Abbildung 24: Angst vor den Auswirkungen der Erkrankung auf die sozialen Kontakte bzw. die Partnerschaft (Vergleich der Mittelwerte der Interventions- und Kontrollgruppe zu den drei Befragungszeitpunkten) 140
Abbildung 25: Patientinnenkompetenz (Empowerment) – Informationsstand (Häufigkeiten der Interventionsgruppe zu B2) 143
Abbildung 26: Patientinnenkompetenz (Empowerment) – Informationsstand (Häufigkeiten der Kontrollgruppe zu B2) 144
Abbildung 27: Patientinnenkompetenz (Empowerment) – Sicherheit im Umgang mit der Erkrankung (Häufigkeiten der Interventionsgruppe zu B2) 145
Abbildung 28: Patientinnenkompetenz (Empowerment) – Sicherheit im Umgang mit der Erkrankung (Häufigkeiten der Kontrollgruppe zu B2) 145
Abbildung 29: Patientinnenkompetenz (Empowerment) – Informationsstand (Häufigkeiten der Interventionsgruppe zu B3) 146
Abbildung 30: Patientinnenkompetenz (Empowerment) – Informationsstand (Häufigkeiten der Kontrollgruppe zu B3) 147
Abbildung 31: Entwicklung der durchschnittlichen Werte des Informationsstandes 149
Abbildung 32: Entwicklung der durchschnittlichen Werte der Kompetenz 152
Abbildung 33: Soziale Unterstützung der Patientinnen nach der Diagnose 154
Abbildung 34: Hilfreiche Unterstützung der Patientinnen nach der Diagnose 155
Abbildung 35: Quelle der wichtigen Informationen über die Erkrankung nach der Diagnose 156
Abbildung 36: Quelle der wichtigen Informationen über Hilfs- und Unterstützungsangebote nach der Diagnose 157
Abbildung 37: Hilfreiche Unterstützung der Patientinnen nach der Entlassung aus der Klinik 158
Abbildung 38: Quelle der wichtigen Informationen über die Erkrankung nach der Entlassung aus der Klinik 159

Abbildung 39: Quelle der wichtigen Informationen über Hilfs- und Unterstützungsangebote nach der Entlassung aus der Klinik ___ 160
Abbildung 40: Unterstützungsbedarf nach der Entlassung aus der Klinik _ 161
Abbildung 41: Unterstützungsbedarf ein Jahr nach der Aufnahme in die Klinik ___ 162
Abbildung 42: Wann ist Ihrer Meinung nach die Unterstützung am nötigsten? ___ 163
Abbildung 43: Einschätzung des Case Managements zum zweiten Messzeitpunkt ___ 166
Abbildung 44: Zufriedenheit mit der Case Managerin zum ersten Messzeitpunkt ___ 167
Abbildung 45: Zufriedenheit mit der Case Managerin zum zweiten Messzeitpunkt ___ 168
Abbildung 46: Veränderungen an den von mammaNetz betreuten Patientinnen nach Einschätzung der Netzwerkpartner ___ 173
Abbildung 47: Patientinnenzufriedenheit mit der mammaNetz-Betreuung nach Einschätzung der Netzwerkpartner ___ 174
Abbildung 48: Vorteile der Betreuung durch mammaNetz für die Ärzte __ 175
Abbildung 49: Zufriedenheit der Ärzte und Psychoonkologen mit der Arbeit der Begleitstelle ___ 175
Abbildung 50: Patienten- und Kostenpfad ___ 177
Abbildung 51: Durchschnittliche medizinische Patientenpfadkosten ___ 178

Tabellenverzeichnis

Tabelle 1: Anzahl der befragten Patientinnen 107
Tabelle 2: Stichprobencharakteristika der Interventions- und Kontrollgruppe 119
Tabelle 3: Vergleichbarkeit der Stichproben 121
Tabelle 4: Signifikanzniveau 123
Tabelle 5: Ausgewählte signifikante Ergebnisse des Mittelwertsvergleichs zwischen IG (n=140) und KG (n=73) im SF-8 zu B1 128
Tabelle 6: Mittelwertsunterschiede zwischen IG (n=140) und KG (n=73) im EORTC-11 zu B1 128
Tabelle 7: Mittelwertsunterschiede zwischen IG (n=132) und KG (n=65) im SF-8 und EORTC-11 (Auswahl) zu B2 129
Tabelle 8: Vergleich der Angst der Brustkrebspatientinnen vor den körperlichen Auswirkungen der Erkrankung zu allen drei Befragungszeitpunkten 136
Tabelle 9: Vergleich der Angst der Brustkrebspatientinnen vor den Auswirkungen der Erkrankung auf die häuslichen Verpflichtungen zu allen drei Befragungszeitpunkten 137
Tabelle 10: Vergleich der Angst der berufstätigen Brustkrebspatientinnen vor den Auswirkungen der Erkrankung auf die beruflichen Verpflichtungen zu allen drei Befragungszeitpunkten 139
Tabelle 11: Vergleich der Angst der Brustkrebspatientinnen vor den Auswirkungen der Erkrankung auf die sozialen Kontakte bzw. die Partnerschaft zu allen drei Befragungszeitpunkten 140
Tabelle 12: Veränderungen der Progredienzängste vom ersten zum zweiten Messzeitpunkt (Interventionsgruppe) 141
Tabelle 13: Veränderungen der Progredienzängste vom zweiten zum dritten Messzeitpunkt (Interventionsgruppe) 142
Tabelle 14: Strukturdaten und teststatistische Kennwerte der Skalen der Befragungen B2 und B3 zum Informationsstand von Brustkrebspatientinnen 148
Tabelle 15: Ladungszahlen der Items auf Faktor „Informationsstand" der Fragebögen zu B2 und B3 148
Tabelle 16: Vergleich des Informationsstandes der Brustkrebspatientinnen (Empowerment) 149

Tabelle 17: Strukturdaten und teststatistische Kennwerte der Skalen der B2- und B3-Befragungen zur Kompetenz von Brustkrebspatientinnen im Umgang mit der Erkrankung (Empowerment) 150
Tabelle 18: Ladungszahlen der Items auf Faktor „Kompetenz" der Fragebögen zu B2 und B3 151
Tabelle 19: Vergleich der Kompetenz der Brustkrebspatientinnen im Umgang mit der Erkrankung (Empowerment) 152
Tabelle 20: Veränderungen im Informationsstand und der Kompetenz von B2 zu B3 (Interventionsgruppe) 153
Tabelle 21: Summe Patientinnenkosten in Euro 179

Abkürzungsverzeichnis

AHB	Anschlussheilbehandlung
BET	Brusterhaltende Therapie
CAWAC	Caring about Woman and Cancer
CM	Case Management
DBfK	Deutscher Berufsverband für Pflegeberufe
DBSH	Deutscher Berufsverband für Soziale Arbeit e. V.
DemoProQM	Demonstrationsprojekt "Qualitätsmanagement im Krankenhaus"
DGS	Deutsche Gesellschaft für Sozialarbeit
DMP	Disease-Management-Programm
DSM-IV	Diagnostisches und Statistisches Manual psychischer Störungen
DRGs	Diagnostic Related Groups
EBCTCG	Early Breast Cancer Trialist Cooperative Group
EORTC QLQ-C30	European Organisation for Research and Treatment of Cancer, Quality of Life Questionnaire, Core Modul 30
EUSOMA	European Society of Mastology
ff	folgende
FNP	Feinnadelpunktion
GKV	Gesetzliche Krankenversicherung
GSF	Forschungszentrum für Umwelt und Gesundheit
GSG	Gesundheitsstrukturgesetz
HADS	Hospital Anxiety and Depression Scale
HSC	Home Supply & Care
ICD	International Classification of Diseases (Diagnoseschlüssel)
ICF	International Classification of Functioning, Disability and Health
IG	Interventionsgruppe
KG	Kontrollgruppe
KORA	Kooperative Gesundheitsforschung in der Region Augsburg
M	Median

MONICA	Monitoring Trends and Determinants in Cardiovascular Disease
MOS-SF-12	Medical Outcome Study 12-Item Short Form Health Survey
MRM	Modifiziert radikale Mastektomie
MR-Tomographie	Magnetresonanz-Tomographie
NCM	Nursing Case Management
OP	Operation
p	Kritisches Signifikanzniveau
PA-F	Progredienzangst-Fragebogen
PET	Positronenemissionstomographie
Reha	Rehabilitation
QM	Qualitätsmanagement
SBN	Specialist Breast Nurses
SD	Standardabweichung (standard deviation)
SF-8	Short Form-8 Health Survey
SGB V	Sozialgesetzbuch 5. Buch Krankenversicherungsrecht
SLNE	Sentinellymphonodektomie
WHO	World Health Organisation

1 Problemstellung

Das deutsche Gesundheitswesen weist in vielen Bereichen eine unzureichende Verzahnung von ambulanter und stationärer Versorgung im Sinne des Gesundheitsstruktur-Gesetzes 1992 sowie der dritten Stufe der Gesundheitsreform und des GKV-Gesundheitsreformgesetzes 2000 auf. Der Sachverständigenrat für die Konzertierte Aktion im Gesundheitswesen stellte 2003 ein Gutachten zur „Finanzierung, Nutzerorientierung und Qualität" vor. Ein Ziel darin ist die Optimierung der Versorgungsstrukturen in Bezug auf **Qualität und Kosten**.

Das deutsche Gesundheitswesen verursachte im Jahre 2003 239 Milliarden Euro Kosten. Das höchste Ausgabenvolumen bildet dabei die ambulante ärztliche und zahnärztliche Behandlung mit 111 Milliarden Euro und die stationäre Behandlung mit 91 Milliarden Euro. Die Ausgaben sind im stationären Sektor beispielsweise von 2001 bis 2003 um 6 % gestiegen, im ambulanten um 4 %[1].

Einen Ansatz zur Kostenreduktion bei gleichzeitiger Qualitätssteigerung stellt im deutschen Gesundheitswesen eine bessere Koordination und Kooperation zwischen den einzelnen stationären und ambulanten Versorgungsbereichen und Berufsgruppen in Form der sogenannten **Integrierten Versorgung** dar[2]. Die Struktur des stark getrennten Gesundheitswesens (in ambulanten, stationären und Reha-Bereich) verhindert eine bedarfsgerechte Versorgung der Patienten. Jeder Bereich ist zudem in sich spezialisiert und tritt nicht (oder nicht ausreichend) in Beziehung zu den anderen Bereichen und Systemen. Aufgrund dieser starken Segmentierung ergeben sich „Spezialisierungsinseln". Beispielsweise findet oft weder innerhalb des Krankenhauses, noch zwischen dem Krankenhaus und den behandelnden, niedergelassenen Ärzten eine Zusammenarbeit statt.

Im Sinne dieser Optimierung stehen weitere Ziele im Vordergrund. Das Gutachten des Sachverständigenrates für die Konzertierte Aktion im Gesundheitswesen weist darauf hin, dass das Leitbild des Gesundheitssystems im 21. Jahrhundert, im Sinne einer partnerschaftlichen Versorgung, mehr **Information, Kommunikation und Mitgestaltungsrechte** für Patienten beinhalten sollte. Die Patienten rücken durch diese Forderungen stärker in den Mittelpunkt. Durch verständlichere und besser aufbereitete Informationen soll die Kompetenz der Pati-

1 Vgl. www.statistischesbundesamt.de
2 Vgl. Sachverständigenrat für die Konzertierte Aktion im Gesundheitswesen (2003): S. 13 f.

enten gefördert werden. Darüber hinaus wünschen sich die Patienten mehr Einfluss bei medizinischen Entscheidungen selbst[3]. Im Gesundheitswesen der Zukunft stehen somit die Qualitätsverbesserung der Versorgung bei gleichzeitiger Kosteneffizienz des Gesundheitssystems sowie die damit zusammenhängende Zufriedenheit der Patienten im Mittelpunkt des Interesses.

Für die Diagnose- und Behandlungsprozesse im deutschen Gesundheitswesen bedeutet dies, dass durch Schaffung von transsektoralen Versorgungsstrukturen Modelle eingeführt werden, die eine integrierte Gesundheitsversorgung verfolgen. Hierzu zählen beispielsweise das Belegarztwesen, ambulantes Operieren, Polikliniken und die Disease-Management-Programme. Auch im Dienstleistungsbereich haben sich eine Reihe von Anbietern formiert, die externe Integrationsleistungen im Bereich Disease- und Case Management übernehmen. Beispielsweise unterstützt das Unternehmen Home Supply & Care (HSC) die Patienten im Übergang von der stationären zur ambulanten Versorgung. Im Krankenhaus werden sie auf den Gebrauch von Medizinprodukten vorbereitet und informiert und zu Hause weiter mit den benötigten Hilfsmitteln versorgt[4].

Ein weiteres Beispiel ist der „Bunte Kreis e.V.“, eine Nachsorgeeinrichtung für krebs- chronisch und schwerstkranke Kinder im Großraum Augsburg. Das interdisziplinär ausgerichtete Nachsorgekonzept für Kinder und Jugendliche sowie deren Familien wurde in Augsburg seit 1992 entwickelt und umgesetzt. Beim „Augsburger Nachsorgemodell – Der BUNTE KREIS“ handelt es sich um ein Pilotprojekt, das als ganzheitliches, familienorientiertes **Case-Management-Modell** bzw. als sozial-integrative Lösung aus der Praxis heraus entstand: in Kooperation von Mitarbeitern der Kinderklinik des Klinikums Augsburg, Selbsthilfegruppen, Seelsorgern und Wissenschaftlern[5]. Die Defizite in der sektorenübergreifenden Versorgung, wie die mangelnde Verknüpfung der pflegerischen, medizinischen und psychosozialen Versorgung von Kind und Familie und das „... Fehlen eines funktionierenden Bindeglieds zwischen Kinderklinik und nachstationärer Versorgung“[6], sollten durch diese Einrichtung verbessert werden. Der Bunte Kreis e.V. fungierte seit 1994 als Bindeglied zwischen den stationären und ambulanten Einrichtungen und den Familien und setzt dabei erfolgreich die Methode des Case Managements ein.

Case Management wird schon seit Anfang des 20. Jahrhunderts vorwiegend in den USA praktiziert. In Deutschland gewinnt Case Management seit den 1990er Jahren zunehmend an Bedeutung als Antwort auf die neuen Herausforde-

3 Vgl. Sachverständigenrat für die Konzertierte Aktion im Gesundheitswesen (2003): S. 7ff.

4 Vgl. Roland Berger & Partner (2002).

5 Vgl. beta Institut (2005a): S. 62f.

6 Pfaff (2003): S. 1.

rungen im Sozial- und Gesundheitssystem. Mit Case (Fall) ist die Lebenssituation des Patienten oder eine problematische Situation gemeint, in der sich der Patient befindet. Im Case Management wird der Hilfeprozess zur Bewältigung einer problematischen Situation gemanagt. „Sie ‚ist der Fall' und Gegenstand der ziel- und lösungsorientierten professionellen Bemühungen"[7]. Die Patienten werden bei diesem Vorgehen individuell begleitet und vernetzt, um mit ihrer Krankheit bestmöglich zu leben. Der Fokus des Case Managements richtet sich immer darauf, dass der/die Case Managerin ein Bindeglied ist zwischen dem Individuum, den Anbietern, den Kostenträgern und dem Gemeinwesen.

Der Bunte Kreis ist ein Modell, das in der Pädiatrie mittlerweile in 17 Regionen Deutschlands umgesetzt wird, um die Defizite in der sektorenübergreifenden Versorgung zu beheben. Doch diese Defizite bestehen, wie die eingangs zitierten Gutachten zeigen, ebenso in der Erwachsenenversorgung. Deshalb wird das bewährte Case-Management-Konzept der Modelleinrichtung „BUNTER KREIS" zur Nachsorge von chronisch, krebs- und schwerstkranken Kindern auf den Erwachsenenbereich übertragen. Als Zielgruppe für diese modellhafte Übertragung werden **Frauen mit Brustkrebs (Mammakarzinom)** ausgewählt, da Brustkrebs die häufigste Krebserkrankung bei Frauen und mit 17,8 % aller weiblichen Krebstodesfälle auch die häufigste Krebstodesursache bei Frauen ist[8]. In jedem Jahr erkranken in Deutschland ca. 47.500 Frauen und fast 18.000 sterben daran. Die Krankheit wird meist ambulant diagnostiziert, stationär operativ behandelt und ambulant, teilstationär und/oder stationär unter den Aspekten der körperlichen, psychischen und sozialen Rehabilitation nachversorgt. Die sehr variable medizinische Behandlung ist abhängig von Tumorstadium und Tumorart sowie den individuellen Voraussetzungen bei den Erkrankten. Untersuchungen belegen, dass die primäre Diagnosestellung die Patientinnen in eine existenzielle Krise stürzen – die Frauen befinden sich in einem psychischen Ausnahmezustand[9].

Internationale und nationale Studien belegen die Versorgungsdefizite von brustkrebskranken Frauen. Hierbei kristallisieren sich vier Hauptdefizite heraus:

1. Unzureichende Information und schlechte Kommunikation von Seiten der Ärzte
2. Unterstützungsbedarf vor allem in der Zeit der Diagnosestellung, vor und nach der Operation
3. Mangelnde psychosoziale Nachsorge
4. Wenig Sicherheit im Umgang mit der Erkrankung

---

7 Wendt (2002): S. 14.
8 Vgl. www.gbe-bund.de und www.krebsinfo.de
9 Vgl. Jänel, Sing, Grochocka, Pfaff (2000): S. 24 f.

Das vom gemeinnützige beta Institut beim Bayerischen Staatsministerium beantragte Modellprojekt „Case Management in der sektorenübergreifenden Versorgung bei Frauen mit Brustkrebs“ wurde innerhalb der Gesundheitsinitiative „Bayern aktiv“ von Oktober 2002 bis Juli 2005 gefördert. Inhalt der Förderung waren der Aufbau und die Implementierung einer Begleitstelle für Frauen mit Brustkrebs, die nach der Case-Management-Methode arbeitet (mammaNetz) sowie eine Begleitstudie. Hierbei konnten auf die Erfahrungen des Bunten Kreises e.V. zurückgegriffen werden, da der Geschäftsführer des beta Instituts bis zu dessen Gründung den Bunten Kreis federführend aufgebaut hat.

Die vorliegenden Ergebnisse beweisen, dass mit einer Case-Management-Begleitstelle die oben beschriebenen Defizite in der Versorgung von Frauen mit Brustkrebs aufgehoben werden können und dadurch die Frauen besser versorgt werden können. Darüber hinaus wird in der Arbeit aufgezeigt, wie sich Case Management in der Integrierten Versorgung auf einem Patientenpfad ökonomisch bewerten lässt. Dies wird anhand einiger Kostenbeispiele veranschaulicht.

2 Ziele und Aufbau des Studienprojekts

2.1 Untersuchungsziel und zentrale Forschungsfragen

Die vorliegende Studie evaluiert die Machbarkeit – nach Implementierung – einer Begleitstelle für Frauen mit Brustkrebs namens mammaNetz, die nach der Case-Management-Methode arbeitet. Erstdiagnostizierte Patientinnen werden sowohl bereits in der besonders belastenden Phase zwischen Diagnose und stationärem Aufenthalt betreut als auch in der poststationären Zeit. Diese Betreuung umfasst nicht nur die direkte Begleitung von Patientinnen und ihren Familien, sondern ein komplexes Maßnahmenbündel (siehe dazu ausführlicher Kapitel 7.3).

Aus der Sicht der Gesundheitsversorgung entspricht dies zudem dem sektorenübergreifenden Gedanken der Integrierten Versorgung. Die Betroffenen kommen durch die Erkrankung in die Situation, dass sie zwischen ambulanten und stationären Einrichtungen wechseln und verschiedenste Angebote des Gesundheitswesens in Anspruch nehmen müssen. Damit die Übergänge reibungslos verlaufen und zudem alle Angebote im Gesundheits- und Sozialwesen zugänglich sind, bedarf es mehr und mehr einer professionellen Begleitung und Leistungskoordination. Mit dem Einsatz von Case Management wird dies möglich, was sowohl den Betroffenen als auch den Leistungsanbietern nutzt.

Im Rahmen der Studie werden, unter Berücksichtigung unterschiedlicher Analyseperspektiven, folgende Fragen untersucht:

- Wie häufig wird das mammaNetz in Anspruch genommen?
- Können positive und/oder negative Auswirkungen im Hinblick auf die gesundheitsbezogene Lebensqualität und die Angst der betroffenen Frauen festgestellt werden?
- Wie verändern sich die Lebensqualität und die Angst der betroffenen Frauen im Laufe der Zeit?
- Wie hoch ist der Informationsbedarf der Patientinnen?
- Sind die Patientinnen mit der Begleitung durch das mammaNetz zufrieden?
- Wie lässt sich eine Case-Management-Begleitstelle ökonomisch bewerten?

2.2 Forschungshypothese

Die Untersuchung geht von der – zu überprüfenden – **Leithypothese** aus, dass sich die **Begleitung der Patientinnen durch mammaNetz positiv auf die Versorgungsqualität und auf ausgewählte gesundheitsökonomische Zielvariablen auswirkt**.

Die Oberziele der Studie bestehen demnach in der Analyse der Auswirkungen der Versorgungsleistungen durch mammaNetz hinsichtlich

1. **Versorgungsqualität und**
2. **ausgewählter ökonomischer Zielvariablen.**

Aus diesen Oberzielen werden zunächst „thematische Blöcke"[10] festgelegt, auf deren Basis wiederum die einzelnen zu untersuchenden Fragestellungen hergeleitet werden (siehe hierzu Kapitel 8.1.5.1).

Ad. 1: Auswirkungen von mammaNetz auf die Versorgungsqualität

Die **Ermittlung der Auswirkungen von mammaNetz auf die Versorgungsqualität** umfasst die Qualität für die Patientinnen auf drei Ebenen: die individuelle Person, das soziale Umfeld und das professionelle Hilfesystem. Diese drei Ebenen werden aus dem theoretischen Hintergrund abgeleitet (siehe Kapitel 5) und definieren die Auswirkungen des Case Managements auf die Versorgungsqualität dieser drei Ebenen, die im Case Management als Klient-, Ressourcen- und Hilfssystem definiert sind. In Anlehnung an diese Definition teilt sich die Versorgungsqualität folgendermaßen auf:

1. Das **Klientsystem** umfasst die individuelle Person mit ihren persönlichen Problemen. Hier stehen die Lebensqualität der Patientinnen, ihre Ängste, ihre Kompetenzen sowie ihre Sicherheit im Umgang mit der Erkrankung im Vordergrund. Hierzu werden die Ausprägungen sowie die Veränderungen einiger wichtiger physischen, psychischen und sozialen Faktoren erhoben, die bei einer Mammakarzinom-Erkrankung tangiert werden und die mittels einer Betreuung, wie mammaNetz sie anbietet, beeinflusst werden können.
2. Das **Ressourcensystem** bezieht das soziale Lebensumfeld der Patientin ein. Die Kontaktmöglichkeiten der Patientinnen während der Erkrankung sowie ein stabiles Umfeld durch Partner, Freunde, Nachbarn etc. haben einen großen Stellenwert. Ein stabiles, informelles Netzwerk beeinflusst den Verlauf der Erkrankung der Patientinnen mit Brustkrebs positiv. Wichtig ist, dass die Patientin über ihre Erkrankung informiert wird und ihr emotional für sie wichtige Menschen zur Seite stehen.

10 Diekmann (1999): S. 414.

3. Das institutionelle System in Form eines **professionellen Hilfesystems** umfasst das mammaNetz selbst bzw. die Auswirkungen der Unterstützung für die Patientin. Hierbei werden die **Zufriedenheit der Patientinnen mit der Begleitung durch das mammaNetz** (hinsichtlich der Case-Management-Methode) sowie das Inanspruchnahmeverhalten der Patientinnen hinsichtlich der Begleitung ermittelt.

Ad. 2: Ökonomische Auswirkungen der Arbeit von mammaNetz

Zwar ist Case Management ein Instrument, kostenwirksam in den Versorgungsprozess einzugreifen, jedoch konnte dies in dieser Studie nicht explizit untersucht werden, da der Fokus auf der Machbarkeit des mammaNetz lag (in einer anschließenden Studie soll die Wirksamkeit untersucht werden). Beleuchtet wird die derzeitige ökonomische Grundlage von mammaNetz und es werden Einsparpotentiale des mammaNetzes diskutiert.

Hierbei werden sowohl direkte Kosten als auch nicht monetär bewertete Nutzenaspekte der Begleitung durch das mammaNetz, so genannte intangible Effekte, berücksichtigt. Bezüglich der **direkten Kosten wird in interne und externe Kosten** unterschieden. Intern wird, unter Zuhilfenahme des im mammaNetz eingesetzten Softwaretools „Case Management Assistant“, ein Pfad mit den anfallenden Kosten errechnet bzw. es werden interne Prozessdaten ermittelt und ausgewertet. Extern werden beispielhaft patientinnenbezogene Daten einer Krankenkasse analysiert.

Die intangiblen Effekte[11] beziehen sich auf

- den Informationsgrad der Patientinnen,
- die Zufriedenheit der Patientinnen mit der mammaNetz-Betreuung,
- das Empowerment bzw. die Sicherheit der Patientinnen im Umgang mit der Erkrankung,
- die Defizite in der Zusammenarbeit der behandelnden Personen sowie mit den Patientinnen und
- die Auswirkungen der mammaNetz-Betreuung auf die Netzwerkpartner.

2.3 Inhaltlicher Aufbau der Arbeit

Die Arbeit gliedert sich in zwei Teile: Eine theoretische Betrachtung des Forschungsgegenstandes mit wissenschaftlicher Fundierung der Evaluationsmetho-

11 Vgl. z.B. Hanusch (1994): S. 9.

den sowie eine empirische Untersuchung mit Darstellung der Durchführungsmethodik und der Ergebnisse.

Nach der Erläuterung der Problemstellung in **Kapitel 1**, der Ziele der Arbeit und dem Aufbau des Studienprojektes in **Kapitel 2** schließt das **Kapitel 3** mit einer Einführung über die Problematik der Versorgung im Gesundheitswesen an, insbesondere die organisatorische und institutionelle Segmentierung der Versorgungsbereiche allgemein.

Kapitel 4 stellt den medizinischen Stand der Versorgung von Frauen mit primärem Mammakarzinom grundlegend dar und geht auf die damit verbundenen Therapieschritte ein. Hier soll gezeigt werden, dass die Brustkrebspatientin unterschiedliche Therapiemaßnahmen durchlaufen und zwischen Sektoren mit verschiedenen Ansprechpartnern wechseln muss. Darüber hinaus wird die psychische Situation und deren Beeinträchtigung für die Frauen aufgezeigt sowie die Defizite in der Versorgung.

Kapitel 5 ordnet das Case Management fachwissenschaftlich ein und beschreibt die Theorien der Sozialarbeit. Aus dieser Theorie lässt sich die Praxistheorie Case Management und Empowerment ableiten, so dass die Arbeit sich auf die drei Systeme, die im Case Management wichtig sind, stützt: das Klientsystem, das Ressourcensystem und das Hilfesystem.

Anschließend werden in **Kapitel 6** empirische Studien zum Case Management bei Brustkrebspatientinnen erläutert. Es folgt die Beschreibung der Methode Case Management mit ihren sechs Phasen. Das Kapitel endet mit Grenzen und Chancen des Case Managements.

Die Versorgung brustkrebskranker Frauen durch das mammaNetz steht in **Kapitel 7** im Mittelpunkt. Beginnend mit einer Erläuterung des beta Instituts als Projektträger des mammaNetzes werden die Schritte, die zum Aufbau des mammaNetzes notwendig waren, ausgeführt. Daran schließen sich die Ziele des mammaNetzes an. Der Patientenpfad, den die Patientin mit der Case Managerin gemeinsam durchschreitet, wird anhand eines softwaregestützten Tools dokumentiert. Auf diese Dokumentationen (Intake, Assessment) wird anschließend näher eingegangen und aufgezeigt, wie die Indikation und die Bedarfe ermittelt werden. Nach der Beschreibung der Netzwerk-, Organisations- und Personalstruktur des mammaNetzes mit einer genauen Ausführung der Kooperationspartner endet das Kapitel mit der Darstellung der Qualitätssicherungsmaßnahmen.

Kapitel 8 stellt die methodischen Grundlagen der Studie vor. Zuerst wird das Studiendesign (Studientyp, Einschluss-Ausschluss-Kriterien, Untersuchungszeitraum und Beschreibung des Samples, Stichprobencharakteristika und Repräsentativität) vorgestellt. Danach wird die Datenerhebung bzw. die Prozessdatenerhebung erläutert. Dieser Absatz beinhaltet die Organisation der Patientinnenbefragung, die Befragung der Netzwerkpartner sowie die Konzeption und Struktur der eingesetzten Fragebögen. Abschließend werden die Auswertungsverfahren mit der Vorstellung der statistischen Auswertungstests veranschaulicht.

Die Darstellung der empirischen Ergebnisse in **Kapitel 9** ist unterteilt in Aussagen zur Versorgungsqualität und Darstellung einiger ökonomischer Zielvariablen. Die Versorgungsqualität wird anhand der Struktur der Auswirkungen der Case-Management-Betreuung auf die Patientinnen dargestellt. Zu Beginn werden die Auswirkungen analysiert, die die Patientin selbst betreffen. Dazu zählen die gesundheitsbezogene und krebsspezifische Lebensqualität, die seelische Verfassung (Ängste) sowie die Kompetenz und Sicherheit im Umgang mit der Erkrankung (Empowerment). Das Ressourcensystem der Patientin spiegelt sich in ihrem sozialen Umfeld wieder. Hier wird die soziale Unterstützung analysiert, die die Patientin während ihrer Erkrankung erhielt. Darüber hinaus werden die Defizite in der Versorgung aufgezeigt. Die Auswirkungen des professionellen Hilfesystems zeigen die Befragungsergebnisse der begleiteten Patientinnen durch das mammaNetz und der Netzwerkpartner zur Einrichtung mammaNetz.

Die ökonomischen Zielvariablen sind ausgewählte direkte, indirekte Kosten und intangible Effekte. Die direkten internen und externen Kosten werden durch die Kostenpfade des Case-Management-Assistant ermittelt und in tabellarischer Form ausgewertet. Intern zählen hierzu beispielsweise die Anzahl der begleiteten Patientinnen im Zeitraum der Studie, die durchschnittliche Prozessbegleitung einer Patientin und der Stundensatz einer Case Managerin im mammaNetz. Extern werden die Patientinnendaten einer Krankenkasse beispielhaft ausgewertet und Einsparpotentiale diskutiert. Die intangiblen Effekte fließen in die Analysen der Versorgungsqualität mit ein.

Kapitel 10 fasst die vorliegende Arbeit zusammen und gibt einen abschließenden Ausblick über die zukünftigen Entwicklungsmöglichkeiten.

3 Sektorenübergreifende Versorgung im deutschen Gesundheitswesen

Das deutsche Gesundheitssystem befindet sich aktuell in einem umfangreichen Umgestaltungsprozess[12]. Dieser ist notwendig, da Defizite hinsichtlich der Struktur-, Prozess- und Ergebnisqualität sowie hinsichtlich der Effizienz (des Kosten-Nutzen-Ratios) der Versorgung in verschiedenen Bereichen festzustellen sind. Gleichzeitig ist das System durch eine Kombination aus Über-, Unter- und Fehlversorgung gekennzeichnet[13]. Auch die vorliegende Ressourcenknappheit fordert zu Umstrukturierung und Optimierung auf.

Ein zentrales Problem des deutschen Gesundheitssystems ist die bestehende **organisatorische und institutionelle Segmentierung der Versorgungsbereiche** bzw. Subsysteme: Die Trennung zwischen dem ambulanten und dem stationären sowie dem akuten und dem rehabilitativen Sektor führt zu zahlreichen Behandlungsschnittstellen zwischen den verschiedenen Versorgungssettings bzw. bei den unterschiedlichen Behandlern/Leistungserbringern und Dienstleistern (Akut-Krankenhäuser, Rehabilitationsfachkliniken, niedergelassene Haus- und Fachärzte; Psychotherapeuten, Sozial- und Gemeinwesen, Apotheken, Sanitätshäuser, etc.). Eine systematische Zusammenarbeit und Vernetzung ist weder zwischen den ambulanten und stationären Behandlern[14], noch zwischen den Settings der Akut- und der Rehabilitationsversorgung gewährleistet. Bei den beiden letztgenannten Subsystemen wird eine Kooperation zusätzlich durch die Zuständigkeit verschiedener Kostenträger (Krankenkassen, Rentenversicherungsträger) erschwert. Die fehlende Gestaltung der Übergänge und Schnittstellen führt zu einer starken Segmentierung und verhindert die effektive Zusammenarbeit der Behandler (**Schnittstellenproblematik**)[15]. Auf der Ebene des Behandlungsprozesses des einzelnen Patienten resultieren hieraus eine oft mangelnde Behandlungkontinuität

12 Vgl. z.B. Busse, Riesberg (2004).

13 Sachverständigenrat für die konzertierte Aktion im Gesundheitswesen (SVR KAG) (2002); Sachverständigenrat zur Begutachtung der Entwicklung im Gesundheitswesen (2005).

14 Aus Gründen der besseren Lesbarkeit wird in der vorliegenden Arbeit bei Sammelbezeichnungen (Patienten, Therapeuten, usw.) durchgängig die grammatikalisch männliche Form benutzt, wobei jeweils männliche und weibliche Personen gleichermaßen gemeint sind. Bei Bezeichnungen, bei denen (nahezu) ausschließlich weibliche Personen gemeint sind (z.B. Brustkrebspatientinnen), wird bei der grammatikalisch weiblichen Form geblieben.

15 Vgl. z.B. Szathmary (1999).

(z.B. Wartezeiten beim Wechsel der Behandlungssettings) sowie erhebliche Defizite bei Abstimmung und Informationsfluss zwischen verschiedenen Behandlern. Neben einer Verringerung der Versorgungsqualität entstehen damit vermehrte Kosten (z.B. durch Doppeldiagnostik und -behandlungen) und ist somit eine Reduktion der Effektivität und Effizienz verbunden[16]. Ausdruck der Notwendigkeit, auf dieser übergreifenden Ebene das System zu verbessern, die Segmentierung zu reduzieren und eine transsektorale Versorgung zu realisieren, ist u.a. der 2000 geschaffene und 2004 im Kontext des GKV-Modernisierungsgesetzes neuformulierte § 140 SGB V zur Integrierten Versorgung, der den Rahmen für neue Versorgungs- und Vergütungsformen schaffen soll[17]. Andere Modelle, wie z.B. das Belegarztwesen, Verlagerung von stationären hin zu mehr ambulanten Maßnahmen und die Disease-Management-Programme dienen ebenfalls unter anderem diesem Ziel.

In der hier nur kurz skizzierten Umgestaltungsphase des Gesundheitssystems kommt wissenschaftlichen Begleitstudien im Rahmen **Versorgungsforschung** besondere Bedeutung zu. Die Versorgungsforschung hat sich als neue Disziplin im Überschneidungsbereich zwischen Public Health Fächern und klinischen Fächern formiert und analysiert den Weg des Kranken durch das Gesundheitssystem mit allen Institutionen und Leistungsbereichen: Dabei beschreibt und erklärt die Versorgungsforschung Strukturen, Prozesse und Ergebnisse des Gesundheitssystems und entwickelt, erprobt und evaluiert innovative Behandlungsansätze mit dem Ziel, Effektivität und Effizienz patientenorientierter Versorgung zu verbessern[18]. Aufgrund dieser besonderen Ausrichtung hat die Versorgungsforschung sich spezifischen, insbesondere methodischen Herausforderungen (z.B. Auswahl von Methoden zur Sicherstellung einer möglichst hohen klinischen Repräsentativität bzw. ökologischen Validität) zu stellen und entwickelt hierzu eigene Ansätze[19].

Die beschriebenen Probleme auf Struktur- und Prozessebene führen dazu, dass eine bedarfsgerechte transsektorale Versorgung besonders für diejenigen Patienten nicht sichergestellt werden kann, die langwierige und komplexe Behandlungsmaßnahmen bzw. -pfade benötigen, wie dies für die Gruppe der Patientinnen mit Mammakarzinom der Fall ist.

---

16 Vgl. Sachverständigenrat für die konzertierte Aktion im Gesundheitswesen (SVR KAG) (2002); Sachverständigenrat zur Begutachtung der Entwicklung im Gesundheitswesen (2005).

17 Vgl. Bundesministerium für Gesundheit (2001), Kröger, Hendrischke (2002): 13 ff., Richard (2001): 8 ff.

18 Vgl. z.B. Pfaff (2005); Koch, Pawils (2006).

19 Vgl. Morfeld, Wirtz (2006).

An erster Stelle der Kostenbelastung stehen die strukturellen Defizite. Die Trennung zwischen dem ambulanten und stationären Sektor verhindert eine Zusammenarbeit der Leistungserbringer und Dienstleister[20]. Die ambulante ärztliche Versorgung führen niedergelassene Ärzte durch, die sich in Haus- oder Facharzt untergliedern. Dazu kommen zahlreiche Therapeuten, die Apotheken und Sanitätshäuser sowie die ambulanten Reha-Leistungserbringer. Der stationäre Bereich umfasst die Krankenhäuser und Rehakliniken[21]. Es fehlt eine effiziente Vernetzung der einzelnen Fachbereiche untereinander, so dass durch eine bessere Kommunikation beispielsweise Doppeluntersuchungen vermieden werden könnten. Beispielsweise wird bei einer Patientin bei Verdacht auf Mammakarzinom von einem Radiologen eine Mammografie durchgeführt, die der betreuende Gynäkologe zur Bestätigung des Verdachtes benötigt. Wird die Patientin zur Operation stationär aufgenommen, wird oft eine zweite Mammografie durchgeführt, da die Bilder des betreuenden Gynäkologen nicht vorliegen.

Diese starke Segmentierung verhindert eine bedarfsgerechte Versorgung der Patienten. Es besteht wenig Vernetzung zwischen den ambulanten, stationären und Reha Leistungsanbietern geschweige denn bis in den Gemeinwesenbereich hinein. Die Dienstleister haben ihre eigenen Kulturen entwickelt und versuchen, wenn überhaupt, die Prozesse nur aus ihrer Sicht zu optimieren[22].

Für das deutsche Gesundheitswesen liegen in der Integrierten Versorgung, also der besseren Koordination und Kooperation zwischen den stationären und ambulanten Versorgungsbereichen und Berufsgruppen, erhebliche Verbesserungsmöglichkeiten. Case Management kann zu dieser Vernetzung einen erheblichen Beitrag leisten und damit die Versorgung von Patienten verbessern.

Im folgenden Kapitel wird die Situation der Patientinnen mit Mammakarzinom fokussiert. Hierbei werden zunächst Angaben zur Epidemiologie von Brustkrebs gemacht, die die hohe Prävalenz dieser Erkrankung und die Relevanz dieses Versorgungsbereiches verdeutlichen.

20 Vgl. Szathmary (1999): S. 1.
21 Vgl. Szathmary (1999): S. 26 ff.
22 Vgl. Luhmann (1983).

4 Diagnose Brustkrebs: Belastungen für die Frauen und Defizite in der Versorgung

4.1 Stand der medizinischen Versorgung von Frauen mit primärem Mammakarzinom

Eine wichtige Aufgabe des Gesundheitssystems stellt die Versorgung onkologisch Erkrankter dar. Besonderen Stellenwert hat hierbei die Versorgung von Frauen, die an Brustkrebs erkranken, da es die häufigste Krebserkrankung (24,4 % aller Krebsneuerkrankungsfälle) und mit 17,8 % aller weiblicher Krebstodesfälle ebenso die häufigste Krebstodesursache bei Frauen ist. In Deutschland erkrankt etwa jede zehnte Frau im Laufe ihres Lebens an Brustkrebs, was jährlich ca. 47.500 Neuerkrankungen entspricht, davon etwa 19.300 im Alter unter 60 Jahren[23]. Diese Zahlen scheinen in den letzten zehn Jahren weitgehend stabil zu sein. Das Durchschnittsalter bei der Ersterkrankung liegt bei knapp über 60 Jahren (61,4 Jahre in der Feldstudie München), wobei über die Hälfte der Frauen im Alter zwischen 50 und 69 Jahren erkranken (52 %)[24]. Von allen Brustkrebspatientinnen überleben 76,4 % die ersten fünf Jahre, 59,4 % zehn Jahre sowie 46,7% fünfzehn Jahre. Der wichtigste Prognosefaktor ist die Zahl der befallenen Lymphknoten: Während bei negativem Lymphknotenstatus das Fünf- und Zehnjahresüberleben inzwischen 94,8 % bzw. 86,4 % beträgt, werden bei zehn und mehr befallenen Lymphknoten nur noch 48,1 % bzw. 27,3 % erreicht. Auch das histologische Grading[25] sowie der Hormonrezeptorstatus[26] haben Einfluss auf die Überlebenszeiten[27].

---

23 Vgl. Arbeitsgemeinschaft Bevölkerungsbezogener Krebsregister in Deutschland (Hrsg.) (2004).

24 Dazu 27,8 % im Alter von über 70 Jahren und 20,2 % im Alter unter 50 Jahren (vgl. Engel, Hölzel, Kerr, Schubert-Fritschle (2003): S. 6).

25 Das Ergebnis der mikroskopischen Gewebeuntersuchung (Histologie) dient aber nicht nur der Klärung des Verdachts auf ein Mammakarzinom, es gibt auch Aufschluss über den Tumortyp und den Grad seiner Aggressivität (Grading), www.onmeda.de.

26 Die neuen Erkenntnisse über den Hormonrezeptorstatus (für ein bestimmtes Hormon spezifische Rezeptoren, die sich in den Zielzellen befinden) und die damit verbundene postoperative Hormontherapie erleichtern die Therapie und verbessern die Prognose des Patienten, www.medizin-netz.de/frau/brustkrebs.

27 Vgl. Engel, Hölzel, Kerr, Schubert-Fritschle (2003): S. 3 ff.

Der Ablauf und die Intensität der Behandlung haben einen großen Einfluss auf die Lebenssituation der Frauen. Deshalb wird die somatische Behandlungskette der betroffenen Frauen nachfolgend näher erläutert, um im Vorfeld die medizinischen Grundlagen von Mammakarzinom eingehend darzulegen.

Für die **Früherkennung** haben die Mammographie, Mamma-Sonographie und die ärztliche Untersuchung der Brust große Bedeutung. Die häufig empfohlene Selbstuntersuchungs-Schulung z.B. lediglich anhand von Broschüren (aber ohne genaue Anleitung) stärkt vor allem das Bewusstsein der Frauen für die Notwendigkeit der Früherkennung, trägt allein aber wahrscheinlich nicht zur früheren Entdeckung eines Mammakarzinoms bei. Nur für die Mammographie als Einzelmethode konnte eine Mortalitätssenkung belegt werden[28].

Da der Prozess einer Brustkrebsbehandlung von der Diagnostik bis zur Nachsorge sehr komplex ist, erfordert er ein interdisziplinäres, individualisiertes Konzept unter Beteiligung von Spezialisten aus den Fachgebieten Gynäkologie, Radiologie, Pathologie, Onkologie und Strahlentherapie.

In der **Primärdiagnostik** – meist ambulant durchgeführt – stehen bei unklaren und suspekten Befunden die bildgebenden und minimal-invasiven Methoden im Vordergrund. Die Mammographie besitzt dabei den absoluten Vorrang vor anderen Methoden, da sich nur mittels Mammographie kleine bösartige Knoten oder winzigste Verkalkungen, die auf eine Brustkrebserkrankung hinweisen können, darstellen lassen. Für die Beurteilung von dichtem Drüsengewebe und bei unklaren Befunden in der Mammographie ermöglicht die Mamma-Sonographie eine Differenzierung zwischen soliden und zystischen Tumoren[29]. Weiterhin kommen bei soliden Veränderungen zunehmend die so genannte Stanzbiopsie sowie die Vakuumbiopsie zum Einsatz. Bei ersterer werden einem Knoten, der nach radiologischer Beurteilung einer ultraschall-gesteuerten Gewebeentnahme zugänglich ist, unter ständiger Ultraschall-Kontrolle mit einer Nadel fünf Gewebezylinder entnommen. Mit der Vakuumbiopsie können dagegen bei nicht tastbaren Veränderungen und suspektem, gruppiertem Mikrokalk, die in der Mammographie aufgedeckt wurden, unter mammographischer Kontrolle zwanzig Gewebezylinder entnommen werden. Die entnommenen Gewebeproben werden dann feingeweblich untersucht[30]. Kann durch die beschriebenen diagnostischen Methoden kein eindeutiges Ergebnis erzielt werden, ist eine histologische Abklärung des Befundes durch eine offene Biopsie erforderlich[31].

28 Vgl. Dronkers, Hendriks, Holland, Rosenbusch (1999).
29 Vgl. Degenhardt (2000).
30 Vgl. Sittek, Schneider, Perlet, Baudrexel, Reiser (2002): S. 6 ff.
31 Vgl. Sittek, de Waal, Eiermann et al. (2003): S. 31 ff.

Das Tumorzentrum München betont, dass „die Therapie des Mammakarzinoms heute durch die Individualisierung des Vorgehens gekennzeichnet (ist), wobei das Ausmaß des operativen Eingriffs in erster Linie vom diagnostischen und histologischen Befund *und* vom Wunsch der Patientin bestimmt wird“[32].

Kernstück der Behandlung von Brustkrebs ist die operative Therapie im Krankenhaus. Hier werden wesentliche Weichen für die Qualität des gesamten Behandlungsprozesses und -ergebnisses gestellt. In der **operativen Therapie des primären Mammakarzinoms** bieten sich grundsätzlich drei Vorgehensweisen an:

- Brusterhaltende Therapie (BET), d.h. Tumorexzision, Schildwächter-Lymphknotenbiopsie (Sentinellymphonodektomie, SLNE) oder Entfernung der Achsellymphknoten (Axilladissektion) und mit anschließender Strahlentherapie,
- Modifiziert radikale Operation/Entfernung der ganzen Brust (Mastektomie, MRM) mit SLNE oder Entfernung der Achsellymphknoten (Axilladissektion),
- MRM mit SLNE oder Axilladissektion und mit simultanen oder sekundärem Wiederaufbau der Brust[33].

Die Auswahl des Verfahrens wird zum einen durch die Relation von Tumorgröße zu Brustgröße bestimmt, zum anderen durch die Frage, ob pathologische Lymphknoten darstellbar sind. Falls sich bei der endgültigen pathologischen Aufarbeitung des Tumors Änderungen ergeben, muss ggf. in einer zweiten Operation nachreseziert werden. Es kann aber auch präoperativ die Verkleinerung des Knotens durch eine so genannte neoadjuvante (präoperative) Chemotherapie angestrebt werden, um – bei einem primär inoperablen Befund – entweder überhaupt oder brusterhaltend operieren zu können. Dieses mehr und mehr angewandte Verfahren nennt sich primär-systemische Therapie und sollte zurzeit nur in klinisch kontrollierten Studien angewendet werden. Weitere Indikationen für die brusterhaltende Behandlung sind ein abgegrenztes Tumorwachstum, die Ein-Herdigkeit, tumorfreier Resektionsrand mit einem ausreichenden Sicherheitsabstand und die Möglichkeit der Nachbestrahlung. Wenn alle diese Bedingungen eingehalten werden, ist nur in 5 % mit einem späteren Tumorrezidiv in dieser Brust zu rechnen[34].

Theoretisch kann bereits während der Primäroperation zusätzlich ein Eingriff zum Wiederaufbau der amputierten Brust gemacht werden. In den meisten Fällen

---

32 Eiermann, Bauernfeind, Baumeister et al. (2003): S. 82.
33 Vgl. Eiermann, Bauernfeind, Baumeister et al. (2003): S. 82.
34 Vgl. Eiermann, Bauernfeind, Baumeister et al. (2003): S. 86; Veronesi, Cascinelli, Mariani et al. (2002): S. 1227 ff.

erfolgt dafür jedoch eine zweite Operation. Als Technik stehen dafür hauptsächlich zwei Methoden zur Verfügung:

- Wiederaufbau mit körpereigenem Gewebe,
- Einlage von Fremdmaterial, z.B. Silikonimplantaten, meist nach Dehnung der Haut mit einer speziellen Expanderprothese.

Der Wiederaufbau mit körpereigenem Gewebe ist ein aufwändiges und belastendes Verfahren mit mehreren Operationsschritten. Die Einlage von Silikonprothesen ist unkomplizierter, kann aber zu Spätkomplikationen führen, z.B. Silikonaustritt. Oft wird in derselben Operationssitzung die andere Brust plastisch-chirurgisch angeglichen. Bisher haben sich in Deutschland nur ca. 3 % der Betroffenen für einen operativen Wiederaufbau der Brust entschieden. Die meisten scheuen die weitere Operation oder finden, dass nichts ihre verlorene Brust wirklich ersetzen kann[35].

Nachdem die histologischen Befunde und die Tumorklassifikation vorliegen, steht die Entscheidung über die weitere **systemische Therapie** an. Dabei wird die adjuvante postoperative medikamentöse Behandlung im Wesentlichen in Form von **Chemotherapie und/oder einer Hormontherapie** durchgeführt. Ein weiteres Behandlungsverfahren ist die **Immuntherapie**, die bei Brustkrebs in der adjuvanten Therapie bisher allerdings nur in Studien eingesetzt wird[36]. Zur adjuvanten Therapie gehört auch die **postoperative Strahlentherapie,** d.h. die Nachbestrahlung im OP-Gebiet und gegebenenfalls in der Achselhöhle. Durch die vorsorgliche Bestrahlung wird sowohl nach brusterhaltender wie auch nach ablativer Chirurgie die Rate der lokalen und regionären Rezidive auf etwa ein Drittel gesenkt[37].

Nach der Primärtherapie einer Brustkrebserkrankung muss für einen Zeitraum von mindestens zehn Jahren mit einem Rückfall gerechnet werden. Aus diesem Grund sollte die **Nachsorge** mindestens zehn Jahre durchgeführt werden – davon fünf Jahre als „Mammakarzinom-Nachsorge" und danach im Rahmen einer jährlichen Früherkennungsuntersuchung[38]. Weil nach den bisherigen Erfahrungen die Früherkennung von Fernmetastasen und deren frühzeitige Behandlung keinen Überlebensvorteil mit sich bringen, wird bei der Symptomfreiheit große Zurückhaltung in der apparativen und laborchemischen Diagnostik empfohlen.[39] Der Nachsorgeplan soll folgende anamnestisch-klinischen Bausteine umfassen:

---

35 Vgl. Baumeister, Bauerfeind, Bubb et al. (2003): S. 92 ff.

36 Vgl. Kahlert, Bischoff, v. Bismarck, Eiermann et al. (2003): S. 119.

37 Vgl. van de Steene, Soete, Storme (2000); Vingh-Hung, Burzykovsky, van de Steen, Storme, Soete (2000).

38 Vgl. Sauer, Artmann, de Waal et al. (2003): S.125.

39 Vgl. Informationszentrum für Standards in der Onkologie (ISTO) der DKG e.V. (Hrsg.) (2003): S. 23.

- Ausführliche Anamnese,
- Körperliche Untersuchung der Brust, Lymphabflusswege, Thoraxregion und möglicher Metastasierungsorte einschließlich gynäkologischer Untersuchung und Sonographie,
- Ärztliches Aufklärungsgespräch mit Anleitung der Patientin zur Selbstbeobachtung, zur monatlichen Selbstuntersuchung der Brust und zu armschützenden sowie anderen präventiven Maßnahmen.

Technische Untersuchungen und Laboruntersuchungen werden nur bei konkretem Verdacht auf Wiederauftreten der Krankheit durchgeführt[40].

Zusammenfassend zeigt sich, dass Frauen mit Brustkrebs einen komplexen Behandlungsablauf durchlaufen, der verdeutlicht, dass es sich bei der Brustkrebsbehandlung um einen vielseitigen, individualisierten und interdisziplinären bzw. transsektoralen Prozess handelt, der zahlreiche Versorgungsschnittstellen aufweist. Nachfolgend wird nun – anhand von Studienbelegen – aufgezeigt, welche Auswirkungen die medizinische Behandlung auf die Vorsorgungssituation der brustkrebskranken Frauen hat.

4.2 Psychische Beeinträchtigungen von Brustkrebspatientinnen und psychoonkologische Interventionen

Brustkrebspatientinnen sind vielfältigen krankheits- und behandlungsbedingten Belastungen ausgesetzt. Hierbei sind insbesondere Faktoren wie körperliche Beschwerden, eingreifende Therapiemaßnahmen, Verlust der körperlichen Integrität, Einschränkung der Leistungsfähigkeit im Alltag, Infragestellung sozialer Rollen in Beruf und Familie, Abhängigkeit von der kontinuierlichen Therapie und Nachsorge sowie existentielle Bedrohung zu nennen[41]. Diese Belastungen sind häufig verbunden mit einer eingeschränkten Lebensqualität[42] und psychischen Belastungen und Beeinträchtigungen. Die Art und das Ausmaß der individuellen Belastungen sind dabei nicht nur von Faktoren abhängig, die im Zusammenhang mit der Erkrankung stehen, sondern auch von Personen- und Umgebungsfaktoren, wie individuellen Ressourcen, den Strategien der Krankheitsverarbeitung/des Copings, dem familiären und sozialen Umfeld sowie dem Ausmaß an sozialer Unterstützung[43].

40 Vgl. Sauer, Artmann, de Waal et al. (2003): S.134 ff.
41 Vgl. z.B. Faller (2003): S. 655 ff.
42 Vgl. Cella (1998); Goodwin et al. (2004); Jänel, Sing, Grochocka, Pfaff (2000).
43 Vgl. Koch, Weis (1998): S. 59 ff.

Zu den häufigsten manifesten psychischen Störungen gehören Anpassungsstörungen, depressive Störungen und Angststörungen[44]. Für den deutschen Raum ergab eine aktuelle Querschnittstudie an 1000 Brustkrebspatientinnen, dass ca. ein Drittel von ihnen klinisch relevant erhöhte Angst- und Depressivitätswerte aufweist[45]. Ähnliche Ergebnisse zeigen sich an einer heterogenen Stichprobe von Krebspatienten, für die in der stationären Akutversorgung Prävalenzraten von 24 % für aktuelle psychische Störungen festgestellt wurden, darunter 11 % depressive Störungen und 17 % Angststörungen. Für das Rehabilitationssetting resultiert in dieser Studie eine entsprechende Prävalenzrate von 34 %[46]. Andere epidemiologische Studien ergeben, dass ca. 40 - 50 % der Krebspatienten eine psychische Störung aufweisen[47].

Auch bei Brustkrebspatientinnen, die nicht die Diagnosekriterien einer psychischen Störung erfüllen, sind relevante psychische Beeinträchtigungen festzustellen. Von besonderer Bedeutung sind hierbei krankheitsspezifische Ängste, insbesondere die so genannte **Progredienzangst**, d.h. die Angst vor dem Fortschreiten der Erkrankung[48]. So konnten z.B. die Ergebnisse der CAWAC-Studie[49] für Deutschland zeigen, dass ein großer Teil der befragten Patientinnen Angst vor der Ausbreitung der Krankheit (80 % der Patientinnen) und dem Tod (57 %) haben. Angst vor Nebenwirkungen der Therapie (50 %) und Angst, Leiden oder Schmerzen ertragen zu müssen (36 %), sind weitere weit verbreitete Ängste. Von den jüngeren Patientinnen (unter 50 Jahren) befürchten 66 % einen negativen Einfluss der Erkrankung auf ihr Familien- oder Berufsleben und 35 % auf ihr Selbstwertgefühl (Aussehen, Akzeptanz durch andere). Zu ähnlichen Ergebnissen kommt auch die Studie von Pfaff et al. [50], die darüber hinaus zeigen kann, dass das Ausmaß der beschriebenen Ängste einen wichtigen Faktor mit Einfluss auf die Lebensqualität der betroffenen Frauen darstellt.

Psychoonkologische bzw. psychosoziale Unterstützungsmaßnahmen können auch für die Patientinnen, die keine manifeste psychische Störung aufweisen, wichtig sein, um deren Versorgungsqualität zu verbessern. Es wird geschätzt, dass ca. 30 % der Krebspatienten (über alle Indikationen und Krankheitsphasen hinweg) einer psychosozialen Behandlung bedürfen[51]. Die Einbeziehung psycho-

44 Holland (1998).
45 Vgl. Mehnert (2004).
46 Vgl. Härter et al. (2000): S. 1317 ff.
47 Vgl. Weis et al. (2000); Massie, Popkin (1998).
48 Vgl. Herschbach et al. (2004).
49 Vgl. Kaufmann, Ernst (2000): S. 2668.
50 Vgl. Jänel, Sing, Grochocka, Pfaff (2000): S. 25.
51 Vgl. Weis (1990).

onkologischer Angebote gehört deshalb zu einer leitliniengerechten Behandlung von Frauen mit Brustkrebs[52].

Wesentliche Ziele psychoonkologischer Interventionen sind

- die Reduktion krankheits- oder behandlungsbedingter Symptome sowie psychischer Belastungen,
- die Förderung der Krankheitsverarbeitung und des Selbsthilfepotentials,
- die Verbesserung der verbleibenden Gesundheit sowie
- die Kommunikation zwischen Patienten und Angehörigen.

Empirische Nachweise der Wirksamkeit psychoonkologischer Interventionen liegen in Form zahlreicher Studien und einiger methodisch hochwertiger Metaanalysen vor[53]. Psychoonkologische Interventionen im Rahmen einer Brustkrebserkrankung können in jeder Behandlungsphase indiziert sein und sowohl als Elemente des stationären Dienstes (im Rahmen des akutstationären Aufenthalts), der onkologischen Rehabilitation oder im Rahmen von ambulanten Leistungen in Spezialambulanzen oder bei niedergelassenen, entsprechend spezialisierten Psychotherapeuten durchgeführt werden. Spezialisierte Beratungsstellen stehen für niedrigschwellige psychosoziale Angebote zur Verfügung (z.B. die Bayerische Krebsgesellschaft). Auch Selbsthilfegruppen können einen wesentlichen Anteil an psychosozialer Unterstützung leisten.

Zusätzlich zur somatischen und ggf. psychoonkologischen Behandlung erscheint eine **sozialmedizinische Unterstützung bzw. Sozialberatung** bei vielen Patientinnen notwendig, da die Brustkrebserkrankung mit vielen Veränderungen der Lebensumstände verbunden ist (z.B. mit einer Veränderung des beruflichen Status[54]), deren Organisation die Patientinnen gerade in der Erkrankungssituation, in der sie sich befinden, oft nicht ohne entsprechende Beratung und Unterstützung bewältigen können. Hierbei ist z.B. zu denken an die Unterstützung bei der Beantragung von therapeutischen und finanziellen Leistungen, z.B. Reha-Maßnahmen, Schwerbehindertenausweis, Erwerbsminderungsrente, Hilfsmittel, Haushaltshilfe, Kinderbetreuung.

Zusammenfassend ist festzuhalten, dass der Behandlungspfad von Brustkrebspatientinnen **von der Diagnostik bis zur Nachsorge einen komplexen und langwierigen Prozess darstellt**, der für die Patientin selbst oft belastend und wenig durchschaubar ist, zumal sie sich durch die Erkrankung in einer somatisch und emotional fordernden Situation befindet. Eine adäquate Gestaltung dieses Behandlungspfades **erfordert zum einen ein an die individuelle Situation der einzelnen Patientin angepasstes Konzept, zum anderen ein stark inter-**

52 Vgl. Kreienberg et al. (2004).
53 Vgl. z.B. Rhese, Pukrop (2003).
54 Vgl. Kaufmann, Ernst (2000).

disziplinäres Vorgehen unter Beteiligung von Spezialisten aus den Fachgebieten Gynäkologie, Radiologie, Pathologie und Onkologie inklusive Psychoonkologie. Ebenso ist häufig sozialmedizinische bzw. sozialberaterische Expertise gefragt.

Das – im Vergleich zu anderen Indikationen – sehr hohe Maß an Interdisziplinarität bei Brustkrebsbehandlungen sowie die dort vielfach vorhandenen unterschiedlichen Behandlungssettings implizieren dabei das **Auftreten besonders vieler Versorgungsschnittstellen** (Hausarzt, Facharzt, Akutkrankenhaus, Gynäkologie, Radiologie, Rehabilitationsfachkliniken usw.). Die bereits beschriebene im hiesigen Gesundheitssystem bestehende organisatorische und institutionelle Segmentierung der Versorgungsbereiche und die damit verbundene Schnittstellenproblematik (vgl. Kapitel 3) wirkt sich daher bei der Brustkrebs-Behandlung in besonderem Maße aus: Die Organisation eines adäquaten Behandlungspfades und die Sicherstellung einer maximalen Verknüpfung, Kommunikation und Koordination der verschiedenen behandelnden Professionen und Settings werden erschwert.

Hinsichtlich der Frage, inwieweit vor diesem Hintergrund des beschriebenen komplexen Behandlungspfades einerseits und der strukturellen Schwierigkeiten des Versorgungssystems andererseits diese Aspekte im Sinne einer adäquate Versorgung von Brustkrebspatientinnen aktuell gegeben sind, liegen mittlerweile einige empirische Daten vor. Hierzu werden im Folgenden drei Studien ausführlicher vorgestellt, da sie als Basis für das hier vorgestellte Projekt von besonderer Bedeutung sind. Zwei von ihnen machen direkt Aussagen zur Versorgungssituation in der Region (Augsburg bzw. München), die dritte Studie umfasst auch die internationale Perspektive.

4.3 Defizite in der Versorgung von brustkrebskranken Frauen: Empirische Studien

Studie von Pfaff, Jänel et al. (2001)

In den Jahren 1997 bis 2000 wurde an der Universität Augsburg am Lehrstuhl für Volkswirtschaftslehre eine vom Bundesministerium für Bildung und Forschung im Rahmen des Bayerischen Forschungsverbundes „Public-Health – Öffentliche Gesundheit" geförderte Studie durchgeführt, welche die Versorgungssituation von Brustkebspatientinnen in der Region Augsburg und Bayerisch-Schwaben untersuchte[55]. Versorgungsdefizite und deren Ursachen sollten aus unterschiedlicher Perspektive aufgezeigt werden, deshalb wurden sowohl Brustkrebspatientin-

55 Vgl. Pfaff, Jänel et al. (2001): S. 6 ff.

nen als auch die unterschiedlichen Leistungsanbieter bzw. Behandler (Akutkrankenhäuser, Rehabilitationskliniken, niedergelassene Ärzte unterschiedlicher Fachrichtungen, Heilpraktiker und Selbsthilfegruppen) befragt.

Als ein zentrales Ergebnis der Studie zeigt sich, dass aus Sicht der Behandler (N=249) der **fehlende Informationstransfer sowie die mangelnde Kommunikation** sowohl unter den Behandlern als auch zwischen Behandlern und Patientinnen im Verlauf der Behandlung zu kritisieren ist. Darüber hinaus nannten die niedergelassenen Ärzte sowie das Pflegepersonal im Krankenhaus als größtes Defizit in Bezug auf die Patientinnen eine **mangelnde psychosoziale Nachsorge.** Deutlich wurde allerdings im Rahmen der Befragung auch, dass bestehende Hilfs- und Beratungsangebote weder im stationären noch im ambulanten Bereich in ausreichendem Maß genutzt wurden[56], so dass das eigentliche Defizit in einer fehlenden Nutzung bzw. Vernetzung zu bestehen scheint.

Auch aus Perspektive der betroffenen Patientinnen (N=140) stellten Informationsaustausch und -vermittlung zentrale Größen dar: Dem Wunsch nach empathisch vermittelten und verständlichen Informationen stehen im Versorgungsalltag in vielen Fällen **Informationsdefizite** und ein als belastend erlebter Zeitdruck gegenüber, unter dem Entscheidungen getroffen werden müssen. Besonders jüngere Frauen und Frauen mit mittlerer und höherer Bildung beklagten dieses Aufklärungsdefizit und den Zeitdruck bei Entscheidungen. Ältere und geringer gebildete Frauen bemängelten dagegen eher die nüchterne, uneinfühlsame Art der Diagnoseeröffnung. Vielen Patientinnen wird erst nach der Akutphase bewusst, dass ihnen wichtige Informationen als Entscheidungsgrundlage gefehlt haben: Der Aussage: „Mir fehlte die Zeit, mich über meine Erkrankung zu informieren" wurde einige Tage nach der Operation von 24 % der befragten Frauen zugestimmt, bei der Befragung sechs bis acht Monate später stieg die Zustimmung auf 58 %[57]. Den höchsten Orientierungs- und Unterstützungsbedarf sehen 70 % der betroffenen Frauen in der Zeit zwischen Diagnosestellung und Krankenhausaufnahme, 62 % während des Aufenthaltes im Krankenhaus, 52 % bei der Nachbehandlung, 42 % bei der Rückkehr nach Hause und 36 % vor dem Nachsorgetermin[58].

Um die Orientierungs- und Unterstützungsdefizite zu beheben, empfehlen die Autorinnen der Studie die Gründung einer regionalen Koordinationsstelle, die Patientinnen und Leistungsanbietern als Anlaufstelle dient. Das in der Interventionsphase der damaligen Studie bereits begonnene krankheitsspezifische Case Management sollte als individuelle Betreuung ausgebaut und durch eine auf die regionalen Versorgungsstrukturen zugeschnittene und qualitätsgesicherte Ablauf-

56 Vgl. Pfaff, Jänel et al. (2001): S. 38.
57 Vgl. Pfaff, Jänel et al. (2001): S. 27 ff.
58 Vgl. Pfaff, Jänel et al. (2001): S. 35.

organisation ergänzt werden.[59] Diese Empfehlungen wurden vom Projekt mammaNetz bei dessen Realisierung aufgegriffen (vgl. Kapitel 7.3).

Studie von Kerr, Engel et al. (2003)

Eine Feldstudie der Universität München über die Lebensqualität bei Patientinnen mit Brustkrebs (N=990) untersuchte im Rahmen einer Mehrzeitpunktbefragung in einem Zeitraum von fünf Jahren (1996 - 2001), welche Faktoren die Lebensqualität der Frauen am stärksten beeinflussen. Als ein zentrales Ergebnis zeigt sich, dass neben Armbeschwerden (eingeschränkte Beweglichkeit, Armschwellung) die Kommunikationsprobleme (v.a. zwischen Arzt und Patientin) am stärksten die Lebensqualität der brustkrebskranken Frauen bestimmen. **45 % der befragten Frauen hielten die Informationen der Ärzte für unklar, unverständlich und nicht ausreichend und 59 % hätten sich mehr Gespräche mit dem medizinischen Personal gewünscht**. Eine soziale und psychologische Betreuung bewerten vor allem die jüngeren Frauen (unter 50 Jahren) als wichtig, trotzdem hatte nur ein Drittel Kontakt mit Selbsthilfegruppen oder Psychologen bzw. Psychoonkologen. **Nur jede zweite Patientin wusste, dass die Kliniken psychosoziale Hilfe anbieten.**[60]

CAWAC-Studie (Veronesi, v. Kleist, Redmond et al. (1999); Kaufmann, Ernst (2000))

Auch andere Studien belegen die Mängel in der psychosozialen Unterstützung der Frauen mit Brustkrebs. Die europäische Initiative zur Erfassung und Verbesserung der Situation krebskranker Frauen **CAWAC** (*Caring about Woman and Cancer*) führte in den Jahren 1997 bis 1999 in fünfzehn europäischen Ländern und in Israel eine erste groß angelegte schriftliche Befragung zur Diagnosestellung, Behandlung und Nachsorge sowie zum psychosozialen Unterstützungsbedarf unter Einbeziehung von mehr als 13.000 Patientinnen mit Brustkrebs oder anderen malignen gynäkologischen Tumoren durch[61].

Die Ergebnisse der Befragung in Deutschland (N=799; davon 54 % mit Mammakarzinom) wurden von Kaufmann und Ernst (2000) veröffentlicht[62]. Die ersten Anzeichen der Brusterkrankung wurden in 70 % der Fälle von den Frauen selbst entdeckt. Mit dem Ablauf der Diagnosestellung waren 18 % der Befragten

59 Vgl. Pfaff, Jänel et al. (2001): S. 52 ff.
60 Vgl. Kerr, Engel et al. (2003): S. 421 ff.
61 Vgl. Veronesi, v. Kleist, Redmond et al. (1999): S. 1668 ff.
62 Vgl. Kaufmann, Ernst (2000).

und fast 25 % der jüngeren Patientinnen sehr unzufrieden, was insbesondere mit der langen Wartezeit auf die endgültige Diagnose sowie mit der Art der Diagnoseeröffnung begründet wurde. **Zumeist bemängelten diese Frauen die unzureichende oder wenig hilfreiche Information durch den Arzt und die fehlende Möglichkeit, ausreichend Fragen zu stellen.** Für zwei Drittel der Befragten ist die Unterstützung bei Auftreten des Rezidivs am nötigsten, für 55 % während des Wartens auf die Diagnose, für 52 % nach und für 51 % vor der Operation. Als weitere wichtige Zeitpunkte mit hohem Unterstützungsbedarf wurde von den Patientinnen die Phase nach der Chemotherapie (45 %), bei der Rückkehr aus der Klinik (40 %), vor der Chemotherapie (32 %) sowie bei der Nachuntersuchung (23 %) benannt. Zu allen Zeitpunkten waren Angehörige und Freunde die weitaus wichtigsten Ansprechpartner für die Patientinnen. Nur halb so oft war den Betroffenen professionelle Hilfe durch Ärzte, Schwestern, Psychologen und Sozialarbeiter wirklich nützlich. Selbsthilfegruppen spielten so gut wie keine Rolle, allerdings wurden auch nur 34 % der Patientinnen in der Klinik über die Existenz solcher Gruppen informiert[63].

Zusammengefasst zeigen die vorgestellten Studien für den Behandlungsprozess von Brustkrebspatientinnen Defizite insbesondere hinsichtlich

- des Informationsflusses und der **Kommunikation** zwischen Behandler(n) und Patientin,
- der **Aufklärung und Unterstützung der Patientin bei Therapieentscheidungen sowie**
- der **Vernetzung** mit anderen Behandlern bzw. Settings, insbesondere bezüglich **psychosozialer Therapiemaßnahmen** und Unterstützung, auch im **Nachsorgebereich.**

Deutlich wird ebenfalls, dass ein Großteil der Patientinnen einen Bedarf an **Unterstützung über die verschiedenen Behandlungsphasen hinweg** hat. Bei der Auswahl von Strategien zur Behebung bzw. Reduzierung der vorhandenen Defizite scheint ein zentraler Ansatzpunkt darin zu bestehen, den Patientinnen das Angebot einer **kontinuierlichen und personenbezogenen Begleitung und Unterstützung** durch die verschiedenen Behandlungsphasen anzubieten. Diese Begleitung sollte eine ‚Lotsenfunktion' und ein Schnittstellenmanagement zur Optimierung des individuellen Behandlungspfads – orientiert an den Notwendigkeiten und Bedürfnissen der einzelnen Patientin – übernehmen können. Dafür scheint die Methode Case Management geeignet.

Bevor näher auf diese Methode eingegangen wird, soll der theoretische Hintergrund von Case Management und Empowerment näher beleuchtet werden.

63 Vgl. Kaufmann, Ernst (2000): S. 2669 ff.

5 Fachwissenschaftliche Einordnung des Case Managements

Theoretische Begründungen für das Case Management sind wesentlich in den **Theorien zur sozialen Unterstützung** zu finden. Soziale Unterstützungsarbeit setzt an den positiven Möglichkeiten der Betroffenen unter Berücksichtigung der eigenen Lebenswelt/Lebensqualität an. Diese Netzwerkarbeit als Unterstützungsmanagement im Einzelfall bzw. im Versorgungsfeld führt dazu, dass die bestehenden Ressourcen optimaler genutzt werden, dass eher zu selbstständigem Handeln ermuntert wird und eine Vernetzungsstruktur aller Hilfen entsteht. Soziale Unterstützung durch die Familie, den Partner und die Kinder erleichtert die Anpassung an die Erkrankung und verbessert das psychische Wohlbefinden der Kranken, wie zahlreiche Studien zeigen[64].

In den folgenden Kapiteln werden die Theorien der Sozialarbeit sowie eine der darauf basierenden Praxistheorien (z.B. Case Management und Empowerment) dargestellt.

5.1 Theorien der Sozialarbeit

Die Sozialarbeit hat sich in den letzten Jahrzehnten einem ständigen Wandel unterzogen. Deshalb ist es schwierig, einen umfassenden Überblick über die Theorien der Sozialarbeit zu geben, zumal es keine geschlossenen, bereits bekannten Theorien gibt. Es sind einige Einzelentwürfe auf unterschiedlichem Niveau bekannt. Zu Beginn der 80er Jahre beschäftigten sich Wissenschaftler mit einem systemischen Überblick[65], die Theorieentwicklung nahm danach eine neue Dynamik. Die 90er Jahre waren von einem neuen Wissenschaftsanspruch der sozialen Arbeit geprägt.

Der Gegenstand der Sozialarbeit ist in der Soziologie und Psychologie begründet, in der Sozialpädgogik liegt dieser in der Erziehungswissenschaft. Ein so genanntes „Begriffsdilemma“ zwischen der Sozialarbeit und der Sozialpädagogik hindert immer noch die Theorie- und Praxisentwicklung der sozialen Arbeit. Kontrovers diskutiert werden Fragen, die vom jeweiligen wissenschaftlichen Standort und dem verfügbaren Wissen abhängen. Beispielsweise die Frage, ob

64 Vgl. z.B. Aymanns (1995); Feger, Auhagen (1987); Kepplinger (1996).
65 Vgl. Mühlum (2004).

Theorien berufliches Handeln steuern und verbessern können oder inwieweit Lebenswelt und Berufsalltag in Theorien angemessen berücksichtigt werden.

Analog zu den Sozialwissenschaften werden Theorien in drei Stufen aufgebaut:

1. Praxis der sozialen Arbeit (Sozialarbeit/Sozialpädagogik) als sozialberufliches Handeln
2. Theorien der sozialen Arbeit als systemisches Erklärungswissen über die Sozialarbeit/Sozialpädagogik
3. Metatheorie der sozialen Arbeit, also Theorien über Theorien der Sozialarbeit/Sozialpädagogik

Der Gegenstandsbereich (Erkenntnisobjekt) sowie die Methoden zur Erkenntnisgewinnung sind in der Sozialarbeit/Sozialpädagogik noch keineswegs hinreichend geklärt. Deshalb wird auch häufig von Sozialarbeitswissenschaften oder Social Work (international) gesprochen.

Die Arbeit von **Social Work** stützt sich neben klassischen Beiträgen auf aktuelle internationale Entwicklungen (International Council on Social Welfare, CSW). Darüber hinaus beharrt sie auf der Notwendigkeit einer eigenen Sozialarbeitswissenschaft, getrennt zwischen den Human- und den Gesellschaftswissenschaften. Denn nur eine solche wissenschaftliche Arbeitsteilung könnte dem Problembereich gerecht werden. Diese Theorielinie wird an Fachhochschulen, in Berufs- und Wohlfahrtsverbänden und der Deutschen Gesellschaft für Sozialarbeit vertreten. Zwar ist sie weniger theoretisch fundiert, aber dafür praxisnäher und internationaler. Zum einen war das Verständnis sozialer Arbeit anfangs am medizinischen Denkmodell und an der Rolle des Arztes orientiert und später am soziologischen und politikwissenschaftlichen Denkmodell, so dass hier ein integratives Verständnis von Person und Lebenswelt vorherrschte. Dieses Modell setzt als **ökologisches Denkmodell** die Mensch-Umwelt-Beziehung in den Mittelpunkt und legt den Schwerpunkt auf die Austauschbeziehungen von Mensch und Umwelt (Lebenswelt) gleichermaßen[66].

Grundlegender Gedanke ist dabei, dass Mensch und Umwelt in ständigem Austausch zueinander stehen und diese Transaktionen störanfällig sind. Störpotentiale können beispielsweise lebensverändernde Ereignisse (z.B. schwere Erkrankungen), belastende Beziehungen und Umweltfaktoren sein. Bei Problemen von Individuen, Gruppen oder Netzwerken greifen institutionalisierte Hilfen ein. Dabei zielen die sozialberuflichen Interventionen auf die Verbesserung des Anpassungs- und Reifepotential. Deutlich wird dies im Begriff des ökosozialen oder prozessual-systemischen Denkens[67]. Die dazugehörenden Praxistheorien sind:

66 Mühlum et. al. (2005), S. 6 ff.
67 Vgl. Luhmann (1991).

Netzwerkkonzepte, Membership und Milieu, **Case Management und Empowerment**[68].

5.2 Die Praxistheorie Case Management und Empowerment

Sowohl im Case Management als auch im Empowerment wird der Mensch als bio-psycho-soziales Wesen betrachtet, das von den Human- und Gesellschaftswissenschaften ausschnitthaft beleuchtet wird. Die soziale Arbeit soll diese Segmentierung überwinden und den Mensch als Ganzes betrachten, wie es beispielsweise auch in der Systemtheorie oder im Netzwerkkonzept beschrieben wird.

Soziale Arbeit soll, aufgrund der Belastungen, denen alle Menschen ausgesetzt sind, von den **psychosozialen, sozioökonomischen und soziokulturellen** Problemen ausgehen, die Ursachen analysieren, Zusammenhänge aufdecken und Ansätze zur Problemlösung erarbeiten. Stets soll hier auf die Verbesserung des individuellen Verhaltens und der ökosozialen Lebenswelt hingewirkt werden. Ein sich wandelndes Verständnis von Gesundheit stellt diese Probleme in einen Zusammenhang mit dem Gesundheitsthema, das theoretisch und praktisch nach neuen Antworten verlangt[69].

Die **Hilfe zur Selbsthilfe** bzw. die Unterstützung der Kompetenz der Patienten im Umgang mit der Erkrankung zählt zu den Hauptaufgaben des Case Managements und steht in der Sozialarbeit im Mittelpunkt. Diese Kompetenz wird unter dem Begriff **Empowerment** zusammengefasst:

„Empowerment" in der Gesundheitsförderung wird im Health Promotion Glossary (1998) folgendermaßen definiert: „Im Verständnis von Gesundheitsförderung ist Empowerment ein Prozess, durch den Menschen mehr Kontrolle über Entscheidungen und Handlungen erlangen, die ihre Gesundheit beeinflussen"[70].

Gerade in der psychosozialen Praxis sollen diese Arbeitsansätze die Menschen zur Entdeckung ihrer eigenen Stärken ermutigen und ihnen Hilfestellungen bei der Aneignung von Selbstbestimmung und Lebensautonomie vermitteln. In der Praxis unterstützt das Empowerment die Menschen bei ihrer Suche nach selbst bestimmten Lösungs- bzw. Bewältigungsstrategien und liefert ihnen Ressourcen, mit denen sie den eigenen Lebensweg bzw. Erkrankungsweg eigen be-

68 Vgl. Engelke (1999).
69 Vgl. Mühlum (2005): S. 1 ff.
70 Health Promotion Glossary (1998).

stimmt gestalten können[71]. Hierbei kann das Case Management im Sinne von „Hilfe zur Selbsthilfe" wichtige Unterstützungsarbeit leisten, indem es die begleiteten Patienten befähigt, durch Aufklärung, Informationen und Hilfen bei Entscheidungen bzw. bei der Findung des eigenen Erkrankungsweges selbstständiger zu werden. Dazu gehört die Unterstützung oder Befähigung eines Menschen, im Rahmen seiner Möglichkeiten ein selbst bestimmtes Leben zu führen und Problem- und Konfliktsituationen konstruktiv zu lösen.[72]

Diese Integration vollzieht sich in der Zugehörigkeit zu **sozialen Netzwerken**. Das Netzwerkkonzept bietet der Sozialarbeit zwei interessante Perspektiven: Zum einen ist es eine Weiterentwicklung systemorientierter Sichtweisen, zum anderen eignet es sich, die verschiedenen sozialökologischen Ebenen miteinander zu verbinden.

Diese Netzwerkarbeit als Unterstützungsmanagement einer komplexen Problematik im Einzelfall bzw. im Versorgungsfeld führt dazu, dass die bestehenden Ressourcen optimaler genutzt werden, dass eher zu selbstständigem Handeln ermuntert wird und dass eine Vernetzungsstruktur aller Hilfeangebote bzw. behandelnder Einrichtungen entsteht. Auf der Grundlage der Theorien zur Sozialarbeit bzw. des sozialen Netzwerkkonzeptes versucht das Unterstützungsmanagement im Sinne von Case Management „die Fähigkeiten des Klienten zur Wahrnehmung sozialer Dienstleistungen zu fördern, sowie professionelle, soziale und persönliche Ressourcen zu verknüpfen"[73]. Eine komplexe Problematik im Einzelfall steht im Case Management einer Vielzahl von informellen Ressourcen und professionellen Hilfsangeboten gegenüber. Zwischen diesen müssen Verknüpfungen hergestellt werden, um eine Integrierte Versorgung zu sichern. Dies geschieht auf der Grundlage folgender drei Systeme:

1. *Klient-System (individuelle Stärken, Problemlösungen des Klienten)*
   Der Klient wird als Subjekt betrachtet. Das bedeutet, dass die individuellen Anliegen sowohl für den Case Manager als auch für die Hilfe und die Dienste handlungsleitend sind. Der Klient bleibt so „Kapitän auf seinem Schiff".
2. *Informelles Ressourcen-System, Lebensumfeld des Klienten (Familie, Freunde, Nachbarn etc.)*
   Case Management ist absolut ressourcenorientiert, denn die professionellen Hilfen werden nur dort eingesetzt, wo keine eigenen Möglichkeiten des Klienten oder seines sozialen Umfeldes bestehen. Der Klient wird in seinem ganzheitlichen Lebensumfeld betrachtet und die sozialen Ressourcen werden bei Bedarf auch in die Vernetzung eingebunden.

71 Nestmann (2001), S. 1684-1692.
72 Vgl. Lairaiter/Lettner (1993).
73 Neuffer (1993), S. 200.

3. *Institutionelles Hilfe-System (professionelle Hilfsangebote)*[74]
   Das Hilfe-System sichert die Qualität des Unterstützungsprozesses, indem die Interventionen durch Bewertungen ständig belegt und verbessert werden.

Auf Basis dieser Erkenntnisse wird im folgenden Kapitel das Case Management näher beleuchtet. Zuerst werden Case-Management-Studien und deren Auswirkung auf die Patienten beschrieben. Anschließend wird die Case-Management-Methode näher erläutert.

74 Vgl. Kaiser (2003).

6 Case Management bei Brustkrebspatientinnen

Als Optimierungsstrategie für die in Kapitel 3 vorgestellten Defizite in der Versorgung wird das Versorgungsmodell des Case Managements vorgestellt und dessen potentieller Nutzen und Innovationspotential, auch gegenüber anderen bestehenden Ansätzen, beschrieben. Zunächst werden empirische Studien vorgestellt, die diese Thematik näher untersucht haben.

Die Übertragung der Case-Management-Methode auf die Begleitung von Patientinnen mit Mammakarzinom ist bisher nur vereinzelt erfolgt, vor allem in den USA und in Australien. In Australien wurde mit dem „Specialist Breast Nurses (SBN)"-Modell[75] eine entsprechende Adaptation im größeren Rahmen realisiert, so dass bei der Entwicklung von mammaNetz für die Augsburger Region auf die Erfahrungen des australischen Modells zurückgegriffen werden konnte. Eine Übertragung des SBN-Modells auf den deutschen Raum ist jedoch aufgrund der deutlichen Unterschiede der beiden Gesundheitssysteme nur bedingt möglich. In Europa stellt das Augsburger Modellprojekt mammaNetz ein Novum dar.

6.1 Empirische Studien zum Case Management

Im deutschsprachigen Raum liegen Studien zum Case Management hauptsächlich für die Bereiche Sozialarbeit sowie Drogen- und Suchtberatung vor[76]. Im klinischen Bereich beinhalten Veröffentlichungen zum Case Management vor allem Modellbeschreibungen und Konzeptionen[77], empirische Studien bzw. Evaluationen liegen – von wenigen Ausnahmen abgesehen (vgl. die im folgenden Abschnitt vorgestellten Arbeiten) – bisher nicht vor.

Zum Case Management von Brustkrebspatientinnen sind dabei relevante Studien von zwei Forschungsgruppen zu nennen:

Eine amerikanische ***Studie von Goodwin et al. (2003)***[78] untersuchte an 335 erstdiagnostizierten Brustkrebspatientinnen in den USA die **Effekte von Case Management bei der Behandlung von älteren brustkrebskranken Frauen.**

75 SBN Projekt Team (2000).
76 Vgl. Bundesministerium für Gesundheit (2000).
77 Vgl. HomeCare Nürnberg und KAA Ahlen.
78 Vgl. Goodwin, Satish, Anderson et al. (2003).

Die Studie kann zeigen, dass bei Patientinnen mit Case-Management-Begleitung im Vergleich zu Patientinnen ohne Case Management zu einem höheren Anteil adäquate Behandlungsmaßnahmen durchgeführt wurden: So erhielten in der mit Case Management begleiteten Patientengruppe mehr Frauen brusterhaltende Therapie (28,6 % vs. 18,7 %) und adjuvante Therapie (78,3 % vs. 44,8 %). Ebenfalls nahmen Frauen der Interventionsgruppe häufiger Chemotherapie in Anspruch (72,7 % vs 30,0 %). Zwei Monate nach der Case-Management-Betreuung hatten außerdem die Mehrzahl der CM-betreuten Frauen normale Armfunktionen (93 % vs. 84 %) und waren der Meinung, dass sie die richtige Wahl in der Behandlung getroffen hatten (82,2 % vs. 69,9 %). Erwartungsgemäß erscheint das Case Management besonders wichtig für Patientinnen mit wenig (sonstiger) sozialer Unterstützung.

Ein weiteres Forschungsprojekt führte das ***„National Breast Cancer Center"*** in Australien durch[79]: Ziel des Vorhabens war es, **Implementierung, Akzeptanz, Effekte und Kosten des australischen „Specialist Breast Nurses (SBN)"-Modells** zu untersuchen. Dieses Modell gründet auf evidenzbasierten Leitlinien in der Onkologie und auf den in Australien ausgearbeiteten Standards zur psychosozialen klinischen Praxis bei Frauen mit Brustkrebs. Die SBNs (Case Managerinnen) informieren und begleiten die betroffenen Patientinnen während der gesamten Behandlung, ab dem Zeitpunkt der Diagnosestellung. In der Studie wurden 240 erstdiagnostizierte Brustkrebspatientinnen, die durch SBN betreut wurden, im Rahmen einer Mehrzeitpunktbefragung untersucht und mit Patientinnen ohne CM-Begleitung verglichen. Gemäß den Studienergebnissen stellten die SBNs die Kommunikation und den Informationsfluss zwischen Behandler (insbesondere Arzt) und Patientin her, wobei über 80 % der Patientinnen diese Art der Unterstützung (Sicherstellung der Kommunikation durch SBNs) für notwendig erachteten. Nahezu alle Patientinnen (98 %) gaben an, dass diese kommunikative Funktion von den Case Managerinnen gut geleistet wurde. Die Kontinuität der Behandlung wurde von 88 % der Patientinnen als großer Nutzen des Case Managements eingeschätzt. Die betreuten Patientinnen erhielten insgesamt mehr Information über Brustkrebs und Behandlungsmöglichkeiten bzw. Behandlungsabläufe als die Vergleichgruppe ohne Case Management. Hinsichtlich medizinisch-therapeutischer Parameter gab es bei den untersuchten CM-Patientinnen mehr brusterhaltende Operationen als bei den Patientinnen ohne Case Management. In Bezug auf psychische Belastungen stellten SBNs bei 72 % der Patientinnen Depressions- und Angstsymptome fest. Die psychosoziale Betreuung war für die Patientinnen sehr wichtig und wurde auch durchgängig positiv von diesen beurteilt:

79 Vgl. SBN Projekt Team (2000).

Ein Drittel der Studienpatientinnen erforderte dabei mehr als 12 Wochen Betreuung. Die Autoren der Studie kommen zu der Schlussfolgerung: „The study confirmed the high levels of psychosocial needs among woman with breast cancer. At diagnosis 30 % of woman were found to have multiple risk factors for psychological morbidity."[80]

Ein Forschungsprojekt, das die langfristigen gesundheitsökonomischen Auswirkungen von „Nursing Case Management" (NCM) bei älteren Patienten untersuchte – allerdings bei Patienten mit allgemein chronischen Erkrankungen – wurde von Huggins et al.[81] durchgeführt. Hierbei wurden Patienten über 60 Jahre mit einer geringen Familienanbindung über einen Untersuchungszeitraum von drei Jahren insbesondere hinsichtlich Ressourcen, Servicekosten und Kosten des Case Managements untersucht. Als ein zentrales Ergebnis der Studie zeigte sich, dass die Aufenthaltsdauer im Krankenhaus sowie die Servicekosten durch Case Management reduziert werden konnten.

Zusammenfassend ist festzuhalten, dass bisher wenige Studien zum Case Management bei Brustkrebspatientinnen vorliegen, für den deutschen und europäischen Raum fehlen diese Studien weitgehend. Die vorliegenden empirischen Studiendaten aus den USA und Australien sprechen allerdings für einen deutlichen Nutzen des Case Managements. Insbesondere die Studie des SBN-Projektes stützt dabei die Erwartung, dass zentrale Probleme bei der Versorgung von Brustkrebspatientinnen – vor allem **Informationsfluss, Vernetzung und kontinuierliche psychosoziale Begleitung** – durch das Case Management verbessert werden können. Es ist zu untersuchen, ob sich diese Befunde auch für das deutsche Gesundheitssystem replizieren lassen. Hinsichtlich der von Goodwin et al. gefundenen Effekte auf Ebene der Inanspruchnahme **medizinischer Therapiemaßnahmen** und der möglicherweise daraus resultierenden Effekte auf somatischer Ebene (z.B. besseres somatisches Outcome durch eine dort resultierende höhere Inanspruchnahme von Chemotherapie), stellt sich die Frage der Übertragbarkeit auf das deutsche System in einem noch stärkeren Ausmaß, da sich die beiden Länder in ihren Gesundheitssystemen und den Versorgungsstandards sehr unterscheiden. Es erscheint nahe liegend, dass die dort gefundenen Zusammenhänge primär auf die Besonderheiten des amerikanischen Versorgungssystems/-standards zurückführbar ist. (Dafür spricht z.B. die bei Goodwin et al. gefundene niedrige Quote der Inanspruchnahme von Chemotherapie unter den Patientinnen der Regelversorgung, die mit 30 % sehr viel niedriger als die Quote in Deutschland ist.)

80 SBN Projekt Team (2000): S. XVII ff.

81 Vgl. Huggins, Lehmann (1997).

Hinsichtlich der Auswirkungen von Case Management bei Brustkrebspatientinnen auf die **gesundheitsbezogene Lebensqualität** und das **psychische Befinden**, liegt bisher keine Empirie vor. Eine Studie zum „Case Management in Apotheken" und zum „Bunten Kreis" (Case Management bei Früh- und Risikogeborenen und deren Angehörigen) spricht allerdings für einen möglichen Nutzen für diesen Outcomebereich. Die Case-Management-Methode lässt sich mit Erfolg auch bei der Patientenbegleitung in Apotheken anwenden. Dies konnte die im Jahre 2004 abgeschlossene Studie des beta Instituts „**Implementierung und Evaluation von Case Management für chronisch Kranke in öffentlichen Apotheken**" belegen.[82] Unter der Leitung von Prof. Marion Schäfer und in Kooperation u.a. mit der Bayerischen Landesapothekerkammer führte das beta Institut 2002/2003 in 22 Apotheken (N=120 Patienten) im Raum Augsburg und Weiden ein Modellprojekt mit wissenschaftlicher Evaluation durch. Ergebnisse der Studie zeigen, dass die soziale Beratung mit Hilfe der Case-Management-Methode die gesundheitsbezogene Lebensqualität der chronisch kranken und multimorbiden Patienten deutlich verbessern sowie das körperliche und psychische Befinden deutlich steigern konnte. Zudem zeigten die Studienpatienten hohe Akzeptanz (über 90 %) und waren mit der Betreuung zufrieden. Dies ist umso bemerkenswerter als die teilnehmenden Apotheker aufgrund ihrer Case-Management-Ausbildung und der zur Verfügung stehenden Zeit nur ein vereinfachtes Case Management durchführen konnten.

Der Bunte Kreis e.V. Augsburg wurde 1992 als ein interdisziplinär ausgerichtetes Nachsorgekonzept für krebs-, chronisch und schwerstkranke Kinder und Jugendliche sowie deren Familien entwickelt und zunächst als Pilotprojekt implementiert. Es handelte sich hierbei um ein ganzheitliches, familienorientiertes Case-Management-Modell, das aus der Praxis heraus in Kooperation von Mitarbeitern der Kinderklinik des Klinikums Augsburg, Selbsthilfegruppen, SeelsorgerInnen und Wissenschaftlern als sozial-integrative Lösung entstand. Der Bunte Kreis fungiert als Bindeglied zwischen den Einrichtungen, wobei Qualitätsverbesserung, Patientenzufriedenheit und Kosteneffizienz im Vordergrund stehen.

Die durchgeführte **sozialwissenschaftliche und gesundheitsökonomische** Evaluation des Bunten Kreises[83] – als einer konkreten Umsetzungsoption des Case-Management-Konzepts – stellt die erste wissenschaftliche Untersuchung zu dieser Thematik in Deutschland dar. Sie ist ein Teil eines multizentrischen Forschungsvorhabens, das außerdem eine weitere prospektive kontrollierte Untersuchung des Augsburger Nachsorgemodells mit Randomisierung (die sogenannte PRIMA-Studie), sowie die Entwicklung von Versorgungsstandards für Nachsor-

82 Vgl. Schäfer, Schmid-Sroka (2004).
83 Vgl. Pfaff, Wiedemann, Mamberer (2003).

geleistungen umfasst. Im Rahmen der als quasiexperimentelle, prospektive Längsschnittstudie durchgeführten Evaluation (v. a. Elterninterviews sowie Erhebung krankheits- und behandlungsbezogene Aktendaten; N=156 Früh- und Risikogeborene) wurde die Nachsorge der Regelversorgung mit der Nachsorge durch den Bunten Kreis verglichen. Zentrale Vergleichsparameter waren dabei Behandlungsqualität und Entwicklung des Kindes aus Sicht der Eltern, Lebensqualität der Eltern, Dauer bzw. Häufigkeit der stationären bzw. ambulanten Behandlungsphasen, Kommunikation (zwischen den Behandlungspersonen und den Eltern betroffener Kinder sowie Kommunikation zwischen den Behandlungspartnern), sowie Kostenwirksamkeit.

Die Evaluation kann zeigen, dass die betreuten Familien im Vergleich zu Familien der Kontrollgruppe deutlich zufriedener mit dem Betreuungsprozess sind, zum Beispiel im Hinblick auf Informationen oder die Zusammenarbeit mit den betreuenden Personen. Auch beklagten die durch den „Bunten Kreis" unterstützten Eltern seltener das Fehlen einer zentralen Vermittlungsstelle als die Eltern von Kindern ohne spezifische Nachsorge. Die Nachsorge „Bunter Kreis" wirkt sich auch positiv auf Aspekte der gesundheitsbezogenen Lebensqualität der betreuten Mütter aus. Im Hinblick auf kostenrelevante Vergleichsparameter zeigt sich, dass die gesundheitliche Versorgung mit Nachsorge im Sinne des Case Managements in den meisten Fällen kostengünstiger ist als ohne spezifische Nachsorge. Besonders deutlich fällt die Kosteneinsparung bei Kindern ab einem Reifealter von 28 Schwangerschaftswochen aus, da sich in dieser Altersgruppe die Liegezeiten am deutlichsten reduzieren lassen.[84] Die Evaluationsergebnisse sprechen dafür, dass das Case Management positive Auswirkungen u. a. auf kostenrelevante Parameter (teilweise Kostenreduzierung, zumindest Kostenneutralität) und auch psychosoziale Komponenten (auf die Lebensqualität, Bereich **Emotionales Wohlbefinden**, bei den Müttern der erkrankten Kinder) hat.

Aufbauend auf die positiven Evaluationsergebnisse konnte das Case-Management-Konzept des „Bunten Kreises" auf weitere Regionen ausgeweitet werden: Mittlerweile arbeiten 17 pädiatrische Nachsorgeeinrichtungen in Deutschland nach dem Modell „Bunter Kreis" mit Case Management. Da aufgrund der Ausweitung des Programms die geschaffenen Einrichtungen Vorgaben für die künftig zu erreichenden Standards benötigen, werden gegenwärtig im Rahmen des Projektes **Interdisziplinäre Nachsorge in der Pädiatrie (INIP)** diese Qualitätsstandards in einem Qualitätshandbuch definiert. Darüber hinaus wurde ein Schulungskonzept für Case-Management-Mitarbeiter in der Nachsorge entwickelt. Hintergrund dafür sind u.a. auch die Forderungen von Kostenträgern nach Effektivität und Effizienz. Politisch relevant wurde die Arbeit von INIP durch die Ver-

84 Vgl. Pfaff, Wiedemann, Mamberer (2003).

abschiedung der Gesundheitsreform im Oktober 2003, als die sozialmedizinische Nachsorge für Kinder ins Krankenversicherungsrecht (§ 43 Abs. 2, SGB V) aufgenommen wurde sowie bei der Verabschiedung der Rahmenvereinbarung der Spitzenverbände der Krankenkassen zu diesem Paragraphen.

Ebenso gibt die von Pfaff et al.[85] durchgeführte Untersuchung Hinweise darauf, da dort gezeigt werden konnte, dass mangelnde Kommunikationsstrukturen im Behandlungsprozess die Lebensqualität der Patientinnen beeinträchtigt. Nicht zuletzt die allgemeinen Befunde zur sozialen Unterstützung[86] (die durch Case Management realisiert werden sollen) sprechen für eine Verbesserung der Lebensqualität und des psychischen Befindens durch Case Management.

Zu **gesundheitsökonomischen Auswirkungen** des Case Managements bei Patientinnen mit Brustkrebs wurden bisher ebenfalls noch keine Daten vorgelegt. Die vorgestellte Langzeitstudie von Huggins et al. sowie die Evaluation des „Bunten Kreises" sprechen für einen potentiellen gesundheitsökonomischen Nutzen, der sich möglicherweise allerdings erst langfristig zeigen könnte.

Empirische Daten zu der Frage, ob die aus dem Case-Management-Konzept abzuleitende Annahme, dass Case Management für Brustkrebspatientinnen Auswirkungen auf deren **Behandlungsprozess** (z.B. Art und Ausmaß der in Anspruch genommen Therapien, Einbeziehung psychosozialer Therapiemaßnahmen etc.) und dessen Koordination und Organisation (z.B. Wartezeiten, Anzahl der Wechsel der Behandlungssettings etc.) hat, liegen ebenfalls noch nicht vor.

Mit der Case-Management-Methode liegt demnach ein innovatives Modell für eine kontinuierliche Begleitung und Strukturierung von Behandlungspfaden von Brustkrebspatientinnen für das stark sektorisierte deutsche Versorgungssystem vor, von dem erwartet werden kann, dass es Verbesserungspotential hinsichtlich verschiedener relevanter Outcome- und Prozessparameter besitzt. Das Modell geht dabei über bisherige Ansätze – eine kontinuierliche Unterstützung und Betreuung, wie sie insbesondere im Rahmen des Disease-Management-Programme Brustkrebs konzeptualisiert sind (siehe Bemerkungen S. 65) – hinaus und bietet durch eigens dafür qualifizierte und zertifizierte Case Managerinnen ein **zusätzliches** transsektorales Begleitungsangebot an.

85 Vgl. Pfaff, Jänel et al. (2001).
86 Vgl. z.B. Aymanns (1995); Feger, Auhagen (1987).

6.2 Case Management: Eine Beschreibung

6.2.1 Definition des Case Managements

Case Management wird bereits seit Anfang des Jahrhunderts vorwiegend in den USA praktiziert. Nach dem zweiten Weltkrieg begannen sich verschiedenste Berufsgruppen um die Versorgung von multimorbiden, vom Krieg heimkehrenden Soldaten zu kümmern und diesen im Sinne des Case Managements die Angebote des Gesundheitswesens zu vermitteln[87]. In Deutschland gewinnt Case Management zunehmend als Antwort auf die neuen Herausforderungen im Sozial- und Gesundheitssystem an Bedeutung.

In der Literatur sind immer wieder verschiedenste Definitionsversuche zum Case Management zu finden. Die Definition der Case Management Society of America lautet:

„Case Management ist ein Prozess der Zusammenarbeit, in dem eingeschätzt, geplant, umgesetzt, koordiniert und überwacht wird und Optionen und Dienstleistungen evaluiert werden, um dem gesundheitlichen Bedarf eines Individuums mittels Kommunikation und mit den verfügbaren Ressourcen auf qualitätsvolle und kostenwirksame Ergebnisse hin nachzukommen" [88].

Durch diese Definition wird klar ersichtlich, dass Case Manager eine Mittlerfunktion in ihrem Ansatz haben. Zum einen wird die Ausrichtung auf ein intensives, fallbezogenes Arbeiten betont, zum anderen wird das Interesse an Effektivität und Rationalität im Sinne der Qualitätssicherung und Kostenminimierung deutlich. Wie hier ersichtlich wird, wurden bereits in den 80er Jahren betriebswirtschaftliche Methoden in die Soziale Arbeit einbezogen, was auf Kritik gestoßen ist. Denn nun wurde Case Management als Methode mit reinen finanziellen Interessen angesehen (was in den USA auch unter dem Gesichtspunkt „Kostenreduktion" entwickelt wurde)[89], was in der vorliegenden Arbeit jedoch nicht beleuchtet werden konnte. Dieser Aspekt wird unter Kapitel 6.3 (Grenzen des Case Managements) eingehend diskutiert.

6.2.2 Ziele und Aufgaben des Case Managements

Das übergeordnete Ziel von Case Management besteht allgemein darin, eine verbesserte **Versorgungsqualität bei bestmöglichem Einsatz der zur Verfügung**

---

87 Vgl. Klug (2005): S. 40 ff.
88 Wendt (2001): S. 47 ff.
89 Vgl. Remmel-Faßbender (2005): S. 73.

stehenden Ressourcen zu erreichen. Hierbei sollen die Kosten wenigstens stabil gehalten werden[90]. Diese gewünschten Auswirkungen auf Qualität und Kosten der Versorgung können in Teilziele ausdifferenziert und konkretisiert werden: Das Ziel „verbesserte Versorgungsqualität" kann die Steigerung der gesundheitsbezogenen Lebensqualität und Patientinnenzufriedenheit sowie das Erreichen bestimmter medizinischer und psychosozialer Parameter beinhalten. Als gesundheitsökonomische Ziele können mit Hilfe des Case Managements beispielsweise Ausgaben für Fachpersonal, Heil- und Hilfsmittel und Arbeitsunfähigkeitszeiten reduziert werden[91] (siehe Diskussion in Kapitel 9.2.2).

Mechanismen zur Verbesserung der Versorgungsqualität setzen dabei auf zwei Ebenen an: Sowohl durch die kontinuierliche individuelle Betreuung der Patienten durch den Case Manager als auch durch die Strukturierung des Behandlungspfades und die damit angestrebte adäquate Versorgung sollen die genannten Ziele erreicht werden. Die verschiedenen Aufgaben des Case Managers auf der Mikro- und der Meso-/Makroebene werden wie folgt aufgeteilt:

Auf der **Mikroebene** kümmert sich die Case Managerin direkt um

- Patientinnenversorgung
- Patientenaufklärung und- anleitung
- Förderung der Selbstmanagementfähigkeit der Patientin

Auf der **Makro- und Mesoebene** finden indirekte Interventionen statt:

- Vermittlung von Gesundheitsdienstleistungen
- Förderung der sozialen Unterstützung
- Selektion von Gesundheitsdienstleistungen
- Patientenanwaltschaft
- Evaluation (d.h. die Qualitätskontrolle des Case-Management-Prozesses)

Zusammenfassend werden die Aufgaben in Abbildung 1 dargestellt.

Eine optimale Betreuung im Einzelfall kann allerdings nur dann dauerhaft durchgesetzt werden, wenn die erforderlichen organisatorischen und finanziellen Rahmenbedingungen auf der Ebene der Versorgungsstrukturen und -prozesse gegeben sind[92]. Ein weiteres Ziel des Case Managements besteht daher in der Übermittlung der auf der Mikroebene gewonnenen Erkenntnisse über die Bedürfnisse der Patienten und über die Mängel der Versorgung an eine höhere Ebene, um dort eine bedarfsorientierte Planung der Gesundheitsversorgung zu ermöglichen[93].

90 Vgl. Porz (2003): S. 4.
91 Vgl. Fries (2002): S. 102 ff.; Leidl (2003): S. 465 und S. 473.
92 Vgl. Wendt (2001): S. 13 f.
93 Vgl. Smith, Brooks (1999): S. 203.

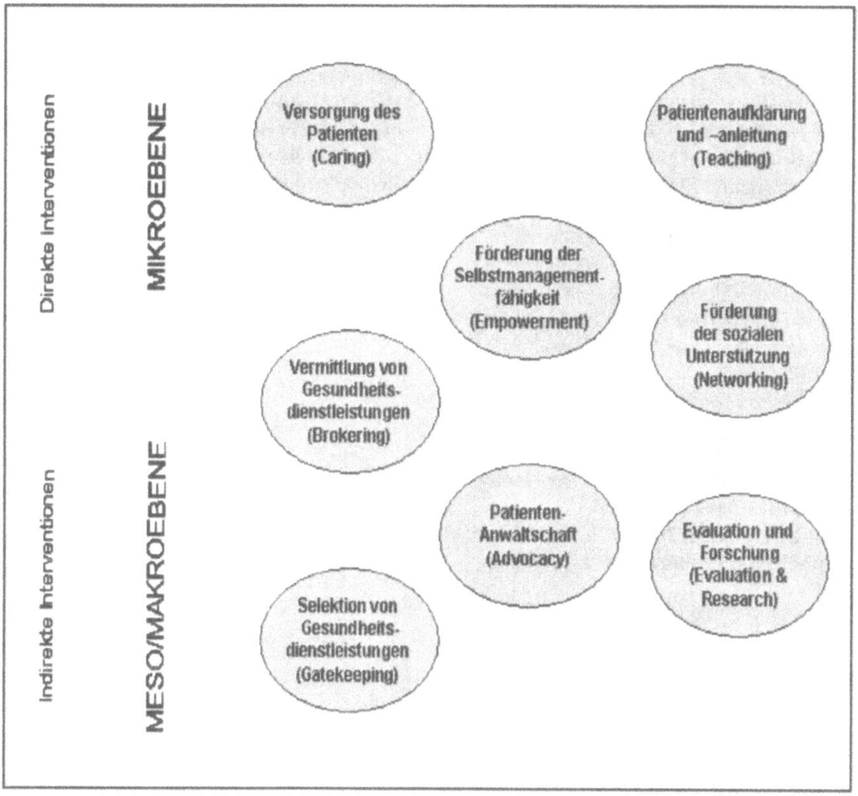

Abbildung 1: Soziale Rolle des Case Managers

Quelle: Eigene Darstellung – Datenquellen: Porz (2003), 4; Szathmary (1999), 172 f.

Beispielsweise umfasst die optimale vorausschauende Planung (beim Bunten Kreis) die Wiedereingliederung des Kindes nach Hause unter pflegerisch, sozial und psychologisch relevanten Gesichtspunkten[94].

Die Anwendung von Case Management führt zu Qualitäts- und Kostenvorteilen, die das folgende Schaubild verdeutlicht:

94 Vgl. Thorenz, Kanth, Erhardt (2002), S. 120-128.

Qualitätsvorteile	Kostenvorteile
Ermittlung des **individuellen Bedarfs** des Patienten Hilfestellung durch ein **strukturiertes und individuell abgestimmtes Begleitungs- und Beratungsangebot** Begleitung und **Steuerung des gesamten Versorgungsprozesses; Schnittstellenmanagement** (Reduktion von Wartezeiten, Doppelbehandlungen etc.) Verbesserte **Vernetzung**, insb. verbesserter **Informationsfluss** (zwischen Behandlern sowie zwischen Behandlern und Patientin) Verbesserte Indikationsstellung und Einbeziehung **psychosozialer Therapiemaßnahmen** und **sozialmedizinischer Unterstützung, insb. für Nachsorge und Rehabilitation** Verbesserung der **Behandlungszufriedenheit** von Patientinnen und Behandler Verbesserung der **Lebensqualität** und Reduzierung **psychischer Beeinträchtigungen**	**Mehr Zeit für die Kernkompetenz** der beteiligten Netzwerkpartner Vermeiden von **unnötigen Kosten durch Über- und Doppelversorgung** z.B. mit Heil- und Hilfsmitteln Reduktion von **Krankheitstagen (Wiedereingliederung in den Beruf)** **Synergieeffekte, Lerneffekte**

Abbildung 2: Vorteile von Case Management

Quelle: Eigene Darstellung

6.2.3 Phasen des Case Managements

Die **Ablauforganisation** des Case Managements, welche auch als Regelkreis verstanden werden kann, ist durch zeitlich aufeinander folgende Phasen gekennzeichnet. Anhand der individuellen Bedürfnisse des Patienten und ihrer Familie wird zu Beginn der Betreuung ein Maßnahmenplan erstellt, der im weiteren Verlauf kontinuierlich überprüft und evaluiert wird. Mit Hilfe dieser strukturierten Vorgehensweise wird die Komplexität dieser Unterstützung und Vernetzung reduziert[95]. In Anlehnung an Moxley[96] werden folgende Phasen unterschieden[97], die im Folgenden beschrieben werden.

95 Vgl. z.B. Neuffer (2002): S. 49, Wendt (2001): S. 96 ff.

1. **Intake**: In einem ersten Gespräch wird mit dem Patienten geklärt, ob überhaupt Case Management notwendig ist oder ob gezielte Informationen ausreichen.
2. **Assessment** (Bedarfserhebung): Multiaxiale Erfassung des individuellen Versorgungsbedarfs des Patienten, seiner aktuellen Situation sowie der zur Verfügung stehenden Bewältigungsressourcen, d.h. Erfassung der medizinischen, sozialen, psychologischen und spirituellen Ebene.
3. **Indikations- und Hilfeplan**: Auf Grundlage des Bedarfs werden die individuellen Versorgungsziele definiert, die dazu notwendigen Maßnahmen geplant und die Aufgabenverteilung mit den jeweiligen Verantwortlichkeiten festgelegt.
4. **Intervention** (i. S. v. Durchführung): Die vereinbarten Maßnahmen werden durchgeführt – der Case Manager fungiert hierbei als Koordinator.
5. **Monitoring** (Überwachung und Dokumentation): Zeitgleich mit der Intervention beginnen die Kontrolle der Leistungserbringung und deren Dokumentation. Damit werden der Zielerreichungsgrad festgestellt, vorhandene Qualitätsmängel erkannt sowie Daten für den Leistungsnachweis und die statistische Auswertung erfasst. Unter Umständen können hier diagnostizierte Mängel auch zu einer Revision des Hilfeplans führen (siehe Phase 3.). Wenn z.B. aufgrund einer Veränderung in der persönlichen Situation des Patienten die Planungen überprüft und aktualisiert werden müssen, kann es während des Case-Management-Prozesses notwendig werden, auf bereits zurückliegende Schritte zurückzugreifen.
6. **Bewertung**: Abschließend wird der Interventionserfolg samt dem dafür benötigten Aufwand überprüft und über die Beendigung oder die Fortführung der Unterstützungsleistungen entschieden .

Der beschriebene Ablauf des Case Managements beinhaltet somit jeweils schon eine durch die Beteiligten vorgenommene „Bewertung" bzw. „Evaluation" auf Mikroebene, d.h. für jedes der definierten Anliegen des Patienten, das bearbeitet wird (z.B. Organisation einer Haushaltshilfe; Beantragung einer Rehabilitationsmaßnahme), wird von Patientin und Case Managerin zeitnah überprüft, ob es erfolgreich abgeschlossen werden kann oder ob weitere Interventionen zur Erreichung des vereinbarten Zieles notwendig sind. Die folgende Abbildung verdeutlicht zusammenfassend die Phasen des Case-Management-Prozesses.

96 Vgl. Auch wenn in der Literatur zum Teil unterschiedliche Begriffe für die Phasen des Case Managements verwendet werden, „so besteht doch die Einigkeit über seine Kernfunktionen" (Wendt 2001, S. 97).

97 Vgl. Moxley (1997): S. 20 ff, Wendt (2001): S. 97, Porz (2003 a): S. 2.

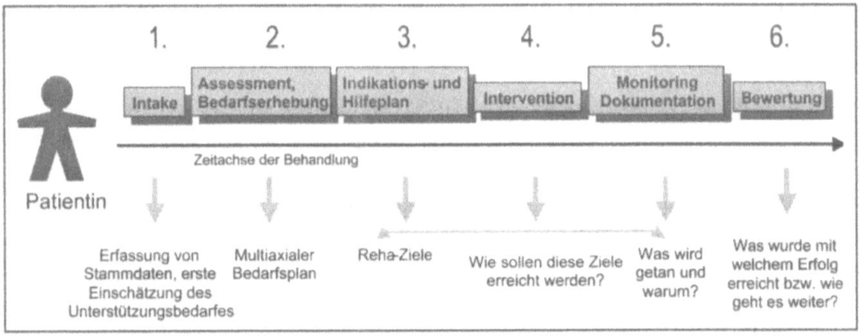

Abbildung 3: Phasen des Case Managements

Quelle: Eigene Darstellung

6.3 Grenzen und Chancen des Case Managements

Case Management findet mittlerweile in vielen Bereichen des Sozial- und Gesundheitswesens Anwendung und wird in unterschiedlichen Modellen angewandt. Häufig wird von Case Management in Veröffentlichungen oder Konzepten gesprochen, es muss jedoch in jedem Fall eingehend analysiert werden, ob das Gesamtkonzept des Case Managements (wie im vorigen Kapitel beschrieben) tatsächlich Anwendung findet. Dies ist auch deshalb zu prüfen, da der Begriff des Case Managers nicht geschützt ist und nur einige wenige Institute in Deutschland Case Manager mit einem Zertifikat ausbilden (z.B. beta Institut Augsburg, Institut für Fort- und Weiterbildung (ifw) an der Katholischen Fachhochschule Mainz) [98].

Klassische Praxisbeispiele für das Case Management sind: das Homecare Nürnberg[99] (Versorgung chronisch Kranker) oder das mammaNetz in Augsburg[100] (Begleitstelle für Frauen mit Brustkrebs). Darüber hinaus werden „Case Manager" in abgewandelter Form mit Priorität der Steuerung in Krankenhäusern als „Prozessbegleiter" und in Krankenkassen als „Fallmanager" eingesetzt. In allen Modellen stößt das Case Managements jedoch an Grenzen, die im Folgenden beispielhaft erläutert werden.

98 Vgl. www.case-manager.de/cm-richtlinien.htm
99 Vgl. www.homecare-nuernberg.de
100 Vgl. www.mammaNetz.de

Grenzen des Case Managements in klassischen Modellen

In klassischen[101] Modellen wird das Case Management meist so wie in den vorangegangenen Seiten erklärt umgesetzt. Diese Modelle arbeiten häufig mit zertifizierten Case Managern, die durch Qualitätssicherungsmaßnahmen den Managementprozess einhalten und verbessern bzw. die Vernetzung mit dem System pflegen und vorantreiben. Grenzen finden sich in der Detailarbeit, denn nicht immer lassen sich die vorgegebenen methodischen Schritte und Aufgaben in der Praxis umsetzen. Vorwiegend können sich in der Aufgabe der Vernetzung, also in der Kooperation mit Partnern der Region, Motivationsprobleme einstellen. Beispielsweise ist der Aufbau und die Pflege eines Ärztenetzes im Modell des mammaNetzes und des Homecare Nürnberg eine aufwändige und zeitintensive Arbeit. Darüber hinaus gelingt es der „neutralen" Einrichtung mammaNetz nur bedingt, auf die starren Systeme einzuwirken oder gar Systemänderungen herbeizuführen.

Im Arbeitsalltag einer Case-Management-Begleitstelle steht die individuelle Begleitung der Patienten im Vordergrund. Die Hauptaufgabe ist es, nach der Erstellung des Hilfeplanes die Patienten ggf. an andere spezialisierte Kooperationspartner zu vermitteln. Zum einen muss der Case Manager das „Loslassen" der Patienten im Sinne einer optimalen Vernetzung anwenden, was oft von der charakterlichen Einstellung des Case Managers abhängt. Zum anderen soll die Vermittlung des Patienten überprüft werden, damit sichergestellt werden kann, dass der Patient in dieser Einrichtung die bestmögliche Versorgung erhält. Gelingt dies nicht, hat der Case Manager die Aufgabe, dem Patienten weiterzuvermitteln (Monitoring). Es besteht dabei die Gefahr, dass der Case Manager nur die Probleme managt, anstatt individuelle Hilfe zu leisten.

Grenzen des Case Managements in Krankenhäusern

Der Kostendruck im Gesundheitswesen zwingt die Krankenhäuser im Zuge der Einführung der DRGs (Diagnostic Related Groups oder so genannte Fallpauschalen) wirtschaftlicher vorzugehen, beispielsweise durch die Einführung von „clinical pathways" (klinische Behandlungspfade) oder durch das optimierte Entlassmanagement[102]. Klinische Behandlungspfade sind ein strukturiertes Vorgehen bei der Behandlung einer Erkrankung und optimieren den Verlauf der Behandlung bis zum Ende des stationären Aufenthalts, was den Case-Management-Prinzipien

101 Unter "klassischen Modellen" wird hier die reine Umsetzung des Case Managements verstanden und nicht die vielen abgewandelten Formen.

102 Vgl. Remmel-Faßbender (2005), S. 80 ff.

Anlehnung ähnelt. Die Gefahr bei diesem professionalisierten Ablauf besteht darin, dass – wie auch in den Sozialdiensten von Krankenhäusern – das Case Management meist als Lotsenfunktion innerhalb des stationären Bereiches eingesetzt wird. Diese Lotsen werden neuerdings Prozessbegleiter genannt. Die Abläufe werden dadurch zwar besser gesteuert, beim Verlassen des Krankenhauses endet aber häufig die Betreuung[103].

Grenzen des Case Managements in Krankenkassen

Das Case Management hat in der sozialen Arbeit das fachliche Ziel der Qualitätsverbesserung von individuellen, informellen und institutionellen Systemen. Aufgrund der ökonomischen Entwicklung (siehe Definition Case Management S. 50f.) kamen Ängste auf, dass hier das betriebswirtschaftliche Kriterium der Kostensenkung eine große Rolle spielt[104]. Festzustellen ist, dass gerade im Krankenkassenwesen der Case- bzw. Fallmanager Einzug hält. Dieser hat die Aufgabe, neben der Beratung die Vermittlung und Moderation das Schnittstellenmanagement zu übernehmen bzw. die Behandlungskosten zu kontrollieren.

Hier zeigen sich in der Praxis einige Grenzen. Zuerst wurde das Fallmanagement im Bereich der Rehabilitation eingeführt und später auf die **Steuerung von Leistungsketten** bei Erkrankung ausgeweitet. Es soll dabei ein durchgehender Behandlungsplan erstellt werden, in dem die Behandlungsschritte von stationärer und ambulanter Behandlung aufgelistet werden, um Mehrfachuntersuchungen zu vermeiden und dabei Kosten zu sparen. Da der Hausarzt die Fallsteuerung übernehmen soll, treten hier einige Schwierigkeiten auf: schlechte Kommunikation zwischen ambulantem und stationärem Bereich, Betroffener wechselt zwischen verschiedenen Systemen, soziales und berufliches Umfeld der Betroffenen wird nicht berücksichtigt, Eigeninitiative des Betroffenen wird eher eingeschränkt[105].

Ein weiterer Ansatz, der den Case-Management-Prinzipien ähnelt, sind die **Disease-Management-Programme (DMP)**. Hierzu zählen derzeit die Programme für chronische Erkrankungen wie Diabetes und Koronare Herzerkrankung sowie Brustkrebs. Die Umsetzung dieses Ansatzes besteht beim DMP-Brustkrebs darin, dem behandelnden niedergelassenen Arzt (Gynäkologen) eine Lotsenfunktion zuzuteilen (in Bayern seit 1.4.2005[106]). Erste Erfahrungen sprechen allerdings dafür, dass diese Aufgabe in der Regel in einem nur sehr eingeschränkten Rahmen von den Ärzten geleistet werden kann, alleine schon auf-

103 Vgl. Remmel-Faßbender (2005), S. 80 f.
104 Vgl. Remmel-Faßbender (2005), S. 73 ff.
105 Vgl. www.private-pflegekassen.de
106 Mörlein, (2004).

grund der limitierten zur Verfügung stehenden ärztlichen Zeit. Kritik kommt selbst von Seiten der Ärzte, die die vielen Schwächen des DMP Brustkrebs beklagen. Beispielsweise entmündige DMP die Brustkrebspatientinnen, da die Patientinnen als „Kopfgelder" gehandelt würden, die die Ärzte eintreiben müssten. Ebenso könnten die Defizite bei der Versorgung von Krebskranken, beispielsweise in der Nachsorge, durch DMP nicht behoben werden[107].

Chancen des Case Managements

Im DMP Brustkrebs wird der psychosozialen Versorgung zwar ein hoher Stellenwert zugeschrieben, dies wird allerdings nicht ausreichend umgesetzt: Es fehlt die praktische Verbesserung der psychosozialen Unterstützung auf Patientinnenseite, die Erarbeitung von individuellen Versorgungsplänen und eine echte sektorenübergreifende Versorgung der onkologischen Patientinnen[108]. Brustkrebspatientinnen befinden sich in einer besonderen Ausnahmesituation und sollen daher neben einer medizinischen auch eine evidenzgestützte und leitlinienbasierte psychosoziale Versorgung erfahren. Vor dem Hintergrund des sehr umfassenden Charakters der notwendigen Unterstützung bietet es sich an, das Versorgungsmodell des Case Managements aufzugreifen, da es viele Vorteile aufweist, die die Defizite des DMP Brustkrebs beheben könnten, indem beispielsweise das Vorgehen genau auf die ermittelte Problem- und Bedürfnislage einer Patientin abgestimmt wird. Ein strukturiertes Begleitungs- und Beratungsangebot vernetzt darüber hinaus sektorenübergreifend die medizinisch-pflegerischen, psychosozialen und psychotherapeutischen Leistungserbringer im System.

107 Hölzel et.al., (2004).
108 Lauterbach, Stock (2003).

7 Die Versorgung von Frauen mit Mammakarzinom durch das mammaNetz

7.1 Projektträger des mammaNetzes: Das beta Institut

Der Geschäftsführer des beta Instituts für angewandtes Gesundheitsmanagement, Horst Erhardt, hat bis 1998 den Bunten Kreis e.V. federführend aufgebaut. Im Oktober 1999 gründete er gemeinsam mit Peter Walter, dem damaligen Geschäftsführer der betapharm Arzneimittel GmbH, das beta Institut als unabhängige und gemeinnützige GmbH. Im Jahresbericht des beta Instituts werden die beiden Geschäftsführer als „geistige Gründungsväter“[109] genannt. Sie leben und führen nach dem Grundgedanken, dass der „Mensch im Mittelpunkt allen Handelns“[110] steht. Dazu haben sich die Gründungsväter von den Überlegungen von Leo A. Nefiodow inspirieren lassen. Der Wissenschaftler entwickelte aus der Theorie der langen Wellen von Nikolai Kondratieff die Prognose, dass die psychosoziale Gesundheit die wichtigste Basisinnovation der nächsten Jahrzehnte sein wird. Gerade für die Weiterentwicklung der Gesellschaft und Wirtschaft ist die psychosoziale Gesundheit überaus bedeutend[111]. Gründe hierfür sind in der Industrialisierung zu finden, die gesundheitliche und ökologische Schäden verursacht. Dem weiteren Ausbau sind neben Umweltschutzauflagen, Ressourcenknappheit und Marktsättigung auch in der Gesundheit des Menschen Grenzen gesetzt. Schätzungen des Berufsverbandes der Praktischen Ärzte und Ärzte für Allgemeinmedizin Deutschlands zufolge, haben 30 - 40 % aller körperlichen Beschwerden psychische Ursachen. Und da die Gesundheit als Ganzheitliches betrachtet wird, spielen Körper, Geist, Seele und Umwelt des Menschen eine große Rolle in seinem Wohlbefinden[112].

Aus diesem Grundgedanken lassen sich die Kernthemen des beta Instituts ableiten.

109 beta Institut (2005): S. 4.
110 beta Institut (2005): S. 4.
111 Nefiodow (2000): S. 171ff.
112 Vgl. Nefiodow (2000): S. 118 ff.

1. Angewandtes Gesundheitsmanagement

Angewandtes Gesundheitsmanagement umfasst drei unterschiedliche Ebenen:

a) Auf der Systemebene besteht das Ziel in der Optimierung von Teilen des Gesundheitssystems bzw. als innovatives Beispiel bis in die Bundesebenen hineinzuwirken. Hierfür hat die beta Institut gGmbH gemeinsam mit dem Bunten Kreis e.V. beispielsweise eine Gesetzesänderung in der Nachsorge auf Bundesebene initiiert und durchgesetzt. Die Spitzenverbände der Krankenkassen haben die „Rahmenvereinbarung zur Durchführung der Nachsorge" zum 1. Juli 2005 erlassen. Einen Teil dieser Nachsorge finanzieren jetzt die Krankenkassen über § 43 Abs. 2, SGB V als „Sozialmedizinische Nachsorge"[113].
b) Auf der Ebene der Einrichtungen richten sich die Projekte des beta Instituts überwiegend an Krankenkassen, Kliniken und Ärztenetze. Ziel ist hier, gemeinsam mit den Partnern neue Konzepte hinsichtlich der Schwierigkeiten und Entwicklungen des Gesundheitssystems zu schaffen, wie es beispielsweise das mammaNetz oder das PatientenNetz Schlaganfall mit den Krankenkassen und Kliniken umgesetzt haben.
c) Aus der Sicht der Patienten bedeutet dies ein persönliches Gesundheitsmanagement, damit Menschen möglichst ganzheitlich und individuell betrachtet werden. Sie sollen gesund bleiben, gesund werden oder mit ihrer Krankheit bestmöglich leben lernen.

2. Entwicklung und Forschung in der Sozialmedizin

Im Bereich Entwicklung und Forschung wird der Fokus auf die psychosoziale Gesundheit, die Versorgungsforschung und das Case Management gelegt. Als größter Bereich im beta Institut umfasst dies die Entwicklung von Konzepten in der Patientenversorgung, die qualitätsgesicherte Umsetzung dieser in der Praxis und die wissenschaftliche Evaluation. Im Mittelpunkt steht dabei immer die psychosoziale Gesundheit. Das reicht von präventiven Maßnahmen im Kindergarten bis zur Betreuung multimorbider älterer Patienten[114].

3. Informations- und Wissensvermittlung

Hierunter wird zum einen die Informationsvermittlung in Form des Wissens- und Informationssystems betaCare verstanden. betaCare umfasst Angebote für Ärzte und Apotheker für Sozialfragen im Gesundheitswesen. Das betafon ist ein telefo-

113 Vgl. beta Institut (2006): S. 63.
114 Vgl. beta Institut (2006): S. 8.

nischer Informationsdienst, die betaListe ist ein Soziallexikon für Sozialrecht und Selbsthilfegruppen von A - Z und das betanet eine Suchmaschine im Internet für Sozialrecht, psychosoziale Informationen, Selbsthilfegruppen, Reha-Kliniken und soziale Fragen rund um eine Krankheit. betaCare bietet deutschlandweit Seminare für Apotheken und Ärzte sowie sozialmedizinische Ratgeber zu bestimmten Krankheiten und vielgefragten Themen wie Patientenvorsorge oder Pflege[115]. Zudem bietet das beta Institut zertifizierte Case-Management-Weiterbildungen für die Pädiatrie, für Pflege, für Krankenhäuser, für das mammaNetz und für Apotheken an.

Exkurs: betapharm Arzneimittel GmbH

Die betapharm Arzneimittel GmbH wurde 1993 gegründet und vertreibt Generika (patentfreie Arzneimittel). Mit einem Sortiment von 145 Wirkstoffen deckt sie Indikationen von der einfachen Erkältung bis zur schweren Herz- Kreislauferkrankung ab. 370 Mitarbeiter sind bei betapharm beschäftigt, die im Jahr 2005 einen Umsatz von 186 Millionen Euro erzielten. Den Erfolg des Unternehmens verdankt betapharm einer innovativen Strategie: soziale Verantwortung oder auch Corporate Citizienship genannt. Das begann 1998 mit Sozialsponsoring für den Bunten Kreis (siehe auch S. 49) und der Errichtung der betapharm Nachsorgestiftung. Ziel war es, Nachsorge nach dem Modell Bunter Kreis damit bekannter zu machen und wissenschaftlich erforschen zu können. Dafür war eine unabhängige Plattforrm erforderlich, deshalb gründeten Bunter Kreis und betapharm 1999 das beta Institut. Grund für das soziale Engagement ist die Überzeugung, dass der Mensch im Mittelpunkt steht und mehr braucht, „...als Hightech-Medizin und Medikamente, um seine Krankheit zu bewältigen“[116]. Gemeinsam mit dem beta Institut verfolgt betapharm diese Ziele, beispielsweise in Form des Infoservices betaCare, des Präventionsprojektes Papilio oder mammaNetz. Das mammaNetz ist mittlerweile finanziell unabhängig, fungiert jedoch als Imageprojekt für die Generikafirma.

Mittlerweile haben betapharm, beta Institut und Bunter Kreis Erfolge erzielt, die keiner der Partner allein für sich erreicht hätte. Im Dezember 2002 beispielsweise wurde der betapharm der Preis „Freiheit und Verantwortung“ in der Kategorie mittlerer Unternehmen aufgrund des sozialen Engagements verliehen. Darüber hinaus wurde für vorbildliches ethisches Wirtschaften das Gütesiegel „Ethics in Business 2005“ vergeben. Diese Erfolge, verbunden mit einer motivie-

115 Vgl. beta Institut (2006): S. 33-39.
116 beta Institut (2006): S. 65.

renden Sinngebung für alle Mitarbeiter, bestätigen das Unternehmen darin, das Corporate Citizienship weiterhin zu betreiben und auszubauen.

7.2 Das mammaNetz: Der Beginn

Die Idee einer Begleitstelle für hochrisikoerkrankte, erwachsene Patienten hatte der Geschäftsführer des beta Instituts, Horst Erhardt, der das bewährte Case-Management-Konzept des Bunten Kreises e.V. zur Nachsorge von chronisch, krebs- und schwerstkranken Kindern auf den Erwachsenenbereich übertragen wollte. Auch Erwachsene müssen in ihrer Erkrankungsphase zwischen ambulanten und stationären Einrichtungen wechseln und werden mit unterschiedlichen Angeboten des Gesundheitswesens konfrontiert. Reibungslose Übergänge und die gebündelte Information über alle Angebote im Gesundheits- und Sozialwesen können durch den Einsatz von Case Management erreicht werden[117].

Als häufigste Krebserkrankung bei Frauen war Brustkrebs die Indikation, auf die sich das Projekt konzentrieren sollte. Die Gynäkologin Dr. Christa Rottscheidt und die Autorin engagierten sich als erste Mitarbeiterinnen und Projektleiterinnen in dem Projekt[118]. Finanziert waren diese beiden Teilzeitstellen von der betapharm Arzneimittel GmbH bis zu dem Zeitpunkt, an dem die Geldakquise Früchte trug und ca. 1,5 Jahre später ein Antrag beim Bayerischen Gesundheitsministerium positiv begutachtet wurde. Ab diesem Zeitpunkt konnte sich das mammaNetz selbst tragen und war finanziell unabhängig. Das mammaNetz in Augsburg wurde so konzipiert, dass es als eigenständige und unabhängige Einrichtung in der Region Augsburg für alle Kliniken, Leistungserbringer und Institutionen sowie für alle Patientinnen als neutrale Begleitstelle fungierte (im Gegensatz zu einigen mammaNetz-Übertragmodellen in Brustzentren).

Unter dem offiziellen Projekttitel „Case Management in der sektorenübergreifenden Versorgung von Frauen mit Brustkrebs“, wurde das dreijährige Modellprojekt vom ehemaligen Staatsminister für Gesundheit Eberhard Sinner im Rokkokosaal der Regierung von Schwaben in Augsburg im November 2002 feierlich gestartet[119]. Das mit 1,25 Mio Euro dotierte Projekt wurde trotz Haushaltssperre im Rahmen der Gesundheitsinitiative „Bayern aktiv“ als größtes Projekt initiiert[120].

117 Vgl. Thorenz (2003b), S. 79-82.
118 Vgl. In/Fo/Onkologie (2003), 6:327.
119 Vgl. Aichacher Zeitung, 18.12.02.
120 Vgl. Augsburger Zeitung, 18.12.02.

In einem Fachartikel wird das Ziel des Projektes vom Bayerischen Gesundheitsminister Eberhard Sinner folgendmaßen skizziert:

„Diese Form der Zusammenarbeit und die emotionale Begleitung betroffenen Frauen bedeutet einen „Qualitätsschub" für das Case Management in Deutschland (...). Frauen sind aufgrund ihrer vielfältigen familiären Verpflichtungen wie Kinderbetreuung und Pflege von Angehörigen anders von folgenschweren Erkrankungen betroffen als Männer. Die Begleitstelle unterstützt daher nicht nur in krankheitsspezifischen Fragen, sondern auch bei der Bewältigung des Alltags. Hierfür werde ein Netzwerk geschaffen"[121].

Auch Prof. Dr. Arthur Wischnik, Chefarzt des Brustzentrums Klinikum Augsburg und erster Kooperationspartner des Projektes, begeistert sich für die neue Struktur:

„Wir haben viele Spezialisten, die hochkompetent arbeiten. Aber wie die Frau sich innerhalb dieser Spezialisierungsinseln bewegt, ist für sie oft ein mühsames Unterfangen, für das ihr häufig die Übersicht und die Kraft fehlen."[122]

Gemeinsam mit Prof. Dr. Arthur Wischnik wurde ein Arbeitskreis gegründet, der aus 2 Oberärzten des Brustzentrums des Klinikums Augsburg, 2 niedergelassenen Gynäkologinnen sowie den Projektleiterinnen des beta Instituts bestand. In diesem Arbeitskreis wurden regelmäßig die Projektentwicklungen vorgestellt und diskutiert. Darüber hinaus wurde ein begleitender Beirat gebildet, bestehend aus Vertretern der Wissenschaft, der niedergelassenen Gynäkologen, der Kliniken, der Bayerischen Krebsgesellschaft, der Krankenkassen sowie einer Patientinnenvertreterin, die dem Projekt beratend zur Seite standen.

7.3 Das mammaNetz – Begleit- und Orientierungsstelle für Frauen mit Brustkrebs

mammaNetz Augsburg ist die erste Begleit- und Orientierungsstelle für Frauen mit Brustkrebs in Deutschland, die Betroffene nach der Case-Management-Methode sektorenübergreifend von der Diagnose bis zur Nachsorge begleitet, berät und informiert.

Das Pilotprojekt läuft seit Herbst 2002, wobei die Begleitstelle ihre praktische Tätigkeit im September 2003 aufgenommen hat. Das mammaNetz hat sich seitdem mit ca. 250 Einrichtungen in und um Augsburg vernetzt. Die Begleitstel-

121 Ärztezeitung, 10./11.1.03.
122 Ärztezeitung, 10./11.1.03.

le ist räumlich und personell eng mit dem Klinikum Augsburg verbunden[123], arbeitet aber unabhängig von diesem. An mammaNetz kann sich jede Brustkrebspatientin in der Region Augsburg wenden. Der Schwerpunkt liegt auf erstdiagnostizierten Brustkrebspatientinnen, die mit der Methode Case Management von der Diagnose an begleitet und über die Sektoren hinweg zielorientiert vernetzt werden. Gerade in der Zeit der Diagnosestellung ist ein Ansprechpartner wichtig, der nicht nur medizinische Fakten vermittelt, sondern darüber hinaus fachliche und emotionale Unterstützung leistet. In der Anlage befindet sich ein **Informationsfilm des mammaNetzes**, der u.a. das Diagnosegespräch zwischen einer Gynäkologin und einer betroffenen Patientin deutlich veranschaulicht. Nach der Diagnoseeröffnung Krebs und einigen medizinischen Erläuterungen bzw. organisatorischen Hinweisen, wird das Gespräch mit der Patientin oft schnell beendet. Die Patientin wird mit ihrem „Diagnoseschock" alleine gelassen. Anders bei der Begleitung durch die Case Managerinnen des mammaNetzes[124]. Sie fängt die Patientin in dieser emotional sehr schwierigen Situation auf und führt mit ihr erste wichtige Gespräche.

Aber auch Patientinnen in späteren Krankheitsphasen (z.B. bei Rezidiv, Metastasierung etc.) werden von mammaNetz betreut. Eine besonders wichtige Zielgruppe stellen (psychisch und somatisch) hoch belasteten Patientinnen dar. Die Bandbreite des Angebots von mammaNetz reicht dabei von intensiver Begleitung bis zur „bloßen" Informationsgabe. Weitere Aufgaben von mammaNetz sind präventive Angebote, beispielsweise Brustselbstuntersuchungskurse. Bei mammaNetz werden jährlich ca. 300 Patientinnen betreut, von denen ca. ein Drittel die Begleitstelle im Rahmen einer Beratung (i.d.R. ein bis drei Kontakte) nutzen und ca. zwei Drittel eine Case-Management-Begleitung erhalten.

Die Case-Management-Begleitung von Brustkrebspatientinnen umfasst zwei Kernprozesse: zum einen die Einzelfallbegleitung der betroffenen Frauen auf der Basis des Case-Management-Prozesses, zum anderen die Gestaltung der Systemebene, d.h. insbesondere die Vernetzung der am Behandlungsprozess beteiligten Behandler bzw. Leistungserbringer/Dienstleister.

7.3.1 Zielsetzungen von mammaNetz

Um die beschriebenen Struktur- bzw. Prozessdefizite und die daraus resultierenden Probleme im Indikationsbereich Brustkrebs zu reduzieren und zu beheben,

123 Siehe dazu auch die Ausführungen Brustzentrum und zur Frauenklinik in Kapitel 7.3.6.2.

124 Vgl. Thorenz (2003a): S. 48 f.

wurde die Adaptation des Case-Management-Modells für die Versorgung von Brustkrebspatientinnen vorgenommen.

Das Modell ist dabei danach ausgerichtet, den Forderungen nach einer integrierten Versorgung nachzukommen, indem

- eine **kontinuierliche, sektorenübergreifende und patientenorientierte Begleitung**,
- die **multiprofessionelle Vernetzung** zwischen ambulantem, stationärem sowie Akut-, Reha- und Gemeinwesenbereich,
- eine **Strukturierung, Dokumentation und somit Optimierung des Behandlungsprozesses**

Kernelemente des Konzeptes bilden, um eine **Verbesserung der Versorgungsqualität** und Ansatzpunkte für eine **Verbesserung ökonomischer Zielvariablen** für die Behandlung von Brustkrebspatientinnen zu erzielen.

Die genannten übergeordneten Zielsetzungen (auf Systemebene) lassen sich auf der Ebene der Patientinnen, der Behandler und des Behandlungsprozesses konkretisieren:

Dabei bestehen zentrale Ziele von mammaNetz darin,

- die Lebensqualität der Patientin zu verbessern,
- die psychische Stabilität der Patientin zu fördern,
- die aktive Mitarbeit der Patientin zu verbessern,
- die Selbstkompetenz der Patientin zu erhöhen sowie
- den Patientenpfad patientenorientiert, effektiv und effizient zu steuern und zu vernetzen.

Dies bedeutet insbesondere,

- den Informationsfluss zwischen den beteiligten Akteuren zu verbessern,
- den Leistungserbringern mehr Zeit für ihre Kernaufgaben zu geben,
- den häufigen Wechsel der Leistungserbringer zu reduzieren,
- notwendige therapeutische Maßnahmen zu initiieren sowie
- die Inanspruchnahme von nicht zielführenden Leistungen (aus Unsicherheit, aus Unwissenheit oder „um alles für sich getan zu haben") zu verhindern.

7.3.2 Sektorenübergreifende Begleitung und Vernetzung: Entwicklung eines Patientenpfades

Zur Realisierung der sektorenübergreifenden Begleitung im Rahmen des Modells wurde für die Patientinnen ein exemplarischer qualitätsgesicherter „pathway" (Patientenpfad) für der Begleitung durch mammaNetz entwickelt. Dieser führt die Patientin vom Gynäkologen (Diagnosestellung) über das mammaNetz in die Klinik (Operation, Chemotherapie und/oder Strahlentherapie) und wieder über das mammaNetz zur weiteren Versorgung im Rahmen der ambulanten und stationären Nachsorge und Rehabilitation etc. (vgl. Abb. 4). Hierbei informiert die Case Managerin ihre Patientin, ist konstante Ansprechpartnerin und übernimmt koordinierende Aufgaben sowie eine „Lotsenfunktion“ im Behandlungsprozess. Sie steuert diesen Prozess und vernetzt mit den für die Behandlung notwendigen medizinischen und nicht-medizinischen Einrichtungen.

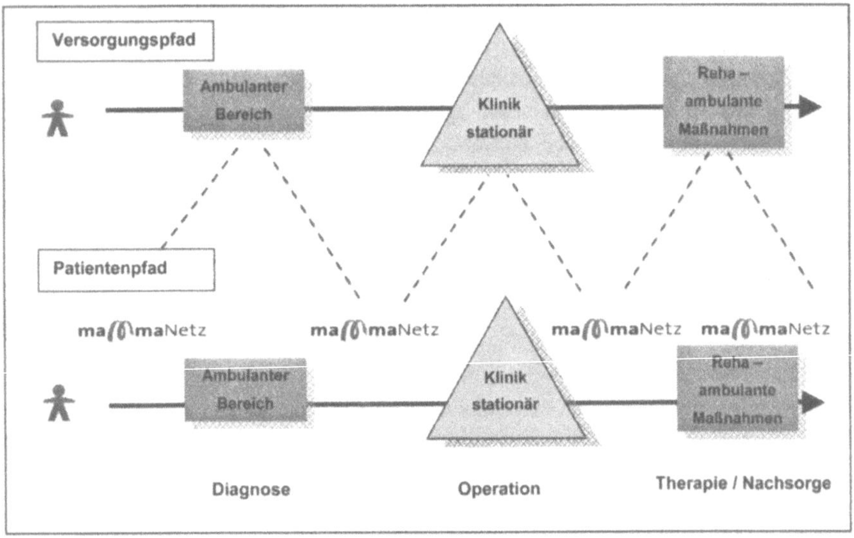

Abbildung 4: Zusammenhang zwischen Versorgungs- und Patientenpfad

Quelle: beta Institut

Die **Vernetzung** erfolgt über das in drei Jahren aufgebaute und gepflegte Netzwerk, über das im Rahmen der sektorenübergreifenden Versorgung eine Kooperation von mammaNetz **mit ca. 250 Einrichtungen (davon 42 gynäkologische Praxen)**[125] aus dem Augsburger Raum besteht. Neben dem Klinikum Augsburg und anderen Kliniken der Region sind das niedergelassene Ärzte, Reha-Kliniken, Therapeuten, Beratungsstellen, Selbsthilfegruppen, Sanitätshäuser, Perückenmacher, Prothesenspezialisten u.a.. Die Patientinnen sollen mit Hilfe von mammaNetz schnell und direkt die individuell notwendigen Hilfen finden und nutzen können.

125 beta Institut (2005a): S. 9.

Interdisziplinarität

Interdisziplinarität ist zentral für die Arbeit von mammaNetz, da die Ziele der Begleitung durch die Kooperation der verschiedenen Disziplinen wesentlich effektiver verfolgt werden können. Diese wird sowohl auf der Ebene der Begleitstelle selbst (durch ein multiprofessionelles Mitarbeiterteam aus onkologisch erfahrenen Krankenschwestern, Sozialpädagoginnen, einer Gynäkologin, einer Psychologin, einer Seelsorgerin sowie einer Verwaltungsmitarbeiterin) als auch auf Ebene der Netzwerk- und Kooperationspartner (durch Vernetzung mit den verschiedenen am Behandlungsprozess beteiligten Professionen) realisiert.

Patientenorientierung

Sowohl das Ausmaß der Begleitung durch mammaNetz als auch die Ausgestaltung des Patientenpfades/Behandlungsprozesses erfolgen patientenorientiert. Ausgangspunkt der mammaNetz-Hilfe ist bei jeder Patientin deren individuelle Situation, gemäß derer ein Unterstützungsangebot von mammaNetz gemacht wird (z.B. Informationsgabe, Beratung, Begleitung). Das Angebot von mammaNetz erfolgt dementsprechend adaptiv, aufbauend auf ein initiales Assessment. Bei den anstehenden Therapieentscheidungen und Indikationsstellungen (z.B. zusätzliches Angebot durch Psychoonkologen des Netzwerks) steht ebenfalls die individuelle Patientin im Mittelpunkt.

Selbsthilfe und Eigenverantwortung der Patientin

mammaNetz verfolgt das Prinzip der „Hilfe zur Selbsthilfe“ und der Förderung der Eigenverantwortung. Die Hilfe soll nachhaltig dafür sorgen, dass die Patientin sicherer im Umgang mit ihrer Erkrankung und Expertin für diese wird, um sich zukünftig besser selbst helfen zu können (Patient-Empowerment).

7.3.3 Leistungen und Prozessabläufe des Case Managements bei mammaNetz

Im Folgenden wird ein Überblick über die Leistungen und Prozessabläufe des mammaNetzes gegeben.

7.3.3.1 Leistungsspektrum

Die Begleit- und Orientierungsstelle mammaNetz bietet folgende Leistungen für Frauen mit Brustkrebs an[126]:

- Aktive Kontaktaufnahme direkt nach der Diagnose (innerhalb von 48 Stunden) im Rahmen der Brustkrebssprechstunde des Klinikums Augsburg bzw. anderer Kliniken oder auf die Meldung niedergelassener Gynäkologen hin;
- Erkrankungsbezogene Hilfestellung durch ein strukturiertes Begleitungs- und Beratungsangebot;
- Entwicklung eines Patientinnenpfades mit vernetzter sektorenübergreifender Versorgung (siehe nächstes Kapitel 7.3.3.2);
- Informations- und Anlaufstelle, telefonisch oder im persönlichen Gespräch;
- Vermittlung qualitativ geprüfter Informationsangebote, z.B. Internetadressen, Bücher, Broschüren;
- Individuelle Hilfe und Begleitung nach dem Case-Management-Prinzip;
- Orientierung, sowohl für die persönliche Situation der Betroffenen als auch im komplexen Gesundheitswesen;
- Vernetzung: Adressweitergabe und/oder Kontaktaufbau mit Behandlern, Leistungserbringern, Dienstleistern;
- Vorträge, auch zur Sekundärprävention (z.B. Brustselbstuntersuchungskurse);
- Kontakt zu anderen erfahrenen Patientinnen mit derselben Diagnose („Patinnen");
- Offene Angebote, z.B. Gesprächsrunden;
- Jederzeitige Erreichbarkeit im Krisenfall.

7.3.3.2 Exemplarischer Begleitprozess: Ein Patientenpfad von der Diagnose bis zur Nachsorge

Der konkrete Patientenpfad in Augsburg sieht exemplarisch folgendermaßen aus[127]:

1. Schritt:

Niedergelassene Praxen und Kliniken weisen der Begleitstelle erstdiagnostizierte[128] Patientinnen zu. Auch die Patientinnen in der Mammasprechstunde des Klinikums Augsburg bzw. der beiden anderen kooperierenden Kliniken (im

126 Vgl. beta Institut (2005b).
127 Vgl. beta Institut (2005a): S. 5.
128 Für Patientinnen, die schon länger erkrankt sind, gilt der beschriebene Patientenpfad ebenfalls grundsätzlich; er ist bei diesen Patientinnen allerdings gemäß der notwendigen Therapiemaßnahmen bzw. des Bedarfs der einzelnen Patientin entsprechend anzupassen.

Krankenhaus Josefinum und im Diakonissenkrankenhaus, vgl. Abschnitt 7.3.6.2) werden sofort nach der Diagnosestellung an eine Case Managerin vermittelt. Wenn Patientinnen selbst den Kontakt zu mammaNetz aufnehmen (die Begleitstelle stellt mittlerweile durch Zeitungsartikel, Informationsmaterial, Empfehlungen durch Patientinnen u.a. ein bekanntes Angebot im Gesundheitssystem dar), wird ebenso verfahren.

2. Schritt:

Die Begleitstelle nimmt innerhalb von 48 Stunden Kontakt mit der Patientin auf. Die Case Managerin macht ein erstes Assessment und ermittelt den individuellen Bedarf. Auf Grundlage eines so genannten Hilfeplans, der erstellt wird, wird die erste Versorgung gewährleistet. Information, Problemlösung, Vernetzung und Steuerung der Patientin sowie Dokumentationen sind in diesem Schritt beinhaltet. Neben der Arbeit mit der Patientin unterstützt die Begleitstelle auch die behandelnen Ärzte, die im Rahmen der Disease-Management-Programme (DMP) die Patientinnen aufklären.

3. Schritt:

Die Patientin kommt stationär in die Klinik. Dort wird sie nach Bedarf von einer Case Managerin betreut.

4. Schritt:

Es folgt ein Re-Assessment mit erneutem Hilfeplan, Vernetzung und Steuerung der Patientin sowie Begleitung im Rahmen der Nachbehandlung und der Nachsorge. Unterstützung wird beispielsweise im Rahmen folgender Leistungen angeboten: Physiotherapie, Vermittlung von Hilfsmitteln, Lymphdrainage, Psychoonkologie, Informationen über ortsnahe Selbsthilfegruppen, Entspannung, Lebensführung, Sozialberatung, Rehabilitation, DMP-Aufklärung, Brustselbstuntersuchungskurse. Dies erfolgt jedoch nicht im Sinne der Anleitung zur Inanspruchnahme von möglichst vielen Leistungen, sondern aufgrund des aus dem Assessment festgestellten Hilfebedarfs.

5. Schritt:

Es werden Gespräche im Rahmen der Nachsorge geführt. Bei Bedarf erfolgt eine weitere Information, Vernetzung oder Case-Management-Begleitung.

6. Schritt:

Die Patientin wird zu mammaNetz-Veranstaltungen eingeladen, Patientenschulungen werden angeboten, im Rahmen des Monitorings und Remindings wird informiert und bei Bedarf weiter betreut. Dies kann bis zur Palliativphase reichen.

Aufgrund des adaptiven Vorgehens besteht eine relativ große Variation beim Umfang der Begleitung, der von 3 bis 57 Kontakten reicht. Die durchschnittliche Betreuung liegt zurzeit bei 14 Kontakten.

Das Vorgehen der Case Managerin orientiert sich auf der Mikroebene an dem in Kapitel 6.2.3 vorgestellten Ablauf, der aus einem Regelkreis von 1) Intake, 2) Assessment, 3) Indikations- und Hilfeplan, 4) Intervention, 5) Monitoring und 6) Bewertung besteht.

Da aus den Prozessschritten 1) Intake und 2) Assessment die Indikationsstellung, der Bedarf der Patientin sowie die Case-Management-Interventionen abgeleitet werden, diese also sehr zentrale Prozesse im Case Management darstellen, werden sie bei mammaNetz besonders ausführlich berücksichtigt und sollen im Folgenden etwas ausführlicher dargestellt werden.

7.3.3.3 Softwaregestütztes Tool zur Dokumentation des Patientenpfades

Um den Verlauf der Behandlung und den Fortschritt des Case-Management-Prozesses für jede einzelne Patientin darstellen zu können, wurde das Software Tool **Case Management Assistant** entwickelt. Grundlage dieses Programms bildet eine Datenbank, in der im Verlauf der Case-Management-Betreuung sämtliche Patientendaten eingepflegt und gespeichert werden. Die Benutzeroberfläche ermöglicht ein userfreundliches Einpflegen und Verwalten dieser Daten. Mit Hilfe dieses Tools kann für jede einzelne Patientin eine elektronische Akte erstellt werden, in der alle für sie relevanten Behandlungsschritte und Interventionen erfasst und dokumentiert werden. Auf diese Weise ist es für die Case Managerinnen möglich, stets die jeweils nächsten anstehenden Termine und Interventionen im Überblick zu behalten und damit eine genaue Planung für jede Patientin einzuhalten. Unterstützend dazu werden die bereits durchlaufenen Behandlungsschritte in einer Übersicht mittels Symbolen, die an einem Zeitstrahl angeordnet sind, visuell dargestellt.

Im Einzelnen können hierzu für jede Patientin so genannte Events angelegt werden, z.B. Diagnose, Klinikaufenthalt, Assessment, Hilfepläne und andere im Hinblick auf den Case-Management-Prozess wichtige Ereignisse. Diese Events entsprechen den Stationen der Behandlung der Erkrankung und den einzelnen Schritten des Case Managements. In jedem einzelnen Event kann die Case Managerin jeweils dokumentieren, welcher Leistungserbringer für die Patientin aktiv war bzw. welche Interventionen eingeleitet wurden. Damit die Ereignisse im Zeitstrahl chronologisch abgebildet werden können, wird zudem das Datum des Ereignisses vermerkt. Am Ende jedes Events erfolgt die Zeiterfassung, hierfür stehen zwei Felder zur Verfügung; im ersten Feld wird nur die Leistung der Case Managerin gewertet, im zweiten Feld kann dokumentiert werden, ob eine Fremdleistung mit Kosten zu Buche schlagen wird, bei der Diagnose wird dies z.B. das Honorar des behandelnden Arztes sein, welcher nach dem **Einheitlichen Bewertungsmaßstab** (EBM) abrechnet. Über den Menüpunkt Kostentypenverwaltung

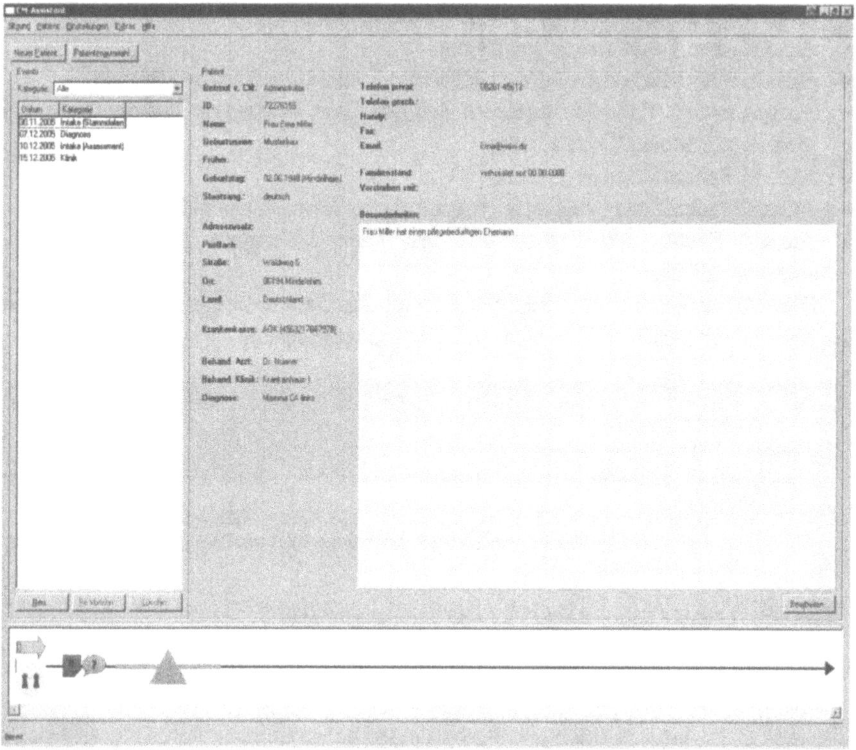

Abbildung 5: Screenshot Case Management Assistant

können hierzu vom Programmadministrator beliebige Kostentypen mit Preisen angelegt werden, die dann in der Auswahl erscheinen. Auf diese Weise ist es möglich, in einer späteren Abfrage die Kosten für jede Patientin darstellen zu können. Das Programm beinhaltet zum derzeitigen Stand bereits eine Auswahlfunktion, mit der die erfassten Patientinnen nach Name, behandelndem Arzt, betreuender Case Managerin, Krankenkasse und Dauer der Case-Management-Betreuung selektiert werden können. Außerdem ist es zum jetzigen Entwicklungszeitpunkt möglich einen Datenexport vorzunehmen, bei dem Daten der Patientinnen nach verschiedenen Selektionskriterien aus der hinter der Anwendung liegenden Datenbank extrahiert und z.B. für statistische Auswertungen in Excel übertragen werden können. Somit können mit Hilfe des Tools verschiedene Standardroutineauswertungen durchgeführt werden.

Hierbei werden besonders folgende Daten in monatlichen, vierteljährlichen bzw. jährlichen Intervallen extrahiert und ausgewertet:

- Anzahl der Patientinnen pro Monat/Quartal/Jahr
- Anzahl neue Patientinnen pro Monat
- Anzahl Patientinnen, bei denen ein neues Event hinzukam pro Monat
- Aufgewendete Case-Management-Zeit pro Case Managerin und pro Patientin jeweils pro Monat/Quartal/Jahr
- Anzahl Patientinnen pro Arzt
- Anzahl Patientinnen im DMP Programm pro Monat/Quartal/Jahr
- Anzahl Events pro Patient und pro Case Managerin jeweils pro Monat/Quartal/Jahr

Diese Abfragen ermöglichen den Einsatz des *Case Management Assistant* als Instrument zur Qualitätssicherung und Prozessoptimierung.

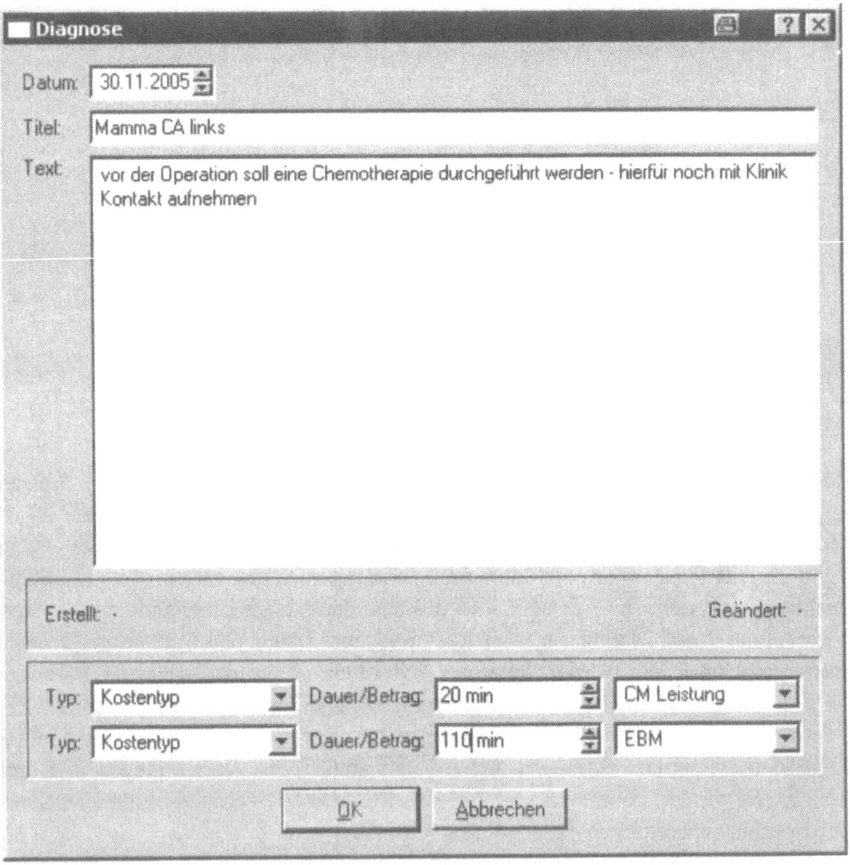

Assistant: Event Diagnose

Des Weiteren wird zukünftig eine Remindingfunktion in das Tool integriert, welche die Case Managerin automatisch an wichtige Termine erinnert. Diese Erinnerungen werden täglich beim Starten der Anwendung auf dem Bildschirm gezeigt werden, ähnlich wie bei gängigen Adressverwaltungs- und Organisationsprogrammen.

Zusammengefasst bietet dieses Programm neben der reinen Patientinnendokumentation eine Hilfe und Orientierung bei der Betreuung der erkrankten Frauen nach den Richtlinien des Case Managements. Der folgende Ausschnitt zeigt eine geöffnete Patientenakte. Im unteren Abschnitt ist der Patientenpfad dargestellt, auf dem sämtliche Interventionen und Behandlungsschritte, die so genannten Events, mit Hilfe von verschiedenen Symbolen dargestellt sind.

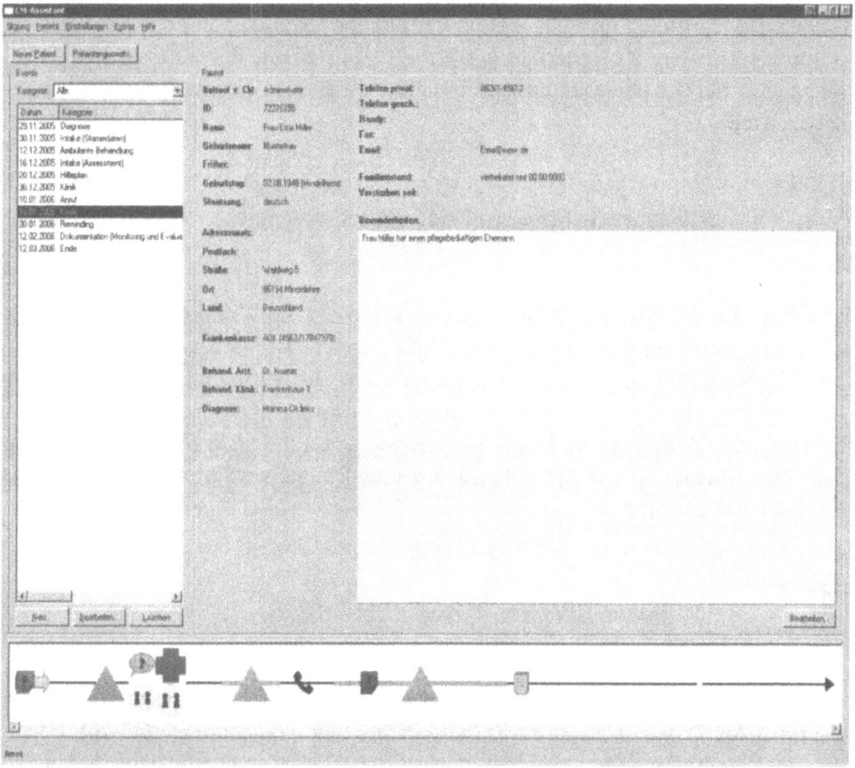

Abbildung 7: Screenshot Case Management Assistant: Patientenakte geöffnet

Im Folgenden werden nun die einzelnen Symbole und ihre Bedeutung erklärt und gleichzeitig die verschiedenen Schritte der Patientin auf ihrem Patientenpfad in der Reihenfolge ihres Erscheinens dargestellt.

Die verschiedenen Events

Diagnose (im medizinischen Bereich)

Mit der Diagnose tritt die Patientin in den Pfad ein. Sie erfährt die Diagnose entweder durch ihren Gynäkologen oder die → **Brustsprechstunde**. Die Case Managerinnen tragen hier das Datum der Diagnosestellung und das Ergebnis des Befundes ein. Die Kostenerfassung erfolgt nach EBM, der Aufwand der Case Managerin bei der Erfassung dieses Events wird als CM-Leistung der Begleitstelle bewertet.

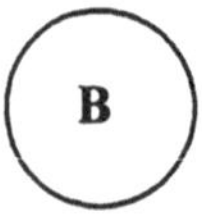

Brustsprechstunde (im medizinischen Bereich)

Über die Brustsprechstunde, welche ambulant im Krankenhaus stattfindet, kann eine Patientin ebenfalls in den Pfad eintreten. Die Brustsprechstunde dient der Diagnosesicherung vor der Operation oder/und bei unklaren Befunden. Die Case Managerinnen tragen hier ebenfalls das Datum der Sprechstunde und das Ergebnis des Befundes ein. Die Kostenerfassung erfolgt nach EBM, der Aufwand der Case Managerin bei der Erfassung dieses Events wird als CM-Leistung der Begleitstelle bewertet.

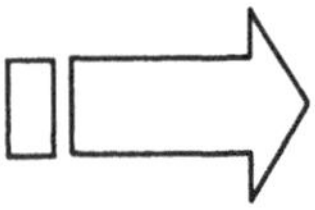

Intake (im Case-Management-Prozess)

Beim Intake werden durch die Case Managerin sämtliche Stammdaten der Patientin erfasst, wie Adresse, Ansprechpartner, ihr Gynäkologe und die behandelnde Klinik. Eine Auswahl der wichtigsten Daten erscheint dann bei jedem Öffnen der jeweiligen Patientenakte auf dem Bildschirm, so dass die Case Managerin immer gleich einen Überblick über wichtige Kontaktdaten oder Besonderheiten erhält. Die Kostenerfassung erfolgt als CM-Leistung der Begleitstelle.

Assessment (im Case-Management-Prozess)

Das Assessment dient der Einschätzung der Situation der Patientin. Hier werden ihr individueller Unterstützungsbedarf, aber auch ihre eigenen Ressourcen ermittelt. Dies geschieht mittels eines standardisierten Fragebogens der die einzelnen Fragen jeweils mit einem Belastungs- und einem Ressourcenwert zwischen 0 (nicht vorhanden) und 4 (voll ausgeprägt) bewertet. Jeder Frage ist zudem ein ICF-Item (Internationale Klassifikation der Funktionsfähigkeit, Behinderung und Gesundheit) zugeordnet. Diese Items kodieren international gültig verschiedene körperliche und geistige Strukturen, Fähigkeiten, Funktionen und Beziehungen, dadurch können Störungen eindeutig beschrieben werden. Dieses Vorgehen sichert eine hohe medizinische Qualität des Assessments. Die Case Managerin trägt hier die Bewertungen für die jeweils relevanten Probleme und Ressourcen der Patientin ein, welche sich im Gespräch ergeben haben. Das Assessment bildet die Ausgangslage für die folgenden Interventionen zur Unterstützung der Frau (→ **Hilfeplan**). Die Kostenerfassung erfolgt als CM-Leistung der Begleitstelle.

Hilfeplan (im Case-Management-Prozess)

Hier wird der im Assessment festgestellte Unterstützungsbedarf konkretisiert und die Case Managerin erarbeitet zusammen mit der Patientin Lösungen. Diese Lösungen werden dann von der Case Managerin bzw. auch von der Patientin selbst in der Praxis umgesetzt. Die Patientin soll hier auch zur Selbsthilfe ermutigt werden. Alle erfolgten Interventionen und der Grad ihrer Zielerreichung werden von der Case Managerin dokumentiert. Die Kostenerfassung erfolgt als CM-Leistung der Begleitstelle.

Klinikaufenthalt (im medizinischen Bereich)

Hier wird die Operation der Patientin dokumentiert. Die Case Managerin erfasst, welche Eingriffe im Krankenhaus durchgeführt wurden. Ebenso kann eine stationäre Anschlussheilbehandlung abgebildet werden. Die Dauer des stationären Aufenthaltes wird bei diesem Symbol durch die Länge des Balkens visualisiert. Die Kostenerfassung erfolgt nach DRG, der Aufwand der Case Managerin bei der Erfassung dieses Events wird als CM-Leistung der Begleitstelle bewertet.

Reminding (im Case-Management-Prozess)

Das Reminding beschreibt die Kontaktaufnahme der Case Managerin mit der Patientin spätestens zwei Wochen nach der Operation. Hierfür gibt die Case Managerin einen Termin vor und wird dann automatisch bei Fälligkeit erinnert. Das Reminding selbst beschreibt nur die Erinnerung des Termins – je nach Bedarf der Patientin bleibt es bei dieser Kontaktaufnahme oder die Patientin hat noch Hilfebedarf und die Case Managerin führt daraufhin noch einmal ein → **Assessment** durch. Hieraus resultiert dann ein neuer → **Hilfeplan**. Die Kostenerfassung erfolgt als CM-Leistung der Begleitstelle.

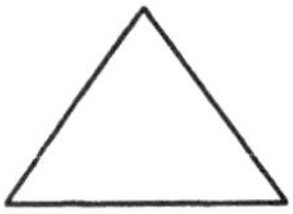

Ambulante Behandlung (im medizinischen Bereich)

Hier werden sämtliche ambulanten Behandlungen der Patientin erfasst, von der Chemotherapie über die Strahlentherapie bis hin zur ambulanten Rehabilitation. Erfasst werden, wie auch schon beim stationären Klinikaufenthalt, die vorgenommenen Interventionen, welche mit EBM bewertet werden. Zudem werden die Art der Behandlung und der Leistungserbringer festgehalten. Die Kostenerfassung für den Aufwand der Case Managerin erfolgt als CM-Leistung der Begleitstelle.

Ende (im Case-Management-Prozess)

Dieser Punkt markiert des Ende der Case-Management-Begleitung, was in der Regel neun Monate nach der Diagnose der Fall ist. Die Kostenerfassung erfolgt als CM-Leistung der Begleitstelle.

Zusätzlich zu diesen Events, die fest im Case-Management-Prozess bzw. in der medizinischen Therapie etabliert sind, gibt es zwei weitere Events, die spontaner Natur sind und je nach Patientin unterschiedlich oft zum Einsatz kommen.

Dokumentation (im Case-Management-Prozess)

Hier werden alle Tätigkeiten der Case Managerin erfasst, die sie für die Patientin erledigt, und die nicht über den → **Hilfeplan** abgebildet werden können. Die Kostenerfassung erfolgt als CM-Leistung der Begleitstelle.

Anruf (im Case-Management-Prozess)

Durch dieses Symbol werden Anrufe der Case Managerin dokumentiert, die sie während ihrer Begleitung für bzw. mit der Patientin geführt hat. Hierbei wird das Datum, der Grund und der Inhalt des Gespräches festgehalten. Die Kostenerfassung erfolgt als CM-Leistung der Begleitstelle.

Persönlicher Kontakt mit der Patientin

Dieses Symbol kann für alle Events aktiviert werden, die im Case-Management-Prozess stattfinden und bei denen der Kontakt mit der Patientin entweder über Übermittlungsmedien (Telefon, Mail) oder aber persönlich stattfindet.

Dies geschieht über einen Auswahlbutton im jeweiligen Event. Wurde er aktiviert, so erscheint es unter dem Symbol des jeweiligen Events und ermöglicht der Case Managerin somit einen raschen Überblick über die Art der Kontakte mit der Patientin.

7.3.4 Indikations- und Bedarfsermittlung bei mammaNetz (Intake und Assessment)

Die Indikations- und Bedarfsermittlung erfolgt in einem zweistufigen Prozess (Intake und Assessment) und auf Basis zweier Fragebogenverfahren (jeweils Fremdrating durch die Case Managerinnen auf Basis des Eingangsgesprächs mit der Patientin, wobei allerdings die subjektive Problemsicht und -schwere der Patientin ausschlaggebend ist). Die Fragebögen wurden dabei auf Grundlage des bio-psycho-sozialen Gesundheitsmodells der WHO[129] sowie der „International Classification of Functioning, Disability and Health“ (ICF)[130] vom beta Institut erstellt und im Rahmen der praktischen Arbeit des mammaNetzes in den letzten zwei Jahren kontinuierlich weiterentwickelt.

Das **Intake** dient der so genannten „Routing-Entscheidung“: Hierbei wird entschieden, ob die Patientin Bedarf an Hilfsmaßnahmen hat, die den Case-Management-Prozess erfordern, oder ob eine Unterstützung im Rahmen der Regelbetreuung (Informationen, Kurzgespräch) ausreicht (Case-Management-Indikationsstellung). Der Intake-Fragebogen besteht dabei aus elf „Marker“-Items, mit deren Hilfe die Case Managerin sowohl die Schwere des Problems (auf einer fünfstufigen Likert-Skala, 0 bis 4) als auch das Vorhandenseins von Ressourcen (0 bis 3) einschätzt. Eine Indikationsstellung für das Case Management ist operationalisiert über einen Cut-Off-Punktwert von 20 bei Einschätzung der Problemschwere bzw. über eine hohe Problemschwere (3 oder 4) bei mindestens zwei Items.

Wird die Indikation für eine Case-Management-Begleitung gestellt, schließt sich der Fragebogen zum **Assessment** an. Hier wird mit weiteren 19 Items (Itemformat wie beim Intake-Fragebogen) eine detailliertere Einschätzung der Gesamtsituation und der Problembereiche der Patientin vorgenommen und darauf aufbauend der individuelle Bedarf und die Zielvereinbarungen (z.B. Erhalt des Arbeitsplatzes trotz der Krankheit, Klärung der Situation mit dem Lebenspartner) vorgenommen. Bei dieser Zielvereinbarung hat die Case Managerin auch die Aufgabe, die Systeminteressen einzubringen, um sinnvolle und zielführende Interventionen bei möglichst effizientem Ressourceneinsatz zu planen.

Das Assessment bietet somit die Basis für die Erstellung des konkreten Hilfeplans und der nachfolgenden Intervention (siehe Kapitel 6.2.3). Über das **Re-Assessment** zu einem späteren Zeitpunkt im Begleitprozess können über den Vergleich zum Baseline-Assessment u.a. Veränderungen bzw. Verbesserungen objektiviert werden. Das Assessmentverfahren ist somit ein zentrales Element des Case-Management-Prozesses. Es stellt ein strukturiertes Vorgehen sicher, ermöglicht eine fundierte Ist-Analyse, macht die daraus folgenden Hilfsmaßnahmen transparent und ermöglicht über das Re-Assessment die Objektivierung der Veränderungen. Die qualitätsgesicherten Abläufe der Begleitstelle können damit an jedem Punkt des Prozesses zurückverfolgt und überprüft werden.

---

129 WHO (2001); vgl. auch Schuntermann (2001); Stucki, Grinby (2004).

130 Die ICF dient der systematischen Einordnung von Krankheitsfolgen, bezogen auf die Funktionsfähigkeit und Behinderung in unterschiedlichen (Lebens-)Bereichen.

7.3.5 Netzwerk-, Organisations- und Personalstruktur von mammaNetz

7.3.5.1 Netzwerk- und Organisationsstruktur

mammaNetz ist ein flexibles Modell, das je nach Träger und Gegebenheiten vor Ort eingerichtet und angepasst werden kann. Prinzipiell gibt es drei Möglichkeiten[131]:

- DRIN MODELL – für Kliniken
  mammaNetz als Abteilung der Klinik. Die Mitarbeiterinnen betreuen von der Klinik aus und knüpfen ihre Kontakte aus der Klinik heraus zu den einweisenden Ärzten und den Einrichtungen der Versorgung und Nachsorge. Nach dem DRIN-Modell arbeitet z.B. schon das Brustzentrum des Klinikums Coburg.
- DRAN MODELL – als assoziierte Einrichtung
  mammaNetz als unabhängige Einrichtung, aber in enger Kooperation mit der größten Klinik der Region, auch die Mitarbeiterinnen teilen sich zum Teil ihre Stellen zwischen mammaNetz und Klinik auf.
- DRAUSS MODELL – als unabhängige Einrichtung
  mammaNetz als vollkommen unabhängige Stelle, die ein Netz von Kliniken, Ärzten, weiteren Leistungserbringern und Anbietern in einer Region aufbaut, um die brustkrebskranken Frauen optimal zu begleiten. Das vorbildliche Modell hierfür ist das mammaNetz in Augsburg.

Die interne Organisation der Begleitstelle mammaNetz in Augsburg ist in der folgenden Abbildung 8 dargestellt.

Die Case Managerinnen, die auf Patientinnen- und auf Systemebene intervenieren, werden angeleitet von der Projektleiterin, die die Funktion der Dienst- und Fachaufsicht und darüber hinaus federführend die konzeptionelle Weiterentwicklung des Modellprojektes (in Kooperation mit den ausführenden Case Managerinnen einerseits und der Geschäftsführung andererseits) übernimmt.

131 Vgl. beta Institut (2005a): S. 5.

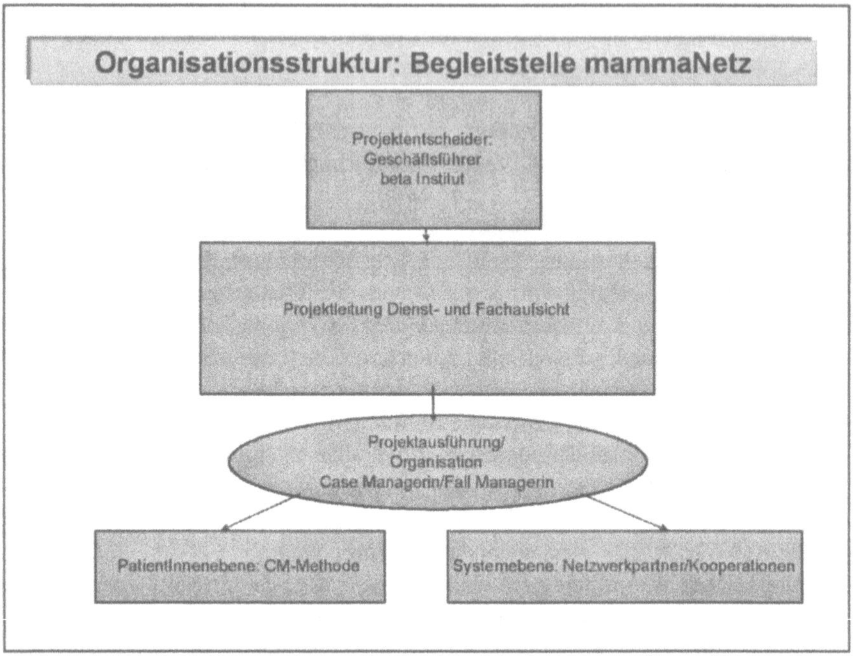

Abbildung 8: Interne Organisationsstruktur der Begleitstelle mammaNetz in Augsburg.

Quelle: Eigene Darstellung

7.3.5.2 Personalstruktur

Die Case Managerinnen der Begleitstelle kommen beruflich aus den Bereichen Pflege und Sozialarbeit. Sie benötigen für ihre Tätigkeit bestimmte Schlüsselqualifikationen, müssen ein spezifisches Anforderungsprofil erfüllen sowie eine zertifizierte Weiterbildung durchlaufen haben.

Case Management ist eine Managementaufgabe, die Prozess-, Schnittstellen-, Wissens- und Evaluationsmanagement umfasst. Dieses Aufgabenspektrum erfordert ein generalistisches Qualifikationsprofil der Case Managerin: Sie benötigt allgemeine Schlüsselqualifikationen, um die erforderlichen Handlungskompetenzen zu steigern. Die individuelle Handlungskompetenz für das Case Management ergibt sich aus dem Zusammenwirken der Sach-, Methoden-, Sozial- und Selbstkompetenzen[132].

Das **Anforderungsprofil für eine Case Managerin** im mammaNetz beinhaltet:

- Krankenpflegeexamen bzw. Sozialpädagogik-Studium
- Erfahrung in der gynäkologischen Onkologie bzw. der Onkologie
- Kommunikative Fähigkeiten
- Gesprächsführungskompetenzen
- Pädagogische Fähigkeiten
- Beratungskompetenz (Darunter wird die Fähigkeit verstanden, Probleme gemeinsam mit der Patientin zu analysieren, gemeinsam Alternativen für Lösungen zu suchen und die endgültige Entscheidung über die Lösung der Patientin zu überlassen.)
- Dependenzpflege (Die Case Managerin, Schwerpunkt Pflege, kann die Angehörigen adäquat informieren, sie in den Pflegeprozess einbeziehen, sie praktisch anleiten, wenn Fertigkeiten erlernt werden sollen.)
- Bereitschaft zur Fort- und Weiterbildung in Fach-, Methoden- und Sozialkompetenz
- Rechtliche und organisatorische Grundlagen
- Gute EDV-Kenntnisse

Neben diesen Anforderungen ist Voraussetzung für die Arbeit bei mammaNetz die erfolgreiche Teilnahme an der **zertifizierten Weiterbildung** zur Case Managerin. Die vom beta Institut durchgeführte Case-Management-Weiterbildung ist zertifiziert nach den Richtlinien der DGS (Deutsche Gesellschaft für Sozialarbeit), DBSH (Deutscher Berufsverband für Soziale Arbeit e.V.) und des DBfK (Deutscher Berufsverband für Pflegeberufe).[133]

Hinsichtlich des **Personalschlüssels** belaufen sich die aktuellen Kennzahlen aus dem Augsburger Modellprojekt auf 30 in Betreuung befindlicher Patientinnen pro Halbtagsstelle. Von diesen 30 Patientinnen sind knapp die Hälfte in intensiver Betreuung nach Neuerkrankung, die anderen sind im Prozess schon in der Phase der Nachsorge, so dass die Begleitung i. d. R. weniger engmaschig abläuft.

---

132 Vgl. beta Institut (2005b).

133 Das beta Institut bildet auch Case Managerinnen für die Bereiche Pflege, Pädiatrie, Prozess-Steuerung und öffentliche Apotheke fort.

7.3.5.3 Personalentwicklung

Personalentwicklung bei mammaNetz beinhaltet folgende Elemente:

1) **Fort- und Weiterbildung:** Neben der zertifizierten Weiterbildung (siehe vorheriger Abschnitt) werden kontinuierliche Fortbildungsveranstaltungen zu Themen wie „Patientenvorsorge", „Brustwiederaufbau", „Datenschutz", „Umgang mit Angehörigen" etc. durchgeführt.
2) **Supervision und Coaching:** Es finden regelmäßige Gruppen-Supervisionstreffen (ein Mal im Quartal) in der Begleitstelle statt. Diese Supervisionen zur Team- und Organisationsentwicklung werden und von einer externen Supervisorin durchgeführt. Zusätzlich zur Supervision wird das Team der Begleitstelle durch einen internen Coach zur Qualitätssicherung und Teamentwicklung begleitet. Interne kollegiale Supervision findet im Rahmen von Fallbesprechungen statt.
3) **Personalkalkulation:** Wichtiger Anhaltspunkt für die Personalkalkulation im weiteren Verlauf stellt die Dokumentation des Zeitaufwands pro Patientin (persönliche/telefonische Kontakte, Netzwerkarbeit am konkreten Fall, Hilfeplan-Erstellung etc.) dar, die die Case Managerin computergestützt vornimmt.

7.3.6 Interdisziplinarität und Kooperationen bei mammaNetz

Der für das Case Management sehr wichtige interdisziplinäre Ansatz wird bei mammaNetz sowohl im Team der Begleitstelle als auch über die Kooperationen im Netzwerk, realisiert. Beide Ebenen sollen im Folgenden näher dargestellt werden.

7.3.6.1 Interdisziplinarität im Team der Begleitstelle

Das Team des mammaNetzes setzt sich aus Mitarbeiterinnen verschiedener Professionen zusammen, wobei onkologisch erfahrene Krankenschwestern, Sozialpädagoginnen, eine Gynäkologin, eine Theologin, eine Psychoonkologin/Psychologin sowie eine Verwaltungskraft vertreten sind. Die Case Managerinnen, aus der Pflege oder der sozialen Arbeit kommend, haben so im mammaNetz die Möglichkeit, bei entsprechenden Problemlagen ärztliche, psychoonkologische und seelsorgerische Fachleute in die Case-Management-Arbeit einzubeziehen.

Seelsorgerin im mammaNetz: Mit der seelsorgerischen Mitarbeiterin haben die Patientinnen und ihre Angehörigen eine direkte Ansprechpartnerin für ihre spirituellen Belange, für religiöse Fragestellungen wie auch für die seelsorgliche Einzelbegleitung. Es ist jederzeit möglich, im Rahmen von Einzelgesprächen oder in einer Gruppe von Betroffenen, die sich monatlich trifft, religiöse Themen anzugehen. Obwohl die Seelsorge im mammaNetz von einer Theologin der katholischen Kirche wahrgenommen wird, ist sie grundsätzlich **ökumenisch** ausgerichtet. Es ist im Klinikum Augsburg üblich, dass die Patienten unabhängig von der Konfession vom jeweils zuständigen Seelsorger begleitet werden. Das gilt auch für das mammaNetz.

Psychologin im mammaNetz: Für Patientinnen, bei denen psychische Probleme im Vordergrund stehen, steht eine Psychologin als Ansprechpartnerin im Team zur Verfügung. Neben der direkten Unterstützung der Patientin (z.B. in Krisensituationen) besteht eine weitere Aufgabe darin, bei der Entscheidung mitzuwirken, wann eine längerfristige psychotherapeutische Behandlung (durch einen Psychoonkologen des Netzwerkes) indiziert ist. Sowohl Seelsorgerin als auch Psychologin wirken bei Fallbesprechungen und -arbeit mit, stehen aber auch bei Belastungen zur Verfügung, die durch Patientinnengespräche bei den Case Mangerinnen auftreten. Die **ärztliche Mitarbeiterin** (Gynäkologin) wird bei medizinischen Problemen bzw. Fragestellungen in den Case-Management-Prozess einbezogen.

Die vielfältigen Aufgaben in den Abläufen erfordern ein gewisses Maß an Abstimmung im mammaNetz-Team. In der Begleitstelle Augsburg haben sich dazu folgende Kommunikationsstrukturen bewährt:

- **Teambesprechung** (zweiwöchentliche Treffen für Organisatorisches, inhaltliche Diskussionen, Austausch der Vorgehensweisen)
- **Fallbesprechung** (zweiwöchentliche Treffen zur Falldarstellung und -besprechung mit interdisziplinärem Austausch)
- **Arbeitsgruppe Netzwerk** (monatliche Treffen zur Gestaltung der Systemebene, d.h. Schritte zur Vernetzung, Netzwerkpläne und Veranstaltungen für das Netzwerk)

7.3.6.2 Interdisziplinarität und Kooperationen im Netzwerk mammaNetz

Wichtige Aufgabe im Rahmen der Case-Management-Arbeit des mammaNetzes ist, neben der patientenorientierten Fallbegleitung, die Vernetzung der Partner auf der Systemebene. Dies sind vor allem Leistungsanbieter im stationären und ambulanten Bereich.

Das mammaNetz ist im stationären Bereich mit dem Brustzentrum des Klinikums Augsburg, mit dem Krankenhaus Josefinum und dem Diakonissenkrankenhaus vernetzt. Im ambulanten Bereich hat das mammaNetz ein Ärztenetz mit über 42 gynäkologischen Praxen aufgebaut. Darüber hinaus bestehen Kontakte zu allen Anbietern in der Region Augsburg, die mit brustkrebskranken Frauen zu tun haben. Es ist notwendig, diese gut zu kennen, damit die Vernetzung mit den Patientinnen reibungslos funktionieren kann. Im Folgenden werden die einzelnen Netzwerkpartner gesondert dargestellt:

Brustzentrum des Klinikums Augsburg

Das **Klinikum Augsburg** (größtes Lehrkrankenhaus der Ludwig-Maximilian-Universität München) ist ein Akutkrankenhaus der maximalen Versorgungsstufe. Mehrere Kliniken des Klinikums Augsburg, mit speziellen Kenntnissen der Diagnostik und Therapie des Mammakarzinoms wie Frauenklinik, II. Chirurgie, II. Medizinische Klinik, Pathologie, Radiologie, Strahlenklinik, Nuklearmedizin und Tumorzentrum bilden mit den niedergelassenen Radiologen und Gynäkologen im Augsburger Raum die Kooperation des Brustzentrums Augsburg. Im April 2005 wurde das Brustzentrum entsprechend den Richtlinien der Deutschen Krebsgesellschaft und der Deutschen Gesellschaft für Senologie sowie die Einführung eines Qualitätsmanagementsystems nach DIN EN ISO 9001:2000 erfolgreich zertifiziert.

Eine wichtige Rolle im Brustkrebszentrum und als Partner des mammaNetz im Projekt spielt die **Frauenklinik des Klinikums**. Die Frauenklinik verfügt über 108 Betten auf drei Stationen, es werden jährlich ca. 5.000 operative Eingriffe (Haupt- und Nebeneingriffe) durchgeführt. Das Leistungsspektrum der Frauenklinik deckt die operative und konservative Therapie aller gynäkologischen Erkrankungen ab. Ein Schwerpunkt liegt in der onkologischen interdisziplinären Behandlung und Nachsorge bösartiger gynäkologischer Tumore und des Brustkrebses. Die diagnostischen und therapeutischen Möglichkeiten des Brustzentrums umfassen u.a.:

- Modernste minimal-invasive (z.B. Sentinel-Technik) und plastisch-rekonstruktive Operationsverfahren einschließlich rekonstruktiver Maßnahmen (in Zusammenarbeit mit der II. Chirurgischen Klinik),
- Ambulante Chemotherapie,
- Vakuumstanzbiopsie (minimal invasive, computergestützte, stereotaktisch gesteuerte Entfernung von auffälligen Brustbefunden und Mikrokalk).

Pro Jahr werden in der Frauenklinik des Klinikums ca. 350 Erstoperationen bei neuerkrankten Mammakarzinompatientinnen durchgeführt. Die Eingriffe erfolgen im zentralen OP-Bereich, der seit 2004 nach DIN EN ISO 9001:2000 zertifiziert ist. Es besteht ein weiterer wesentlicher Beitrag zur Qualitätssicherung, ein interdisziplinäres **Tumorboard.** In wöchentlichen Treffen mit Pathologen, internistischen Onkologen, Kollegen der Strahlenklinik und Radiologen wird bei Bedarf die weiterführende Therapie von Patientinnen aus der Frauenklinik mit einer Karzinomerkrankung besprochen.

Die Frauenklinik beteiligt sich an renommierten **Multicenter-Studien**, z.B. z.Zt. an: ADEBAR adjuvant (FEC/EC-Taxotex), SUCCESS-Studie, HERA-Studie (Amendment), Zometastudie (Zometa bei Cytokeratin-positivem Knochenmarksbefund), Navelbine i.v. versus oral, GAIN-Studie. Der Leiter der Frauenklinik, Prof. Dr. med. Arthur Wischnik, ist beteiligt an der Erstellung von Leitlinien für Brustzentren. Er ist Vorsitzender des Landesverbandes Bayern der Bundesarbeitsgemeinschaft leitender Ärztinnen und Ärzte in der Frauenheilkunde sowie Vorstandsmitglied dieser Arbeitsgemeinschaft. Er ist außerdem Mitglied des Kuratoriums der Bayerischen Arbeitsgemeinschaft für Qualitätssicherung (Fachkommission Perinatologie, Neonatologie und operative Gynäkologie).

Durch die angeschlossene **Ambulanz** werden jährlich ca. 2.500 Patientinnen in der Nachsorge des Mammakarzinoms im Rahmen einer persönlichen Ermächtigung betreut. Die vertragliche Zusammenarbeit erfolgt im gesetzlichen Rahmen, hauptsächlich mittels Überweisung durch die niedergelassenen Gynäkologen. Das Einzugsgebiet umfasst den gesamten Regierungsbezirk Schwaben und aus Oberbayern den Landkreis Landsberg am Lech. In einer speziellen, wöchentlichen **Brustsprechstunde** werden Frauen mit unklaren diagnostischen Befunden an der Brust oder mit neu diagnostizierten Mammakarzinomen betreut und in allen Fragestellungen bzgl. benigner und maligner Brusterkrankungen beraten. Die Sprechstunde dient auch ggf. zur Einholung einer qualifizierten gynäkologischen oder radiologischen Zweitmeinung. In dieser Sprechstunde können ohne weitere vorherige Terminvereinbarung am gleichen Tag alle derzeit in der S 3-Leitlinie geforderten diagnostischen Verfahren eingesetzt werden. Dies erfolgt als gemeinsame Serviceleistung der Frauenklinik und der radiologischen Abteilung. Dank der räumlichen Nähe der Begleitstelle zum Klinikum kann das erste Gespräch der betroffenen Frau mit der Case Managerin gleich nach dem Diagnosegespräch stattfinden, was viele Patientinnen als wichtige Unterstützung in dieser extrem belastenden Situation empfinden.

Im Rahmen der **Qualitätssicherung** wurde festgestellt, dass das Verhältnis von benignen zu malignen operativen Befunden bei 1:5 liegt, d.h., dass nur in 20 % die Operation bei gutartigen Befunden erfolgt war. Mit diesem Ergebnis liegt das Brustkrebszentrum weit über den nationalen und internationalen Anforderungen[134]. Wird ein Mammakarzinom sicher diagnostiziert, können noch in derselben Sitzung die Therapie oder das weitere Procedere festgelegt werden.

134 Vgl. Informationszentrum für Standards in der Onkologie (ISTO) der Deutschen Krebsgesellschaft e.V. (Hrsg.) (2003): S. 96.

Das Josefinum

Das Krankenhaus Josefinum Augsburg hat sich als zweitgrößter Versorgungsstandort in der Region für die Primärtherapie von Brustkrebserkrankten etabliert. Die **Frauenklinik im Josefinum** ist eine Fachklinik für Frauenkrankheiten und Geburtshilfe. Jährlich werden hier über 2.700 Kinder geboren, es ist die viertgrößte Entbindungsklinik in Deutschland. Zudem wird ein breites Spektrum an gynäkologischen Operationen vorgenommen. Die Patientinnen der Frauenklinik des Josefinums können nach Wunsch von einem Belegarzt oder den Ärzten der Hauptabteilung behandelt werden. Belegärzte haben im Josefinum die Möglichkeit, ihre Patientinnen oder die ihnen zur Behandlung zugewiesenen Frauen eigenverantwortlich, unterstützt von Assistenzärzten der Klinik, zu versorgen. Die Hauptabteilung Frauenklinik wird geleitet von Chefarzt Dr. Helmut Streng.

Für gynäkologische Eingriffe stehen im Josefinum vier Operationssäle zur Verfügung. Zum operative Leistungsspektrum gehören: endoskopische Operationen über die Videokamera (Laparoskopie/Hysteroskopie), Entfernung der Gebärmutter und – falls nötig – deren Anhangsgebilde wie Eileiter und Eierstock, Inkontinenz- und Senkungsoperationen, Mammachirurgie (Eingriffe an der weiblichen Brust, unter anderem ablative oder brusterhaltende Krebsbehandlung mit Lymphknotenoperation), Operation von Tumoren im kleinen Becken und alle „kleineren“ gynäkologische Eingriffe (wie etwa Ausschabungen usw.). Bei bösartigen Tumoren wird die operative Therapie sowie die Vor- oder Nachbehandlung durch Chemotherapie ergänzt, entsprechend den aktuellen wissenschaftlichen Empfehlungen in Zusammenarbeit mit Onkologischen Zentren in Augsburg oder München. Seit Herbst 2005 wird von mammaNetz im Josefinum eine wöchentliche Sprechstunde angeboten.

Das Diakonissenkrankenhaus Augsburg

Das Belegkrankenhaus der Evangelischen Diakonissenanstalt ist ein Krankenhaus der Grund- und Regelversorgung mit einer gynäkologischen Abteilung, derer Leistungsspektrum u.a. die Behandlung von gutartigen und bösartigen Erkrankungen der Gebärmutter, der Eileiter und Eierstöcke sowie der Brust umfasst. Bei der Behandlung der Brusterkrankungen werden alle gängigen operativen Verfahren durchgeführt. Unter Einsatz schonender Operationsverfahren werden die notwendigen Eingriffe nach Möglichkeit brusterhaltend durchgeführt. Auch kosmetische Operationen an der Brust werden durchgeführt. Als Vorzug eines Beleghauses empfinden viele Patientinnen, dass sie von ihrem eigenen Arzt, den sie bereits kennen, behandelt, evtl. operiert und nach der Entlassung dann auch in der Praxis weiter betreut werden.

Im Diakonissen-Krankenhaus wurde seit Herbst 2005 eine wöchentliche Sprechstunde von mammaNetz eingerichtet.

Gynäkologische Praxen

Bisher haben sich 42 niedergelassenen Ärztinnen und Ärzte aus den Gebieten Gynäkologie, Onkologie und Allgemeinmedizin per Vertrag zu einer Zusammenarbeit mit mammaNetz verpflichtet. In diesem Rahmen bieten die Praxen z.B. kostenlos eine telefonische Sprechstunde für mammaNetz-Patientinnen an. Regelmäßige Kontakte der Case Managerin mit der betreuenden Praxis (jeweils nach Bedarf, mindestens ein Kontakt pro 3-Monats-Intervall), Besuche der Case Managerin in den Praxen, Veranstaltungen und Informationsabende vertiefen die Zusammenarbeit im Netzwerk.

Andere Netzwerkpartner

Das mammaNetz ist mit rund 250 Einrichtungen in und um Augsburg vernetzt, die medizinische, pflegerische, therapeutische und soziale Dienstleistungen für Patientinnen mit Brustkrebs erbringen. Die Kooperation kann patientinnenbezogen oder allgemeiner Natur sein. Kooperierende Partner sind:

1. Von Kostenträgern zugelassene Leistungserbringer (neben den bereits dargestellten Kliniken und niedergelassenen Ärzten sind dies ambulante Einrichtungen, Physiotherapiepraxen, psychotherapeutische Praxen, Apotheken, Sanitätshäuser etc.)
2. Einrichtungen, die einen inhaltlichen Bezug zum Thema Brustkrebs haben (Bayerische Krebsgesellschaft, Selbsthilfegruppen etc.)
3. Einrichtungen, zu denen aufgrund von Bedürfnissen der Patientinnen vernetzt wird (z.B. Beratungsstellen, Behörden etc.)

7.3.7 Qualitätssicherung und -verbesserung

Die Lebens- und Versorgungsqualität der brustkrebskranken Frauen wird durch optimierte Patientenpfade gesichert. Hierfür wird auf die **Care-Service-Science-Methode (CSS)** zurückgegriffen. CSS ist eine **Methode der Versorgungsforschung**, die gleichzeitig ein Qualitätssicherungsinstrument und die Grundlage für die wissenschaftliche Evaluation darstellt. Mit CSS werden Prozesse kontinuierlich überprüft und evaluiert, so dass die Begleitstelle in einem fortwährenden Optimierungsverfahren zu praxiserprobten und qualitätsgesicherten Ergebnissen gelangt.

7.3.7.1 Versorgungsforschung im Rahmen des Care-Service-Science-Konzeptes

Versorgungsforschung ist ein fachübergreifendes Forschungsgebiet, das die Kranken- und Gesundheitsversorgung und ihre Rahmenbedingungen beschreibt und erklärt. Sie trägt zur Entwicklung wissenschaftlich fundierter Versorgungskonzepte bei (Konzeptentwicklung), begleitet deren Umsetzung (Begleitforschung) und evaluiert die Wirksamkeit von Versorgungsstrukturen und -prozessen unter Alltagsbedingungen (Effectiveness- bzw. Outcomeforschung). Ihr Interesse richtet sich v.a. auf die so genannte „letzte Meile" des Gesundheitssystems zum Patienten, d.h. wie kommt die konkrete Kranken- und Gesundheitsversorgung in den Krankenhäusern, Arztpraxen und sonstigen Gesundheitseinrichtungen am Ende tatsächlich beim Patienten an.[135] Das Studienprojekt mammaNetz gehört zum anwendungsorientierten Teil der Versorgungsforschung und beinhaltet die Entwicklung eines theoretisch und empirisch fundierten neuen Versorgungskonzeptes, dessen Implementierung in der Alltagsversorgung wissenschaftlich begleitet wird. Praktisch bedeutet dies, dass nach der Implementierung des mammaNetzes im September 2003 eine Studie die Machbarkeit des neu aufgebauten mammaNetzes untersucht hat, um damit feststellen zu können, wo im Projekt nachgebessert werden muss. Dies betraf im mammaNetz hauptsächlich die Qualitätssicherung durch die Dokumentationen sowie die Abläufe des Patientenpfades.

Die wissenschaftliche Begleitung geschieht mit Hilfe des Care-Service-Science-Konzeptes (CSS), das die Entwicklung und Optimierung eines umfassenden Systems der Patientenversorgung ermöglicht. Basierend auf dem Ansatz „Forschung in Praxis" verbindet es die Kompetenz von praktisch tätigen Mitarbeitern und wissenschaftlich-theoretisch arbeitenden Forschern (siehe Abbildung 9). Das CSS-Konzept verfolgt eine so genannte Optimierungsstrategie. Zu Beginn werden umfassende Qualitätssicherungen der konkret geleisteten Patientenversorgung durchgeführt. Die daraus entwickelten Versorgungsstandards bilden die Grundlage der Versorgungspraxis. Jede weitere Entwicklung wird dokumentiert, wobei diese Dokumentation die Voraussetzung für anschließende empirische Kosten-Nutzen-Analysen und eine wissenschaftlich fundierte Optimierung der Versorgung bildet. Mit Hilfe des CSS-Konzeptes kann die wissenschaftliche

135 Vgl. Pfaff, H. (2003): S. 13 ff.

Erforschung begleitend zur Routineversorgung und Qualitätsentwicklung stattfinden.[136]

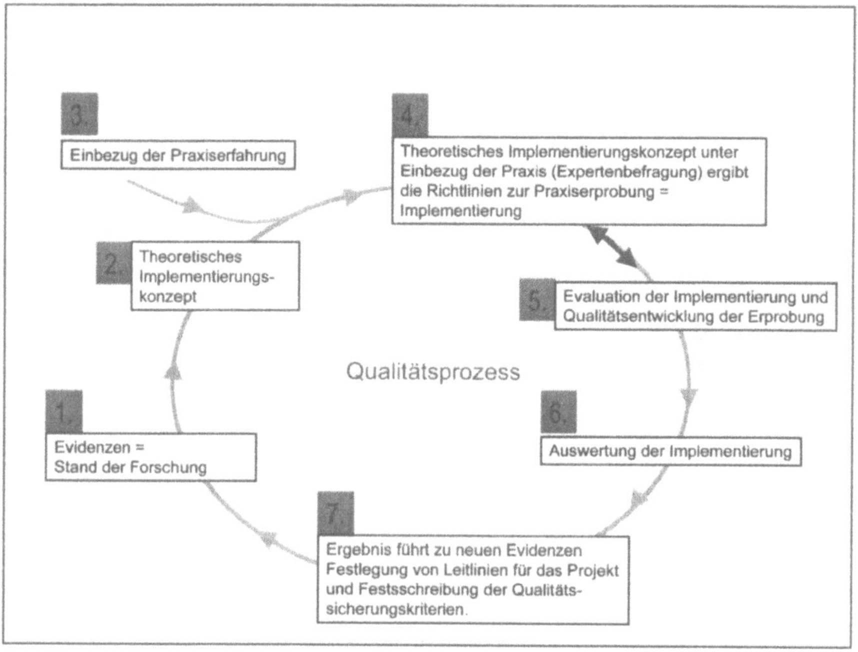

Abbildung 9: Care-Service-Science in der Versorgungsforschung

Quelle: Kusch, Kanth, Labouvie (2001)

Im Verlauf des Projekts mammaNetz wurde zum Zweck der Qualitätssicherung dreimal ein „Schnitt“ gemacht, d.h. es wurden empirische Auswertungen der bis dahin bestehenden Forschungsdaten durchgeführt sowie die Abläufe und Dokumente des Systems überprüft. Die daraus resultierenden Änderungen wurden vorgenommen, so dass nicht nur eine evaluierte, sondern ebenso eine praxiserprobte Begleitstelle Endergebnis ist. Es wurden u.a. die Dokumentationsbögen für Intake, Assessment und Hilfeplan verbessert, die Einhaltung der Scores überprüft, die Vernetzung standardisiert und nach den vorläufigen Auswertungen der Patientinnenbefragungen die Prozesse optimiert.

136 Vgl. Kusch, Kanth, Labouvie (2001): S.197-213.

7.3.7.2 Maßnahmen der Qualitätssicherung und -verbesserung im mammaNetz

Folgende Maßnahmen und Aspekte dienen der kontinuierlichen Qualitätssicherung und -verbesserung der Arbeit der Begleitstelle mammaNetz:

- **Multiaxiales Assessmentverfahren** (Anlehnung an ICF-Kategorisierung der WHO)
  Durch das multiaxiale Assessmentverfahren werden die medizinischen, sozialen, psychischen und spirituellen Bedürfnisse der Patientin erfasst. Das Assessment stellt sicher, dass der Bedarf der Patientin systematisch erhoben wird und kein pauschales Hilfsangebot "durchgezogen" wird. Die Anlehnung an die ICF-Kategorisierung der WHO sichert die Qualität nach internationalen Standards (näheres zum Assessment siehe Kapitel 6.2.3).
- **Aufstellung Hilfeplan**
  Hat die Case Managerin den individuellen Bedarf der psychosozialen Unterstützung erhoben, wird gemeinsam mit der Patientin ein **Hilfeplan** aufgestellt. Anhand dieses Hilfeplans wird die Patientin mit den notwendigen Informationen zu Hilfsmöglichkeiten und Angeboten versorgt (z.B. Kinderbetreuung, Kontakt zu Selbsthilfegruppen oder Beratungsstellen). Bei Bedarf bietet die Case Managerin den Kontakt zu einer anderen schon länger Betroffenen als „Patin" an.
- **Anleitung zur „Hilfe zur Selbsthilfe"**
  Sichert die ökonomische Qualität der Leistungserbringung und soll nachhaltig dafür sorgen, dass die Patientin sicherer im Umgang mit ihrer Erkrankung wird und sich zukünftig besser selbst helfen kann.
- **Re-Assessment**
  In der poststationären Phase wird erneut ein **Re-Assessment** mit der Patientin durchgeführt und ein Hilfeplan, nach den o.g. Prinzipien, aufgestellt. Da in dieser Phase die Mehrzahl der Patientinnen eine ambulante Chemo- und/oder Strahlentherapie erhält, sind multiple organisatorische Fragen und Bedürfnisse zu klären. Die medizinische Nachsorge erfolgt durch die Frauenklinik-Ambulanz oder die gynäkologische Praxis. Die Case Managerin hat hier vorwiegend die Aufgabe, die Patientin bei der psychischen Bewältigung der Krankheit zu unterstützen, entweder durch entlastende Gespräche oder durch Vermittlung an eine psychoonkologische Fachkraft.
- **Abschluss der Erstversorgung**
  Sobald die Bewältigung der akuten Neuerkrankung gelungen ist, zieht sich die Case Managerin aus der konstanten Betreuung zurück. Die Patientin kann die Begleitstelle zu jeder Zeit wieder kontaktieren, im Fall von Anliegen, Problemen oder gar Krisen.

- **Interdisziplinäre Fallbesprechungen**
  In wöchentlichen **Fallbesprechungen** werden in einem interdisziplinären Team, bestehend aus den Case Managerinnen, einer Psychologin, einer Seelsorgerin, zwei Gynäkologinnen, einer Ärztin aus dem Klinikum Augsburg und einer Vertreterin der Bayerischen Krebsgesellschaft, komplexe Fälle diskutiert.
- **Organisatorische Regelungen**
  Projektstrukturpläne dienen der konstanten Überprüfung des Projektstandes, Aufgaben werden in regelmäßigen Besprechungen organisiert und Probleme lösungsorientiert besprochen.

8 Methodische Grundlagen der empirischen Untersuchung

Ein großer epidemiologischer Vorteil von Befragungen in Augsburg ist der Standort. Wegen der geringen Migration und einer Bevölkerungsverteilung, die dem statistischen Bundesdurchschnitt entspricht, wurden im Bereich der empirischen Gesundheitsforschung in der Region Augsburg schon mehrere Projekte (von der GSF und der WHO) durchgeführt:

Die Kooperative Gesundheitsforschung in der Region Augsburg (KORA) wird schon seit Anfang der 80er Jahre praktiziert. KORA ist ein ausgewähltes Projekt des Forschungszentrums für Umwelt und Gesundheit (GSF), das im Rahmen seines Forschungs- und Entwicklungsprogramms in öffentlichem Auftrag wesentliche Beiträge zum Schutz des Menschen und seiner Umwelt leistet.

In den Jahren 1984 bis 1995 wurde in Augsburg das von der WHO ins Leben gerufene MONICA-Projekt durchgeführt, mit dem Ziel, die Ursachen und Folgen des Bluthochdrucks zu untersuchen. Im Rahmen dieses Projektes wurden von der GSF in der Region Augsburg drei Querschnittsbefragungen (Surveys) durchgeführt.

Seit 1985 besteht ein Augsburger Herzinfarktregister, das klinische und bevölkerungsbezogene Aspekte vereint. Die Datenzugänge sind Todesfälle in der Region (Stadt Augsburg, Landkreise Augsburg und Aichach-Friedberg), Interviews mit den überlebenden Patienten und Krankenakten. Die Erfahrungen des Herzinfarktregisters werden seit 1998 auf das Bayerische Krebsregister, Region Schwaben, übertragen.

Die Region bietet also ideale Voraussetzungen für eine repräsentative Studie.

8.1 Datenerhebung

Die Erfassung der Auswirkungen der Versorgung von Frauen mit Brustkrebs durch das mammaNetz erfordert Erfassungsmethoden und Messverfahren, die den spezifischen Ansprüchen der einzelnen Versorgungsbereiche entsprechen. Darüber hinaus sollen diese Methoden und Verfahren den allgemeingültigen Kriterien der **Validität und Reliabilität** genügen. Die Validität hängt sehr stark von der Verfügbarkeit und Qualität der Daten ab. Durch die prospektiv angelegte Datenerhebung wurden einerseits präzise und aktuelle Daten erhoben. Andererseits konnten die Kosten- und Prozessdaten genau erfasst werden, da ein direkter Zugang zum mammaNetz sowie zu einer Krankenkasse besteht.

In den folgenden Abschnitten werden die Organisation der Datenerhebung sowie die Konzeption und Struktur der Fragebögen eingehend vorgestellt.

8.1.1 Die Erhebung der Prozessdaten

Die Erfassung der direkten internen Kostendaten (Stundensatz einer Case Managerin, Anzahl der begleiteten Patientinnen im mammaNetz) erfolgte durch die Analyse der Prozessschritte im mammaNetz (Intake, Assessment, Re-Assessment), wie sie mit Hilfe des Softwaretools „Case Management Assistant" dokumentiert werden[137]. Im Case Management Assistant wird der „Weg" der Patientinnen sowohl durch die verschiedenen Stationen der medizinischen Behandlung als auch des Managementprozesses erfasst und visuell dargestellt. Da hinter jedem Schritt auf dem Patientenpfad auch ein Kostenfaktor hinterlegt ist, soll im Folgenden die jeweils gültige Abrechnungsgrundlage pro durchgeführten Behandlungsschritt genannt werden. Bei internen Events werden die Kostensätze der Case Managerinnen eingegeben. Zentraler Kostentreiber ist hierbei die Beratungsdauer. Externe Kosten betreffen beispielsweise die ambulante und stationäre Betreuung, Rehabilitations- und Nachsorgemaßnahmen sowie Medikamentenkosten, Kosten der Arbeitsunfähigkeit und Fahrkosten.

Die nachfolgend dargestellten Bewertungsmaßstäbe bzw. daraus resultierenden Kostensätze basieren auf folgenden Kategorien:

- **CM-Leistung**
  Dies sind Leistungen, die die Case Managerinnen im Rahmen ihrer Tätigkeit erbringen; sie werden nach Stunden mit einem vorher fest vereinbartem Kostensatz erfasst.
- **Ambulanter Bereich**
  Der Einheitliche Bewertungsmaßstab (EBM) ist die Abrechnungsgrundlage für niedergelassene Ärzte und alle anderen Leistungserbringer, die an der vertragsärztlichen Versorgung teilnehmen. Im EBM sind der Inhalt aller Leistungen und ihr Verhältnis zueinander in Punkten angegeben. Die monetäre Bewertung erfolgt mittels Multiplikation der Punkte einer Leistung mit dem so genannten Punktwert. Die Höhe dieses Wertes wird jedes Jahr von der Kassenärztlichen Vereinigung und den Verbänden der Krankenkassen neu

137 Darüber hinaus werden analog handgeschriebene Dokumentationen ausgewertet, die in die Struktur des Case-Management-Prozesses eingebaut sind und von den Case Managerinnen des mammaNetzes pro Patientin ausgefüllt werden.

verhandelt und befindet sich im Wertebereich von 2-6 Cent. Der jeweilige Betrag für die einzelnen Interventionen muss bisher noch für jede Patientin separat ermittelt werden, da er eine sehr hohe Spezifität aufweist.

- **Stationärer Bereich**
  Unter Diagnosis Related Groups (DRG) wird die Abrechnungsart nach Fallpauschalen definiert, wie sie seit 2004 für alle stationären Behandlungen Pflicht ist. Diese Pauschalen orientieren sich nicht mehr an der tatsächlich erhaltenen Leistung und der Liegedauer einer Patientin auf Station, sondern an den Leistungen und der Liegedauer, die diese Krankheit durchschnittlich verursacht, wenn sie nach evidenzbasierten Leitlinien behandelt wird. Die Höhe des Wertes wird ähnlich wie beim EBM berechnet: Die jeweilige Leistung ist mit einem so genannten Relativgewicht belegt. Durch Multiplikation dieses Gewichtes mit dem Basisfallwert ergibt sich der Betrag, der für den Patienten abgerechnet werden darf. Der Basisfallwert ist derzeit noch für jedes Krankenhaus unterschiedlich hoch, da er aus der Kostenrechnung des jeweiligen Krankenhauses errechnet wird. Dies ist eine sehr aufwändige Prozedur für das Krankenhaus und verbraucht viel Ressourcen besonders in der Verwaltung und im Controlling. Daher ist es ein Ziel des InEK (Institut für das Entgeltsystem im Krankenhaus gGmbH) einen deutschlandweit einheitlichen Basisfallwert zu ermitteln. Für die Berechnung dieses Wertes für die Patientin gilt das gleiche wie bereits für den EBM gesagt.
- **Sonstige Leistungen**
  Die Kosten der Rehabilitations- und Nachsorgemaßnahmen, Medikamentenkosten, Kosten der Arbeitsunfähigkeit und Fahrkosten für Krankentransporte werden beispielhaft an einer kleinen Fallgruppe einer Krankenkasse analysiert.

8.1.2 Datenerhebung der Patientinnenbefragung

Die Hauptarbeit des Studienprojekts bestand in der Schaffung der erforderlichen Datenbasis. Die hierfür erhobenen Daten sind zwei Datenhauptgruppen zuzuordnen:

- **Stammdaten und**
- **Befragungsdaten.**

Unter den **Stammdaten** werden alle Angaben zu den einbezogenen Patientinnen subsumiert, die zu administrativen bzw. organisatorischen und nicht zu inhaltlichen Zwecken erhoben werden, insbesondere Name, Vorname, Anschrift, Telefonnummer u.ä. Sie dienen der Koordination der Erhebungen aus den verschiedenen Datenquellen, der Kontaktierung der Patientinnen zur Durchführung der Befragungen sowie der Verknüpfung der gewonnenen Prozessdaten mit den relevanten Befragungsdaten. Die Erhebung der Stammdaten erfolgt schwerpunktmäßig im Zeitraum der Neuaufnahme der Patientinnen in die Studie. Nach Beendigung der Neuaufnahme sind die Stammdaten entsprechend den Anforderungen der Projektentwicklung zu pflegen. Es hat sich als praktikabel erwiesen, die operative Stammdatenerfassung mittels eines Tabellenverarbeitungsprogramms durchzuführen.

Die **Befragungsdaten** bilden die schwerpunktmäßigen Datenquellen zur Beantwortung der Forschungsfragen hinsichtlich der Versorgungsqualität (z.B. Lebensqualität, Zufriedenheit, ökonomische Aspekte und subjektiv empfundene Merkmale hinsichtlich medizinischer Komponenten). Nach Literaturrecherchen sowie Erarbeitung der theoretischen Grundlagen wurden zu Beginn der empirischen Studie folgende Erhebungsinstrumente für die standardisierten Befragungen ausgesucht bzw. überwiegend systematisch selbst entwickelt:

- Validierte Fragebögen für Patientinnenbefragungen,
- eigens entwickelte Fragebögen für Patientinnenbefragungen sowie
- eigens entwickelte Fragebögen für die Befragungen der Netzwerkpartner (Ärzte, Psychoonkologen, andere Netzwerkpartner).

Exkurs: Theorie der Befragung

Die **Befragung** ist in der Sozialforschung die meistbenutzte Methode zur Erhebung sozialer Daten. „Befragung bedeutet Kommunikation zwischen zwei oder mehreren Personen. Durch verbale Stimuli (Fragen) werden verbale Reaktionen (Antworten) hervorgerufen. Dies geschieht in bestimmten Situationen und wird geprägt durch gegenseitige Erwartungen. Die Antworten beziehen sich auf erlebte und erinnerte soziale Ereignisse, stellen Meinungen und Bewertungen dar.“[138]

Nach der **Art der Kommunikation** können drei Typen von Befragungen unterschieden werden:

1. das persönliche „Face-to-face“-Interview,
2. das telefonische Interview und
3. die schriftliche Befragung.

Befragungen werden auch nach dem **Grad der Strukturierung oder Standardisierung** unterschieden: von vollständig strukturierten Befragungen auf der einen bis zu unstrukturierten, offenen Interviews auf der anderen Seite. Bei einem vollständig strukturierten Interview werden alle Fragen mit vorgegebenen Antwortkategorien in festgelegter Reihenfolge gestellt. Offene Interviews erfordern dagegen nur minimale Vorgaben, alles andere wird dem Gesprächsverlauf über-

138 Atteslander (2000): S. 114.

lassen. In der Studie wurden standardisierte Fragebögen mit einigen offenen Fragen benutzt (siehe Anlage). Sämtliche während der Studie erhobenen Daten wurden zeitnah in die speziell für die Untersuchung entwickelten Datenbanken überführt, bereinigt und kodiert.

In den folgenden Abschnitten werden die Organisation der Datenerhebung sowie die Konzeption und Struktur der den Befragungen zugrunde liegenden Fragebögen vorgestellt.

8.1.3 Organisation der Patientinnenbefragungen

Die Interviews wurden von zwei erfahrenen Mitarbeiterinnen mit der erforderlichen Fach-, Methoden- und Sozialkompetenz durchgeführt. Zum einen war dies die Autorin selbst, die in ihrem Studium der Soziökonomie an der Universität Augsburg den Studienschwerpunkt „Empirische Sozialforschung" bei Prof. Dr. Peter Atteslander belegte und darüber hinaus studentische Hilfskraft war und in einigen empirischen Projekten mitgewirkt hat. Zum anderen war dies Anna Grochocka, die als Soziologin und Philosophin im Studienprojekt von Prof. Dr. Anita Pfaff an der Universität Augsburg die brustkrebskranken Frauen interviewt hat (Studienbeschreibung siehe Kapitel 4.3) und hier viel Erfahrung sammeln konnte.

Die Patientinnen wurden zu **drei Befragungszeitpunkten** befragt:

- bei der stationären Aufnahme in die Klinik
- vier Monate nach der stationären Aufnahme und
- ein Jahr nach der stationären Aufnahme.

Damit konnten die relevanten Daten exakt und zeitnah erfasst werden. Dadurch konnte die potentielle Gefahr von Verzerrungen oder Selektionen durch die Erinnerung an vergangene Ereignisse reduziert und die Voraussetzung für eine Längsschnittanalyse geschaffen werden.

Die **erste Befragung (B1)** – bei der stationären Aufnahme in die Klinik – deckt die erste Phase der Erkrankung nach der Diagnosestellung und die erste Phase der Betreuung durch mammaNetz.

Die **zweite Befragung (B2)** lag vier Monate nach der stationären Aufnahme in die Klink. Dieser Zeitpunkt wurde gewählt, weil die adjuvante Therapie in Form von Chemo- und Strahlentherapie nach vier Monaten (fast) abgeschlossen ist und die Frauen noch kurz vor der Rehabilitation erreicht werden können, da sie dann 3 - 4 Wochen lang nicht erreichbar sind. Darüber hinaus ist bis dahin die intensivste Betreuungsphase durch das mammaNetz abgeschlossen, so dass hier eine Befragung über die Begleitung durch das mammaNetz sinnvoll erschien. Die Fragebögen enthalten Fragen über die Zeit des stationären Aufenthalts und der

Behandlung danach, die eine Phase der intensiven Case-Management-Betreuung bedeutet.

Der dritte **Befragungszeitpunkt (B3)** – ein Jahr nach stationärer Aufnahme – wurde zu den ursprünglich geplanten zwei Befragungszeitpunkten hinzugenommen, um die ganze erste Phase der Case-Management-Begleitung bis zur Nachsorge, die ca. ein ¾ Jahr andauert, berücksichtigen zu können. Ebenso konnten zu diesem Zeitpunkt die Auswirkungen der Intervention durch Case Management gemessen werden, die sich eventuell erst langfristig zeigen.

Die Studienteilnehmerinnen wurden folgendermaßen rekrutiert:

Für die Kontrollgruppe wurden die Patientinnen von den niedergelassenen Ärzten bzw. Klinikärzten nach der Diagnoseeröffnung für die Studie rekrutiert und die Anmeldung zusammen mit der Einwilligung der Patientin der Interviewerin gefaxt. Der Befragungstermin wurde dann telefonisch vereinbart. Für die Interventionsgruppe erhielt die Interviewerin diese Meldung, nachdem dem mammaNetz eine neue Studienpatientin von einer Klinik bzw. einer niedergelassenen Praxis gemeldet wurde. Sie setzte sich dann telefonisch mit der Patientin in Verbindung, um einen Befragungstermin abzustimmen.

Folgende Tabelle zeigt den Durchführungsmodus der drei Befragungen:

	1. Befragung	**2. Befragung**	**3. Befragung**
Definitorischer Befragungszeitpunkt	stationäre Aufnahme in die Klinik	vier Monate nach stationärer Aufnahme	ein Jahr nach stationärer Aufnahme
Durchführungsmodus	persönliches leitfadengestütztes Interview	telefonisches leitfadengestütztes Interview	schriftliches leitfadengestütztes Interview

Abbildung 10: Merkmale der Patientinnenbefragung

Quelle: Eigene Darstellung

Die erste Befragungswelle (bei stationärer Aufnahme) fand in einem persönlichen Interview statt. Hierbei wurden die betroffenen Frauen vorwiegend im Besucherzimmer der Kliniken aufgesucht und interviewt. Teilweise fand die Befragung auch im Besprechungszimmer des beta Instituts statt. Die zweite Befragung wurde telefonisch durchgeführt, weil die Frauen in der späteren Behandlungszeit nicht, wie bei der ersten Befragung in den Kliniken besucht werden konnten, sondern persönlich zu Hause in der Region Augsburg hätten aufgesucht werden müssen. Fahrkosten und Zeitaufwand wären hier zu hoch geworden. Die dritte Befragung wurde schriftlich verschickt, von den Patientinnen selbst ausgefüllt und mit einem portofreien Rückantwortumschlag an die Studienzentrale zurückgeschickt, um den Aufwand arbeitsökonomisch zu reduzieren. Durch die unterschiedlichen Befragungsmethoden in B1 bis B3 könnten Verzerrungen beim zeitlichen Verlauf entstehen.

Im Anschluss an jedes persönliche bzw. telefonische Interview füllte die Interviewerin ein **Gesprächsprotokoll** aus (siehe Anlage). Darin wurden zuerst die Rahmenbedingungen des Interviews (u.a. Uhrzeit, Interviewdauer, Befragungsort, Störungen), die subjektive Einschätzung der Interviewten (z.B. ihre Offenheit, Glaubwürdigkeit und ihr emotionales Engagement), deren Reaktion auf die Interviewerin und ihre Sprachkompetenz festgehalten. Aber vor allem wurden die wichtigen Ergänzungen zur Krankheitsgeschichte, zur familiären Situation bzw. zum sozialen Netz sowie zur Unterstützung und den Bedürfnissen der Patientin in der fraglichen Zeit notiert. Durch diese zusätzlich erhobenen Daten konnten die Befragten und ihre Aussagen besser eingeschätzt (z.B. ihre Offenheit, ihre Glaubwürdigkeit, ihr emotionaler Zustand, die Lebensverhältnisse etc.) und eventuelle Verzerrungen bei der Auswertung berücksichtigt werden.[139]

Folgende Tabelle zeigt die Anzahl der Patientinnen zu den drei Befragungsterminen:

	1. Befragung	2. Befragung	3. Befragung
Kontrollgruppe:			
Anzahl teilnehmender Frauen	73	65	55
Teilnahmequote	100,0 %	89,0 %	75,3 %
Interventionsgruppe:			
Anzahl teilnehmender Frauen	140	132	47[140] (70)
Teilnahmequote	100,0 %	94,3 %	33,6 % (67,1 %)

Tabelle 1: Anzahl der befragten Patientinnen

Quelle: Eigene Darstellung und Berechnung

8.1.4 Organisation der Netzwerkpartnerbefragung

Die Netzwerkpartner vom mammaNetz wurden im Rahmen der Studie zwei Mal schriftlich befragt: zuerst im Mai 2004, d.h. ein halbes Jahr nach der Eröffnung

139 Vgl. dazu auch Lamnek (1995): S. 98 f.

140 Aus Termingründen konnte nur die Hälfte des Sampels (70 Frauen) zum dritten Befragungszeitpunkt (ein Jahr nach der stationären Aufnahme) befragt werden, von denen 47 Fragebögen ausgefüllt zurück geschickt wurden. Die Befragung musste im Frühjahr 2005 abgeschlossen werden, da der Abschlussbericht im Sommer 2005 vorliegen musste (aufgrund der Begrenzung der Projektgelder bis Sommer 2005).

der Begleitstelle mammaNetz (T1), sowie 9 Monate später im Februar 2005 (T2). Bei der ersten Befragung wurden die eigens entwickelten standardisierten Fragebögen an 200 Netzwerkpartner verschickt, darunter an 32 Vertragsärzte. Insgesamt wurden 48 ausgefüllte Fragebögen zurückgesandt (Rücklaufquote: 24,0 %), darunter 8 von den Ärzten. Bei der zweiten Befragung wurden 105 Fragebögen verschickt, darunter 41 an Vertragsärzte. Es kamen 44 ausgefüllte Fragebögen zurück (Rücklaufquote: 41,9 %), darunter 19 Fragebögen von den Ärzten.

Die Rücklaufquote von Ärzten ist nach Erfahrungen von anderen Befragungen bzw. aus Fachkreisen deshalb so gering, weil die Ärzte aufgrund des Zeitmangels ungern Fragebögen ausfüllen. In einigen Befragungen von Ärzten wird die Rücklaufquote erhöht, indem die Zeit, die für das Ausfüllen des Fragebogens anfällt, mit einem Pauschalbetrag vergütet wird. In der vorliegenden Studie erhielten die Ärzte mit denen ein Kooperationsvertrag besteht 50 Euro pro vermittelte und informierte Patientin an das mammaNetz. Telefonisches Nachhaken wird dadurch erschwert, dass die Ärzte in den Sprechzeiten telefonisch nicht gestört werden dürfen.

8.1.5 Konzeption und Struktur der Fragebögen

Für die Patientinneninterviews wurden standardisierte Fragebögen entwickelt bzw. auf validierte Instrumente zurückgegriffen, die folgende Themenbereiche beinhalten:

- Soziodemographische Daten,
- Medizinische Versorgung,
- Lebensqualität,
- Angst,
- Soziale Unterstützung,
- Seelische Verfassung,
- Kompetenz und Sicherheit im Umgang mit der Erkrankung und für die Interventionsgruppe noch Fragen zur
- Unterstützung durch mammaNetz (Case Management).

Im Folgenden werden die selbst entwickelten Fragebögen vorgestellt und im Anschluss daran die validierten Instrumente, die für die Befragung verwendet werden.

8.1.5.1 Die selbst entwickelten Fragebögen

Aufgrund der Neuheit des Themas Case Management sind zu diesem Thema noch keine standardisierten (bzw. validierten) Instrumente verfügbar. Bei der

Entwicklung der Fragebögen wurde einerseits auf die Erfahrungen bei der Entwicklung bereits existierender Instrumente aus einem abgeschlossenen ähnlichen Forschungsprojekt[141] zurückgegriffen, andererseits wurden Komponenten etablierter Fragebögen, sofern sie für den Untersuchungsgegenstand relevant waren bzw. entsprechend modifiziert werden konnten, integriert. Darüber hinaus hat die Autorin einen großen Teil der Fragenkomplexe selbst erarbeitet.

Folgende Tabelle zeigt die Themenblöcke der Befragungen:

Selbst entwickelte Fragebögen	**Validierte Fragebögen**
Patientinnenbefragung	**Patientinnenbefragung**
Soziodemographische Daten	Gesundheitsbezogene Lebensqualität (SF-8)
Medizinische Versorgung	Subjektive Lebensqualität (EORTC-11)
Seelische Verfassung	
Soziale Unterstützung	
Unterstützung durch mammaNetz	
Kompetenz und Sicherheit im Umgang mit der Erkrankung	
Netzwerkpartnerbefragung	
Versorgungszufriedenheit	
Erfahrungen mit begleiteten Patientinnen durch das mammaNetz	

Abbildung 11: Themenblöcke der Befragungen

Quelle: Eigene Darstellung

Aus diesen Themenblöcken wurden Fragen formuliert und in eine Reihenfolge gebracht. Die *soziodemographischen Daten* dienen dem Einstieg in das Interview. Danach folgen *allgemeine Fragen zur Zeit der Diagnosestellung bzw. zur Zeit nach der Operation*, um einige medizinische Daten zu erfahren bzw. Teilaspekte der Versorgung im Gesundheitssystem analysieren zu können.

Die *soziale Unterstützung* schließt sich an mit Fragen zur Zufriedenheit mit der psychosozialen und medizinischen Unterstützung. Hier steht ein noch allgemeiner Zugang zu dem Thema im Vordergrund, um die Patientin auf die nächsten Fragen hinzuführen, die auf ihre seelische Verfassung eingehen.

141 Vgl. z.B. Wiedemann (2004).

Bei den *Fragen zur seelischen Verfassung* der Befragten wird auf die bereits entwickelten Fragebögen zur **Progredienzangst** zurückgegriffen und diese teilweise in den selbst entwickelten Fragebogen übernommen (siehe Ausführungen auf S. 38). Die Angst vor dem Fortschreiten der Erkrankung (Progedienzangst) belastet Patienten mit Tumorerkrankungen zentral. Die potentiell lebensbedrohliche körperliche Erkrankung ist psychisch zu unterscheiden von generalisierten Angststörungen. Bisher wurden tumorerkrankte Patienten mit validierten Fragebögen zur Angst und Depression allgemein befragt.

Der nächste Themenblock erfragt die *Unterstützung durch das mammaNetz* (Case Management) bzw. die Zufriedenheit. Diese als auch der oben beschriebene allgemeine Teil basieren auf einem standardisierten Fragebogen für die klinische Psychologie und Psychotherapie, dem Fragebogen zur sozialen Unterstützung (F-SOZU). Der **Fragebogen zur sozialen Unterstützung (F-SOZU)** eignet sich zur standardisierten Einschätzung der Unterstützung, die Patientinnen und Patienten aus ihrem sozialen Umfeld erfahren und weist damit auf Kompetenzen, Ressourcen und Defizite dieses Umfeldes hin. Der 54 Items umfassende Fragebogen setzte sich aus folgenden Hauptskalen zusammen: praktische Unterstützung, emotionale Unterstützung, soziale Integration und soziale Belastung. Hierbei geht es darum, ob die Person praktische Hilfen bei alltäglichen Problemen erhält (z.B. praktische Tipps), ob sie Gefühle mitteilen kann, ob sie einen Freundeskreis hat, mit dem sie Unternehmungen durchführt, und ob sie sich abgelehnt, kritisiert oder überfordert fühlt[142]. Es werden also die wahrgenommene soziale Unterstützung, die Reziprozität sozialer Unterstützung, die Verfügbarkeit einer Vertrauensperson und die Zufriedenheit mit der sozialen Unterstützung befragt.

In Kapitel 5 wird, ausgehend von den Theorien der sozialen Unterstützung, das Case Management abgeleitet. In der Sozialarbeit, wie auch im Case Management, spielt die Zugehörigkeit zu sozialen Netzwerken eine große Rolle. Wichtig hierbei ist, neben dem Austausch zwischen dem Menschen und seiner Umwelt, auch das Hinwirken auf die Verbesserung des Verhaltens und der Lebenswelt. Unterstützungsmanagement oder Case Management beschäftigt sich einerseits mit dem Patienten selbst, andererseits mit seinem Lebensumfeld (Ressourcen) sowie mit seinem Hilfesystem. Es soll ihn befähigen, die Hilfe im Sinne der Selbsthilfe umzusetzen und somit mehr Sicherheit im Umgang mit der Erkrankung (Empowerment) zu erhalten. In Anlehnung an den Fragebogen F-SOZU werden so die Fragen zur Unterstützung der Patientinnen durch das mammaNetz bzw. die Zufriedenheit erarbeitet. Abschließend wird in B2 und B3 die *Kompetenz und die Sicherheit im Umgang mit der Erkrankung* erfragt.

---

142 Vgl. Sommer, Fydrich (1991); Sommer, Fydrich (1989).

Die Fragebögen für die Netzwerkpartnerbefragung wurden selbst erstellt. Zur *sozialen Unterstützung* wurden ähnliche Fragen wie den Patientinnen gestellt. Darüber hinaus wurde die *Erfahrung der Netzwerkpartner mit den von mamma-Netz-betreuten Patientinnen* erfragt, da gerade diese Fremdeinschätzung einer anderen Person für die Studie wichtig war.

Die Befragungsinstrumente wurden mit Hilfe von **Pretests** auf ihre Aussagekraft hin untersucht. Bei der Durchführung der Pretests konnten mit Hilfe von Zusatzfragen Erfahrungen zur Optimierung der Interviews gewonnen werden.

Die Entwicklung der Fragebögen wies jeweils folgende Phasen auf:

1. Erstentwurf des Fragebogens
2. Überarbeitung des Fragebogens
3. Interner Test im mammaNetz, u.a. zur Klärung der Interviewdauer
4. Pretest
5. Erstellen der endgültigen Version des Fragebogens

	B1 (stationäre Aufnahme)	**B2 (4 Monate später)**	**B3 (1 Jahr später)**
	Soziodemographische Daten		**Allgemeinbefinden** **Berufliche Situation**
Medizinische Versorgung	**Fragen zur Diagnosestellung** Ambulante Versorgung bei der Diagnosestellung (Ärzte) Arztwechsel Diagnosemitteilung Umgang mit der Diagnose Probleme/Ärger	**Fragen zu Therapie und Reha** Ambulante Versorgung nach der Entlassung (Ärzte) Arztwechsel Stationärer Aufenthalt Probleme/Ärger	**Fragen zu Therapie und Reha** Hauptansprechpartner bei Fragen der Krebserkrankung Arztwechsel Stationärer Aufenthalt Probleme/Ärger
Soziale Unterstützung	**Fragen zu Kontakt- und Unterstützungsmöglichkeiten** **Zufriedenheit mit der Unterstützung nach der Diagnose** Allgemein Info über die Erkrankung Hilfs- und Unterstützungsangebote (Info und Vermittlung) Probleme mit Ämtern Wunsch nach mehr Unterstützung	**Inanspruchnahme professioneller Unterstützung** **Zufriedenheit mit der Unterstützung nach der Entlassung** Allgemein Info über die Erkrankung Hilfs- und Unterstützungsangebote (Info und Vermittlung) Probleme mit Ämtern Wunsch nach mehr Unterstützung	**Inanspruchnahme professioneller Unterstützung** **Zufriedenheit mit der Unterstützung nach der Entlassung:** Allgemein Info über die Erkrankung Hilfs- und Unterstützungsangebote (Info und Vermittlung) Probleme mit Ämtern Wunsch nach mehr Unterstützung Wichtigste Zeitpunkte der Unterstützung

	B1 (stationäre Aufnahme)	B2 (4 Monate später)	B3 (1 Jahr später)
	Soziodemographische Daten		**Allgemeinbefinden** **Berufliche Situation**
Seelische Verfassung	Angst vor den Auswirkungen der Erkrankung	Angst vor den Auswirkungen der Erkrankung	Angst vor den Auswirkungen der Erkrankung
Kompetenz im Umgang mit der Erkrankung		Informationsstand über die Krankheit, den bisherigen Verlauf, die Therapie und Hilfs-/ Therapieangebote Sicherheit im Umgang mit der Erkrankung	Informationsstand über die Krankheit, den bisherigen Verlauf, die Therapie und Hilfs-/ Therapieangebote Sicherheit im Umgang mit der Erkrankung
Subjektive Lebensqualität	SF-8, EORTC-QLQ11	SF-8, EORTC-QLQ11	SF-8, EORTC-QLQ11
Nur Interventionsgruppe	**Fragen zur Unterstützung durch mamma-Netz (CM)** Inanspruchnahme des Unterstützungsangebots der Begleitstelle Zufriedenheit mit der Unterstützung durch CM	**Fragen zur Unterstützung durch mamma-Netz (CM)** Inanspruchnahme des Unterstützungsangebots der Begleitstelle Zufriedenheit mit der Unterstützung durch CM	**Fragen zur Unterstützung durch mamma-Netz (CM)** Inanspruchnahme des Unterstützungsangebots der Begleitstelle Zufriedenheit mit der Unterstützung durch CM

Abbildung 12: Inhalt der Patientinnenbefragung (Kontroll- und Interventionsgruppe)

Quelle: Eigene Darstellung

Die Fragebögen enthalten geschlossene Fragen zum Ankreuzen sowie offene, qualitative Fragen, die ein ganzheitliches Erfassen der relevanten Befragungspunkte ermöglichen.

In der Abbildung 12 wird der Inhalt der jeweiligen Fragebögen für die einzelnen Befragungszeitpunkte detailliert dargestellt.

Vor dem Erstellen der endgültigen Version wurden die Fragebögen jedes Mal an einigen Patientinnen getestet. Ein **Pretest** dient dazu, das erstellte Erhebungsinstrument auf seine Tauglichkeit hin zu testen und zu prüfen, inwieweit sich die beabsichtigten Hypothesenprüfungen durchführen lassen. Bei der Durchführung und Auswertung des Pretests ist vor allem auf vier wesentliche Punkte zu achten[143]:

143 Vgl. Atteslander (2000): S. 315 ff.

- Die Zuverlässigkeit (Reliabilität) und Gültigkeit (Validität)
- Die Verständlichkeit von Fragen (sprachlich und inhaltlich)
- Die konkreten Erhebungsprobleme

Um dies zu erleichtern, wurden nach jedem Pretestinterview einige Zusatzfragen gestellt:

- ob die Fragen für die Befragte verständlich waren (sprachlich und inhaltlich),
- ob es zu viele Fragen waren,
- ob die Patientin sich andere Fragen gewünscht hätte und
- ob es Fragen gegeben hat, mit deren Beantwortung sie sich schwer getan hat.

Die meisten Änderungen gab es im Fragebogen für die erste Befragung. Nach den Interviews der Pretestphase wurden dort z.B. einige Unstimmigkeiten im logischen Ablauf des Interviews sichtbar. Bittet man die Patientin am Anfang, ihre Krankheitsgeschichte kurz zu erzählen, ist es sinnvoll, einige Details zur Diagnosestellung festzuhalten. Danach kann man die Fragen, welche die Ärzte und einen eventuellen Arztwechsel betreffen, stellen und daraufhin die Fragen zur Diagnose, was die Befragte danach getan hat, wie es ihr in dieser Zeit ging, welche Probleme eventuell entstanden sind oder worüber die Patientin sich geärgert hat. Bei den offenen Fragen, ob diese Probleme gelöst wurden, zeigte sich im Pretest, dass sie für die Zwecke der Studie zu undifferenziert war. Diese Frage sollte den Unterstützungsbedarf der betroffenen Frauen ermitteln, um diesen dann später mit der Intervention der Case Managerin vergleichen zu können. Aus diesem Grund wurde eine neue detaillierte Frage formuliert (Frage 20: Hätten Sie sich mehr praktische Unterstützung gewünscht?). Die neuen Antwortkategorien deckten den möglichen psychosozialen Unterstützungsbedarf gut ab und entsprachen ungefähr den späteren Aufgaben der Case Managerin.

Bei der Frage über die Diagnoseeröffnung (Frage 9) sollte nach dem Pretest nicht nur ermittelt werden, ob jemand die befragte Frau bei dem Gespräch begleitet hatte, sondern auch, falls dem nicht so war, ob diese sich eine Begleitung gewünscht hätte.

In Frage 10 (Was haben Sie nach der Diagnosestellung getan?) ging es vor allem um das Persönlichkeitsprofil der Patientin (aktiver bzw. passiver Umgang mit der Erkrankung); aus diesem Grund sollte nach dem Pretest eine Mehrfachnennung nicht möglich sein. Die Reihenfolge der Antwortkategorien wurde ebenfalls geändert: Die Antworten, die mehr auf einen passiven Umgang mit der Krankheit hindeuten (z.B. „Ich war nicht in der Lage etwas zu unternehmen"), wurden mit denen, die eine eher aktive Patientin kennzeichnen (z.B. „Ich habe mit meiner Familie über meine Ängste und Sorgen geredet, um mich zu entlasten"), wechselweise aufgeführt. Ziel war es, die aktiven und passiven Krankheitsbewältigungsstrategien gleichwertig darzustellen. Erst nach diesem Fragenkomplex kamen die Fragen zum sozialen Netz und zur Unterstützung nach der Diagnose. Den Abschluss bildeten die Angstfragen, die einen guten Übergang zu den Lebensqualitätsfragen bildeten.

Auch bei den Fragen zur Unterstützung nach der Diagnose wurden nach dem Pretest die Antwortkategorien etwas geändert: „Familie“ wurde in „Kinder“ und „andere Familienangehörige“ aufgeteilt und die Krankenschwester durch Sprechstundenhilfe ersetzt. Die Frage nach der Hilfe beim Kontakt zu Ämtern, Behörden und der Krankenkassen wurde weggelassen, weil sie in dieser Phase der Erkrankung irrelevant ist.

Die Prüfung der Reliabilität und der Validität wurde v.a. bei der Faktorenanalyse der Angst- und der Kompetenzfragen durchgeführt, wo aus mehreren Variablen zusammengesetzte Indizes konstruiert wurden (siehe z.B. Kapitel 9.2.1.1.3).

Für die **Befragungen der Netzwerkpartner** wurden insgesamt zwei standardisierte Fragebögen entwickelt. Der Fragebogen für die **erste Befragung** enthielt folgende Fragenkomplexe:

- Wie und wann erfuhren die Netzwerkpartner von mammaNetz?
- Hatten sie bereits Kontakt zu mammaNetz und welcher Art war der Kontakt?
- Sind sie an einer Zusammenarbeit interessiert und falls ja, durch welche Maßnahmen könnte man den Kontakt intensivieren?
- Kennen sie die Case-Management-Methode und wenn nicht, möchten sie mehr über diese Arbeitsmethode des mammaNetzes erfahren?
- Mit wie vielen Brustkrebspatientinnen haben sie durchschnittlich im Monat bzw. im Jahr Kontakt und erachten sie das mammaNetz-Angebot für alle Patientinnen als sinnvoll? Wenn nicht für alle, für welche dann nicht?
- Wie wurde dieses Angebot von den betroffenen Frauen angenommen und wie viele lehnten es ab?
- Konnten die Befragten an den von mammaNetz betreuten Patientinnen bereits Veränderungen beobachten und falls ja, welche?
- Sind diese Frauen mit der Betreuung durch mammaNetz zufrieden?
- Sind die Befragten mit der Arbeit der Begleitstelle zufrieden?
- Was könnte zum Aufbau des Netzwerkes beitragen und welche Formen der Zusammenarbeit würden die Befragten bevorzugen?
- Sind die Informationen im mammaNetz-Newsletter für die Netzwerkpartner nützlich und welche würden sie sich noch wünschen?

Der Fragebogen für die Ärzte und Psychoonkologen beinhaltete zusätzlich einen Fragenkomplex zu den eventuellen Auswirkungen der Arbeit der Begleitstelle auf die Arbeit dieser wichtigen Netzwerkpartner.

Der Fragebogen für die **zweite Befragung** enthielt folgende Fragenkomplexe:

- Hatten die Befragten bereits Kontakt zu mammaNetz und falls ja, welcher Art war der Kontakt?

- Mit wie vielen Brustkrebspatientinnen haben sie durchschnittlich im Monat bzw. im Jahr Kontakt und erachten sie das mammaNetz-Angebot für alle Patientinnen als sinnvoll? Wenn nicht für alle, für welche dann nicht?
- Wie wurde dieses Angebot von den betroffenen Frauen angenommen und wie viele lehnten es ab?
- Konnten die Befragten an den von mammaNetz betreuten Patientinnen bereits Veränderungen beobachten und falls ja, welche?
- Waren diese Frauen mit der Betreuung durch mammaNetz zufrieden?
- Waren die Befragten mit der Arbeit der Begleitstelle zufrieden?

Die Version des Fragebogens für Ärzte beinhaltete zusätzlich einen Fragenkomplex zu den eventuellen Auswirkungen der Arbeit der Begleitstelle auf die Arbeit dieser wichtigen Netzwerkpartner. Die anderen Netzwerkpartner wurden nach den Wünschen zur Kooperation mit mammaNetz allgemein und nach den Programmwünschen für den im Sommer 2005 bevorstehenden Netzwerktag in der Begleitstelle im Besonderen gefragt. Aus diesem Grund wurden die Fragebögen für beide Gruppen getrennt ausgewertet.

Die oben beschriebenen Fragebögen beinhalteten geschlossene Fragen zum Ankreuzen sowie einige offene, qualitative Fragen.

8.1.5.2 Fragebögen für die Erfassung der subjektiven Lebensqualität

Bei jedem Patientinneninterview wurden für die Erfassung der subjektiven Lebensqualität ausgewählte etablierte Befragungsinstrumente verwendet. Zum einen handelte es sich dabei um die von **Prof. Dr. Dr. Uwe Koch, Direktor der Abteilung für medizinische Psychologie am Universitätsklinikum Hamburg-Eppendorf,** entwickelten Fragebögen SF-8 und EORTC-11, welche gekürzte Versionen bereits bekannter Instrumente (des SF-36 bzw. des SF-12 sowie des EORTC-QLQC30) darstellen (Fragebögen siehe Anlage).

Gesundheitsbezogene Lebensqualität

Konzepte zur Lebensqualität sind nicht nur in der Gesundheitsforschung, sondern auch in anderen Wissenschaften, wie Soziologie, Psychologie und Ökonomie entwickelt worden. Die Lebensqualität ist damit als übergreifendes interdisziplinäres Forschungsfeld anzusehen, in das sich die gesundheitsbezogene Lebensqualität einordnet.

„Gesundheitsbezogene Lebensqualität ist ein multidimensionales Konstrukt aus physischen, psychischen und sozialen Dimensionen und schließt deutlich mehr ein als lediglich Aussagen zum individuellen Gesundheitszustand. Wesent-

liche Orientierung ist hierbei die subjektive Wahrnehmung durch den Probanden"[144].

Die international am häufigsten eingesetzten Instrumente zur Messung der Lebensqualität, die im Folgenden näher vorgestellt werden, sind:

1. Short Form-8 Health Survey (SF-8)
2. Kurzinstrument des EORTC QLQ-C30 (EORTC-11)

Zu 1.)

Der **SF-8 Health Survey**[145] ist ein generischer Fragebogen zur Messung der gesundheitsbezogenen Lebensqualität bzw. des Krankheitsstatus. Das Instrument baut auf die Arbeiten zum SF-36 Health Survey[146] auf und erfasst mit acht Items folgende acht Dimensionen der gesundheitsbezogenen Lebensqualität:

1. Allgemeiner Gesundheitszustand (AGES),
2. Körperliche Funktionsfähigkeit (KÖFU)
3. Rollenverhalten aufgrund körperlicher Funktionsbeeinträchtigung (KÖRO) Beispielsweise zählen hierzu die Items „weniger geschafft" bzw. „nur bestimmte Dinge tun" und „nicht so lange wie üblich tätig sein".
4. Schmerzen (SCHM)
5. Vitalität und körperliche Energie (VITA)
6. Soziale Funktionsfähigkeit (SOFU)
7. Psychische Funktionsfähigkeit (PSYC) und
8. Rollenverhalten aufgrund psychischer Funktionsbeeinträchtigung (EMRO), die die Items „weniger geschafft" und „nicht so sorgfältig" beinhalten.

Weiterhin können zwei Summenskalen „Körperliche Lebensqualität" (PCS) und „Psychische Lebensqualität" (MCS) gebildet werden. Es wurde die Version „bezogen auf die letzte Woche" eingesetzt. Bisher liegen Reliabilitätsangaben von Stichproben der amerikanischen Allgemeinbevölkerung und einige wenige klinische Studien vor.

Zu 2.)

Das European Organization for Research and Treatment of Cancer Quality of Life Questionnaire (EORTC QLQ-C30)[147] ist ein international eingeführtes krebsspezifisches Instrument zur Erfassung der subjektiven Lebensqualität von Krebspatienten. Der im Original 30 Items umfassende Fragebogen setzt sich aus Funktionsskalen, einer Skala „Globaler Gesundheitszustand", Symptomskalen und Einzelitems zusammen. Der EORTC-11 ist eine von Dirmaier et al. auf der Basis explorativer und konfirmatorischer Faktorenanalysen entwickelte Kurzform

---

144 www.rki.de/Lebensqualität

145 Vgl. Ware, Kosinski, Dewey, Gandek (1999); Bullinger (1998) und www.sf-36.org.

146 Vgl. Ware, Sherboure (1992).

147 Vgl. Aaronson, Meyerowitz, Bord (1991), Aaronson, Ahmedzai, Bullinger (1993).

dieses Lebensqualitätsfragebogens[148]. Die Kurzform erfasst mit 11 Items die beiden Symptomskalen „Emotionale Funktion“ und „Körperliche Funktion und Rollenfunktion" sowie das Symptomitem "Übelkeit". Weiterhin zielen zwei Items auf die Erfassung von "Allgemeiner Lebensqualität".

8.2 Studiendesign

8.2.1 Studientyp

Um die Begleitung von Frauen mit Brustkrebs durch das mammaNetz analysieren zu können, ist die empirische Untersuchung als **prospektive Längs- und Querschnittstudie** konzipiert. Der methodische Ansatz besteht in einer **Interventions-Kontrollgruppen-Untersuchung**. Bei der vorliegenden Evaluation ist eine eingeführte Gesundheitsleistung Gegenstand der Untersuchung. Aus ethischen Gründen schien es bedenklich, eine Randomisierung der Studienpopulation vorzunehmen. Deshalb wurde die Kontrollgruppe ohne Case-Management-Betreuung vor der Implementierung der Begleitstelle mammaNetz befragt, d.h. im Zeitraum von Januar 2003 bis Juni 2003. Im September 2003 hat dann die Begleitstelle die Case-Management-Arbeit aufgenommen. Um die geforderte Strukturgleichheit zu erreichen, wurden in der Kontrollgruppe Frauen mit Brustkrebs ohne eine Begleitung durch Case Managerin im gleichen Setting und unter denselben Bedingungen wie in der Interventionsgruppe befragt[149].

8.2.2 Einschluss-Ausschluss-Kriterien

In die Studie eingeschlossen wurden Frauen mit einer durch pathologischen Befund (z.B. durch die Stanze) gesicherten Erstdiagnose Brustkrebs (ICD 10 Schlüssel: C 50,0 bis C 50,9; C 79,2; C 79,8; Z 90,1). Die Erkrankung musste durch den behandelnden Gynäkologen, Radiologen oder Ärzte der Brustkrebssprechstunde der Frauenklinik des Klinikums Augsburg, der Frauenklinik des Krankenhauses Josefinum in Augsburg oder anderer in der Versorgung von Mammakarzinom anerkannten Kliniken diagnostiziert und dokumentiert werden (medizinisches Assessment). Ein zusätzliches Kriterium für die Interventionsgruppe war die ausreichende Betreuung durch das mammaNetz. Ausgeschlossen von der Teilnahme an der Studie wurden Betroffene mit erheblichen Verständi-

---

148 Vgl. Dirmaier et al. (2004).
149 Vgl. Fletcher, Fletcher, Wagner (1999): S. 298.

gungsproblemen. Dies waren vor allem ausländische Frauen, die die deutsche Sprache kaum beherrschten und verstanden.

8.2.3 Untersuchungszeitraum und Beschreibung des Samples

In der Studie wurden **213 Frauen** mit erstdiagnostiziertem Brustkrebs berücksichtigt, die die Einschlusskriterien erfüllten. Für die Kontrollgruppe wurden 73 Frauen rekrutiert, deren Behandlungsbeginn in der Klinik zwischen 1. Januar und 30. Juni 2003 lag. Für die Interventionsgruppe wurden 140 Patientinnen rekrutiert, deren Behandlungsbeginn in der Klinik zwischen 1. November 2003 und 31. Dezember 2004 lag. Die Befragungen dieser Gruppe wurden am 30. April 2005 abgeschlossen.

8.2.3.1 Stichprobencharakteristika

Die befragten Patientinnen sind im Mittel 57,26 Jahre alt (Standardabweichung=11,47), die jüngste ist 27 Jahre, die älteste Patientin 84 Jahre alt. Am häufigsten ist die Altersgruppe der 60- bis 69-Jährigen vertreten, gefolgt von der Altersgruppe der 50- bis 59-Jährigen. Da in der Altersgruppe bis 29 Jahre nur zwei Patientinnen vorhanden waren, wurden diese beiden Frauen der Gruppe der 30- bis 39-Jährigen zugeordnet.

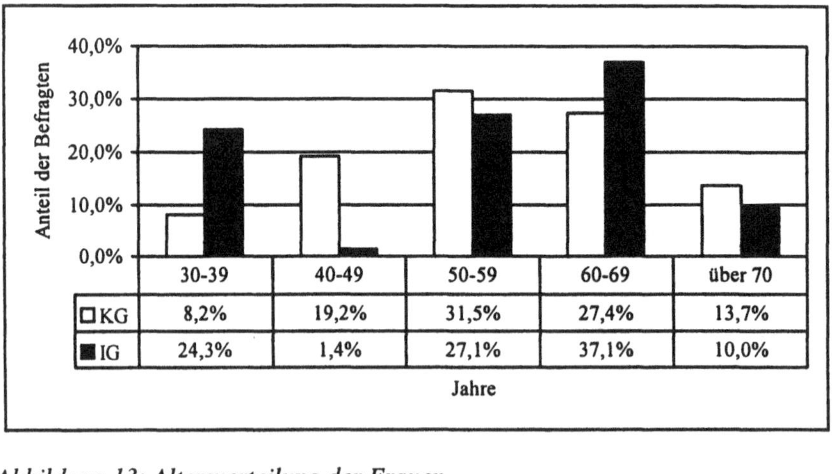

	30-39	40-49	50-59	60-69	über 70
□ KG	8,2%	19,2%	31,5%	27,4%	13,7%
■ IG	24,3%	1,4%	27,1%	37,1%	10,0%

Abbildung 13: Altersverteilung der Frauen

Quelle: Eigene Darstellung und Berechnung

	Interventions-gruppe		Stichproben Kontrollgruppe		Gesamtstich-probe	
	n	%	n	%	n	%
Alter (in Jahren)	56,96 (SD=11,52)		57,82 (SD=11,42)		**57, 26 (SD=11,47)**	
Altersgruppen						
30-39 Jahre	34	24,3	4	5,5	**38**	**17,8**
40-49 Jahre	2	1,4	16	21,9	**18**	**8,5**
50-59 Jahre	38	27,1	20	27,4	**58**	**27,2**
60-69 Jahre	52	37,1	20	27,4	**72**	**33,8**
70 Jahre und älter	14	10,0	13	17,8	**27**	**12,7**
Familienstand						
Ledig	13	9,3	5	6,8	**18**	**8,5**
Verheiratet	87	62,1	45	61,6	**132**	**62,0**
geschieden/getrennt	14	10,0	13	17,8	**27**	**12,7**
verwitwet	26	18,6	10	13,7	**36**	**16,9**
Kinder (Anzahl)	1,59 (SD=1,11)		1,34 (1,03)		**1,51 (SD=1,08)**	
Lebenssituation						
allein lebend	32	22,9	14	19,2	**46**	**21,5**
mit Partner lebend	94	67,1	51	69,9	**145**	**68,1**
mit Kindern lebend	42	30,0	19	26,0	**15**	**28,6**
mit Anderen lebend	2	1,4	2	2,7	**4**	**1,9**
Pflegefall	11	7,9	4	5,5	**14**	**6,6**
Schulabschluss						
Hauptschule ohne Abschluss	51	36,4	24	32,9	**75**	**35,2**
Hauptschule mit Abschluss	41	29,3	14	19,2	**55**	**25,8**
Mittlere Reife	32	22,9	26	35,6	**58**	**27,2**
Abitur	7	5,0	5	6,8	**12**	**5,6**
Universitätsabschluss	9	6,4	4	5,5	**13**	**6,1**
Berufliche Situation						
In Ausbildung	2	1,4	-	-	**2**	**0,9**
Berufstätig	49	35,0	34	46,6	**83**	**39,0**
berentet altersbedingt	50	35,7	19	26,0	**69**	**32,4**
berentet vorzeitig	7	5,0	4	5,5	**11**	**5,2**
Hausfrau	19	13,6	12	16,4	**31**	**14,6**
Arbeitslos	10	7,1	3	4,1	**13**	**6,1**
Sonstiges	3	2,1	-	-	**3**	**1,4**

Tabelle 2: Stichprobencharakteristika der Interventions- und Kontrollgruppe

Quelle: Eigene Darstellung und Berechnung

Die Mehrzahl der Patientinnen (62,0 %) ist verheiratet und lebt mit dem Partner zusammen (68,1 %). Von den Befragten haben 81,2 % zwischen einem und fünf Kinder (M=1,51, SD=1,08) und 28,6 % leben mit Kindern zusammen (9,9 % mit Kindern unter 16 Jahren sowie 6,1 % mit Kindern unter 12 Jahren).

Etwa ein Drittel der Patientinnen (35,7 %) hat keinen Schulabschluss, was auf das höhere Alter der Frauen zurückzuführen ist. 41 % der Frauen sind über 60 Jahre, haben früh geheiratet und die Familie versorgt, weil es damals so üblich war.

Jeweils etwa ein Viertel der Frauen haben einen Hauptschul- (25,4 %) oder einen Realschulabschluss (27,2 %). Die berufliche Situation gestaltet sich wie folgt: 39,4 % sind berufstätig, 37,6 % sind berentet, 5,2 % vorzeitig. 14,6 % der Patientinnen sind Hausfrauen. Eine detaillierte Darstellung der soziodemografischen Variablen findet sich in Tabelle 2.

8.2.3.2 Repräsentativität der Stichproben

Die Prüfung der Repräsentativität der Stichproben wird zum einen in Bezug auf Unterschiede zwischen Interventionsgruppe und Kontrollgruppe zu jedem der drei Messzeitpunkte auf der Basis der zum ersten Messzeitpunkt vorliegenden soziodemografischen Variablen durchgeführt. Zum anderen beziehen sich die Analysen – wiederum auf der Basis der zum ersten Messzeitpunkt vorliegenden soziodemografischen Variablen – auf einen Vergleich zwischen Respondern und Nonrespondern in den beiden Gruppen getrennt.

Zwischen *Interventionsgruppe* und *Kontrollgruppe* bestehen keine signifikanten Unterschiede[150] in den überprüften soziodemografischen Variablen Alter, Verteilung der Altersgruppen, Familienstand, Anzahl der Kinder, gegenwärtige Lebenssituation (allein lebend oder mit anderen), Schulabschluss und berufliche Situation zum ersten Messzeitpunkt (t-Test, U-Test Mann-Whitney, p>.12). Dies trifft auch für diejenigen Patientinnen beider Gruppen zu, die zum zweiten Messzeitpunkt geantwortet haben (t-Test, U-Test Mann-Whitney, p>.14).

In der *Interventionsgruppe* bestehen keine signifikanten Unterschiede in den Variablen Alter, Verteilung der Altersgruppen, Anzahl der Kinder, gegenwärtige Lebenssituation, Schulabschluss und berufliche Situation zwischen den Patientinnen, die zum zweiten Messzeitpunkt geantwortet haben (n=132), und denen, die nicht geantwortet haben (n=8) (t-Test, U-Test Mann-Whitney, p>.50). Ein signifikanter Unterschied zeigt sich hier allerdings in der Variable Familienstand (U-Test Mann-Whitney, p=.05). Diejenigen Frauen, die zum dritten Messzeitpunkt nicht geantwortet haben (n=93), unterscheiden sich in keiner der genannten Variablen einschließlich Familienstand signifikant von den Patientinnen, die geantwortet haben (n=47) (t-Test, U-Test Mann-Whitney, p>.06).

150 Die statistische Prüfung erfolgte auf einem 5%-igen Signifikanzniveau.

In der *Kontrollgruppe* bestehen keine signifikanten Unterschiede in den Variablen Alter, Verteilung der Altersgruppen, Familienstand, Anzahl der Kinder, gegenwärtige Lebenssituation, Schulabschluss und berufliche Situation zwischen den Patientinnen, die zum zweiten Messzeitpunkt geantwortet haben (n=65) und denen, die nicht geantwortet haben (n=8) (t-Test, U-Test Mann-Whitney, p>.26). Weiterhin bestehen hier keine signifikanten Unterschiede in den genannten Variablen zwischen den Patientinnen, die zum dritten Messzeitpunkt geantwortet haben (n=54), und denen, die nicht geantwortet haben (n=19) (t-Test, U-Test Mann-Whitney, p>.16).

Um die Vergleichbarkeit der beiden Stichproben auch im Hinblick auf weitere Aspekte zu überprüfen, wurde mit dem Chi²-Test untersucht, ob es signifikante Unterschiede zwischen der Interventions- und der Kontrollgruppe im Bezug auf die Art und den Verlauf der Behandlung gibt, d.h. wie die Befragten operiert wurden, welche Therapie sie bekommen haben, ob sie erneut stationär aufgenommen wurden und ob eine Rehabilitationsmaßnahme (REHA) bzw. Anschlussheilbehandlung (AHB) erfolgte. Folgende Ergebnisse wurden hierbei erzielt:

Variable	Asymptotische Signifikanz (2-seitig)	Keine signifikanten Unterschiede in der Verteilung erkennbar
Art der OP: BET/Ablatio	0,160	✓
BET: mit o. ohne Sentinell	0,099	✓
Ablatio: mit o. ohne Sentinell	0,766	✓
Chemotherapie	0,538	✓
Strahlentherapie	0,333	✓
Hormontherapie	0,675	✓
Stationär nach der Erstentlassung	0,217	✓
REHA bzw. AHB	0,958	✓

Tabelle 3: Vergleichbarkeit der Stichproben

Quelle: Eigene Darstellung und Berechnung

8.3 Methoden der Auswertung des Datenmaterials

Die statistische Auswertung der erhobenen Daten wurde mit dem Statistikprogramm SPSS 12.0 durchgeführt. Bei der deskriptiven Auswertung wurden insbesondere Häufigkeitsverteilungen, Kreuztabellen und statistische Kenngrößen, z.B. Mittelwerte oder diverse Streuungsparameter, berechnet. Mit diversen analytischen Verfahren wurden die aufgestellten Hypothesen getestet. Dafür wurden geeignete Testverfahren je nach den zu überprüfenden Parametern sowie der Merkmals- und Verteilungsart ausgewählt. Die offenen Antworten aus den Fragebögen wurden kategorisiert.

Für die Analyse des Zusammenhangs zwischen zwei Variablen wurden folgende Korrelationen errechnet: Produkt-Moment-Korrelation nach Pearson für intervallskalierte und normalverteilte Variablen sowie Rangkorrelationskoeffizient nach Spearman für mindestens ordinalskalierte, normalverteilte Variablen.

Zur Datenreduktion wurde die Faktorenanalyse durchgeführt. Dies ist ein Verfahren, um eine größere Anzahl von Variablen auf eine kleinere Anzahl hypothetischer Größen, Faktoren genannt, zu reduzieren. Diese Faktoren werden durch Variablengruppen gebildet, die untereinander stark korreliert sind, während zu verschiedenen Faktoren gehörige Variablen nur schwach oder gar nicht korrelieren sollen.

Um die Abhängigkeit einer Variablen oder mehrerer abhängiger Variablen von mehreren unabhängigen Variablen festzustellen, wurde entweder die univariate (einfaktorielle) oder die multivariate Varianzanalyse durchgeführt.

Anwendungsbereiche	Auswertungsmethoden
Auswertung einzelner Items	Absolute und relative Häufigkeiten Lageparameter (Mittelwerte, Median) Streuungsparameter (mittlere quadratische Abweichung, Standardabweichung)
Auswertung mehrerer Items	Bedingte relative Häufigkeiten Kreuztabellen Korrelationsrechnung (Korrelationskoeffizienten nach Pearson und Spearman) Multivariate Verfahren (Faktorenanalyse und Varianzanalyse) Tests auf signifikante Unterschiede (t-Tests, Chi^2-Test, U-Test Mann Whitney, Wilcoxon-Test)

Abbildung 14: Auswertungsmethoden

Quelle: Eigene Darstellung

Für den Vergleich von zwei unabhängigen bzw. abhängigen Variablen hinsichtlich ihrer zentralen Tendenz wurden in der Studie folgende Tests angewandt[151]:

- U-Test von Mann und Whitney für ordinalskalierte oder schiefverteilte metrische Variable bei unabhängigen Stichproben
- Wilcoxon-Test für das gleiche Verfahren bei abhängigen Stichproben (z.B. Messwerte einer Person zu zwei verschiedenen Zeitpunkten)
- T-Test für metrische oder intervallskalierte Daten bei unabhängigen und abhängigen Stichproben für normalverteilte Variablen
- Chi²-Test für nominalskalierte Variablen

Die folgende Abbildung gibt einen Überblick über die angewandten Auswertungsmethoden.

Bei der Überprüfung der Ergebnisgrößen wurden die üblichen Grenzen des Signifikanzniveaus p verwandt, wie sie in Tabelle 4 dargestellt sind.

Signifikanzniveaus	Bedeutung
$p > 0,05$	Nicht signifikant
$0,05 \geq p > 0,01$	Signifikant
$0,01 \geq p > 0,001$	Hoch signifikant
$0,001 \geq p$	Höchst signifikant

Tabelle 4: Signifikanzniveau

151 Vgl. Zöfel (2002).

9 Darstellung der empirischen Ergebnisse

9.1 Aufbau und Struktur der Ergebnisdarstellung

Die Gliederung der Ergebnisdarstellung erfolgt in Anlehnung an die in Kapitel 2.2 formulierten Forschungshypothesen im Hinblick auf die Auswirkungen der Versorgungsleistungen durch mammaNetz auf die betreuten Patientinnen und zwar hinsichtlich psychosozialer und ökonomischer Aspekte.

Die Darstellung beruht auf dem in Kapitel 5 vorgestellten theoretischen Aufbau. Das Case Management befasst sich mit den drei Systemen:

1. Klient-System (individuelle Patientin),
2. Ressourcen-System (soziales Umfeld) und
3. Hilfe-System (professionelle Hilfsangebote)[152].

Die Begleitung durch die Case-Management-Methode des mammaNetzes wirkt sich **psychosozial auf diese drei Systemebenen** aus. Die Auswertung wird sich im Folgenden auf diese Systemebenen im Einzelnen beziehen.

1. **Auf der Klient-System-Ebene (individuelle Patientin) wird zunächst die Lebensqualität** der betreuten Frauen in ihrer physischen und psychischen Dimension beleuchtet, gefolgt von Auswertungen der Fragen zur Belastung durch die Angst vor den Auswirkungen der Erkrankung. Die validierten Instrumente zeigen zwar ein genaues Abbild der Lebensqualität und der psychischen Verfassung der Patientinnen in ihrer Situation, es können aber gerade die Fragestellungen hinsichtlich der Begleitung durch eine Case Managerin des mammaNetzes nicht ausreichend genau beantwortet werden. Hier schließen sich, aufbauend auf die vorliegenden Ergebnisse der Lebensqualität und psychischen Verfassung, die Auswertungen aus den selbst entwickelten Fragebögen zu den Auswirkungen des Case Managements an. Dazu zählt die **Kompetenz und Sicherheit der Patientinnen im Umgang mit der Erkrankung (Empowerment).**
2. Die selbst entwickelten Fragebögen geben Hinweise auf die Auswirkungen der Arbeit des mammaNetzes auf das **informelle Ressourcen-System einer Patientin**, also auf ihr soziales Umfeld in Bezug auf die Erkrankung sowie die Kontaktmöglichkeiten, die die Patientin während ihrer Erkrankung nutzen

152 Vgl. Kaiser (2003).

kann. Darüber hinaus bildet sich hier die Versorgungszufriedenheit ab. Hier werden zusätzlich einige Defizite in der Versorgung herauskristallisiert.

3. Auf der Ebene der **professionellen Hilfsangebote** werden die konkrete Unterstützung durch das mammaNetz (z.B. Beratungsgespräch, Hilfeplan) und die Zufriedenheit der Netzwerkpartner analysiert sowie die Probleme aufgezeigt und diskutiert.

Darüber hinaus wird anhand der Befragungen der Netzwerkpartner (z.B. Ärzte, soziale Dienste, Physiotherapeuten, etc.) eine Einschätzung der Arbeit von mammaNetz gegeben.

Auf die **ökonomischen** Aspekte der Arbeit vom mammaNetz, d.h. ihre intangiblen Effekte, wird bei der Darstellung der betreffenden Bereiche hingewiesen: Informationsgrad der Patientinnen, Zufriedenheit der Patientinnen mit der mammaNetz-Betreuung, Sicherheit der Patientinnen im Umgang mit der Erkrankung (Empowerment) und die Auswirkungen der mammaNetz-Betreuung auf die Netzwerkpartner. Die direkten internen und externen Kostentreiber werden durch die Kostenpfade des Case Management Assistant ermittelt und in tabellarischer Form ausgewertet. Intern zählen hierzu beispielsweise die Anzahl der begleiteten Patientinnen im Zeitraum der Studie, die durchschnittliche Prozessbegleitung einer Patientin und der Stundensatz einer Case Managerin im mammaNetz. Extern werden die Patientinnendaten einer Krankenkasse beispielhaft ausgewertet und Einsparpotentiale diskutiert.

In der Regel werden zunächst deskriptive Auswertungen zum jeweiligen Thema über alle Befragungen hinweg und im Vergleich der beiden Gruppen vorgestellt, anschließend die genaueren statistischen Analysen wie die Faktorenanalyse oder die Tests auf die signifikanten Unterschiede zwischen den Variablen. Wenn im Folgenden der Begriff „signifikant“ verwendet wird, so stets im Sinne von „statistischer asymptotischer Signifikanz“ (auf dem angegebenen Niveau).

9.2 Darstellung der Ergebnisse

Die Versorgungsqualität sowie ausgewählte ökonomische Zielvariablen werden in diesem Kapitel analysiert.

9.2.1 Ergebnisse der Versorgungsqualität

9.2.1.1 Auswirkungen der Arbeit von mammaNetz auf das Klientsystem

In diesem Abschnitt erfolgt eine ausführliche Darstellung der Befragungsergebnisse mit den zwei validierten Fragebögen zur subjektiven Lebensqualität und Symptombelastung SF-8 und EORTC-QLQ11, die von Prof. Dr. Dr. Uwe Koch vom Universitätsklinikum Hamburg-Eppendorf ausgewertet wurden[153] und hier näher erläutert werden. Darüber hinaus wird die seelische Verfassung und die Angst der Frauen sowie die Kompetenz und Sicherheit im Umgang mit der Erkrankung analysiert.

9.2.1.1.1 Auswirkungen der Arbeit von mammaNetz auf die Lebensqualität

Ein Mittelwertsvergleich der Interventions- und der Kontrollgruppe zum ersten Messzeitpunkt hinsichtlich der **gesundheitsbezogenen Lebensqualität** am Tag der Aufnahme in die Klinik (B1) im **SF-8** Health Survey zeigt folgende Ergebnisse:

Patientinnen der Kontrollgruppe weisen in den körperlichen Dimensionen (z.B. *Körperliche Funktionsfähigkeit, Schmerzen* und *Körperliche Lebensqualität*) wie auch bei der Dimension *Emotionales Rollenverhalten* eine signifikant höhere Lebensqualität auf. Die Patientinnen der Interventionsgruppe haben dagegen in den psychischen Dimensionen (*Psychische Lebensqualität* und *Psychische Funktionsfähigkeit*) signifikant höhere Werte. Tabelle 5 zeigt diese Werte, wobei die höheren Werte eine höhere Lebensqualität und die niedrigen Werte eine niedrigere Lebensqualität darstellen (mit Ausnahme von Schmerzen, bei denen die höheren Werte eine höhere Belastung und die niedrigen Werte eine niedrige Belastung bedeuten).

Ein möglicher Grund dafür, warum die Patientinnen der Kontrollgruppe in den körperlichen Dimensionen der gesundheitsbezogenen Lebensqualität höhere Werte aufweisen als die Patientinnen der Interventionsgruppe, kann zuerst in den Unterschieden der krankheitsbezogenen Merkmalen der beiden Stichproben, wie der Schweregrad der Erkrankung und Behandlung, vermutet werden. Diese wurden bei dieser Untersuchung aber nicht berücksichtigt.

Ein weiterer Grund für dieses Ergebnis ist in der Betreuung durch die Case Managerinnen zu finden. Gerade die Beratung und Aufklärung der Frauen im medizinischen Bereich setzt bei den begleiteten Frauen eine Bewusstmachung ih-

153 Siehe Mehnert, Koch (2005).

	Stichproben Interventions-gruppe	Kontrollgruppe	Signifikanz
	M	M	p
SF-8 Dimensionen			
Körperliche Funktionsfähigkeit	46,11	50,00	0,002
Körperliches Rollenverhalten	42,19	48,20	0,000
Schmerzen	50,56	54,13	0,02
Psychische Funktionsfähigkeit	40,00	36,17	0,02
Emotionales Rollenverhalten	38,71	42,41	0,007
Summenskalen			
Körperliche Lebensqualität	55,85	62,24	0,000
Psychische Lebensqualität	50,42	46,39	0,03

Tabelle 5: Ausgewählte signifikante Ergebnisse des Mittelwertsvergleichs zwischen IG (n=140) und KG (n=73) im SF-8 zu B1

Quelle: Koch, Mehnert (2005).

rer Situation in Gang. Sie beziehen sich auf ihren Körper und ihr Empfinden, beschäftigen sich dadurch verstärkt damit und können so das Geschehen besser und bewusster gemeinsam mit der Case Managerin verarbeiten. Die Frauen der Kontrollgruppe dagegen wissen viele Vorgänge nicht, beschäftigen sich nicht damit und verdrängen so ihr körperliches Empfinden. Erfahrungsgemäß kommt es dann erst viele Monate später zu einer Aufarbeitung des Erlebten. Dies kann auch die höheren Werte der Befragten der Kontrollgruppe beim *Emotionalen Rollenverhalten* erklären.

	Stichproben Interventions-gruppe	Kontrollgruppe	Signifikanz
	M	M	p
EORTC-11 Skalen			
Körperliche Funktion	56,25	77,74	0,000
Emotionale Funktion	45,16	33,94	0,006
Allgemeine Lebensqualität	49,76	45,89	0,17
Übelkeit	6,79	4,79	0,45

Tabelle 6: Mittelwertsunterschiede zwischen IG (n=140) und KG (n=73) im EORTC-11 zu B1

Quelle: Mehnert, Koch (2005)

Ein Mittelwertsvergleich der Interventions- und der Kontrollgruppe zum ersten Messzeitpunkt (B1) im **EORTC-11** hinsichtlich der **krebsspezifischen Lebensqualität** zeigt ähnliche Ergebnisse: Die Patientinnen der Interventionsgruppe weisen in der Dimension *Körperliche Funktion* eine signifikant geringere Lebensqualität auf und bei der Dimension *Emotionale Funktion* zeigt sich bei den Patientinnen der Kontrollgruppe eine signifikant geringere Lebensqualität (siehe Tabelle 6). Die höheren Werte der Patientinnen der Interventionsgruppe bei der Skala *Übelkeit* können als weiteres Indiz für den schlechteren Gesundheitszustand (Schweregrad der Erkrankung und Behandlung) dieser Patientinnen im Vergleich mit der Kontrollgruppe dienen.

	Stichproben		
	Interventions-gruppe	**Kontrollgruppe**	**Signifikanz**
	M	**M**	**p**
SF-8 Dimensionen			
Körperliche Funktionsfähigkeit	45,25	43,52	0,26
Körperliches Rollenverhalten	42,92	42,47	0,76
Schmerzen	50,10	49,67	0,80
Vitalität und körperliche Energie	48,10	45,53	0,05
Soziale Funktionsfähigkeit	49,65	46,32	0,03
Psychische Funktionsfähigkeit	47,85	45,67	0,19
Emotionales Rollenverhalten	41,82	43,02	0,35
Summenskalen			
Körperliche Lebensqualität	53,73	53,41	0,85
Psychische Lebensqualität	57,51	55,48	0,23
EORTC-11 Skalen			
Emotionale Funktion	72,14	61,37	0,02

Tabelle 7: Mittelwertsunterschiede zwischen IG (n=132) und KG (n=65) im SF-8 und EORTC-11 (Auswahl) zu B2

Quelle: Mehnert, Koch (2005)

Bei der zweiten Befragung (B2) vier Monate nach der stationären Aufnahme in die Klinik zeigt sich ein ganz anderes Bild: Bei dem Mittelwertvergleich der Interventionsgruppe und der Kontrollgruppe hinsichtlich der gesundheitsbezogenen Lebensqualität mit dem SF-8 Health Survey weisen die Patientinnen der Interventionsgruppe in den Dimensionen *Vitalität und körperliche Energie* sowie *Soziale Funktionsfähigkeit* eine signifikant höhere Lebensqualität auf. Die Unterschiede in den Variablen, in denen es den Patientinnen mit Case-Management-Betreuung zum ersten Messzeitpunkt schlechter ging (wie *Körperliche Lebensqualität*, *Körperliche Funktionsfähigkeit*, *Schmerzen*), sind nicht mehr signifikant und bei manchen von diesen Variablen geht es diesen Patientinnen jetzt etwas besser als den Befragten der Kontrollgruppe.

Bei der krebsspezifischen Lebensqualität (EORTC-11) weisen die Patientinnen der Interventionsgruppe zu B2 in der Skala *Emotionale Funktion* eine signifikant höhere Lebensqualität auf. Dieses Ergebnis deutet auf den positiven Einfluss der Case-Management-Betreuung auf das seelische Befinden der betreuten Frauen.

Die festgestellten positiven Auswirkungen der Begleitung durch mammaNetz auf die Dimension *Soziale Funktionsfähigkeit* decken sich mit den Hauptzielen dieser Betreuung (siehe Abbildung 15).

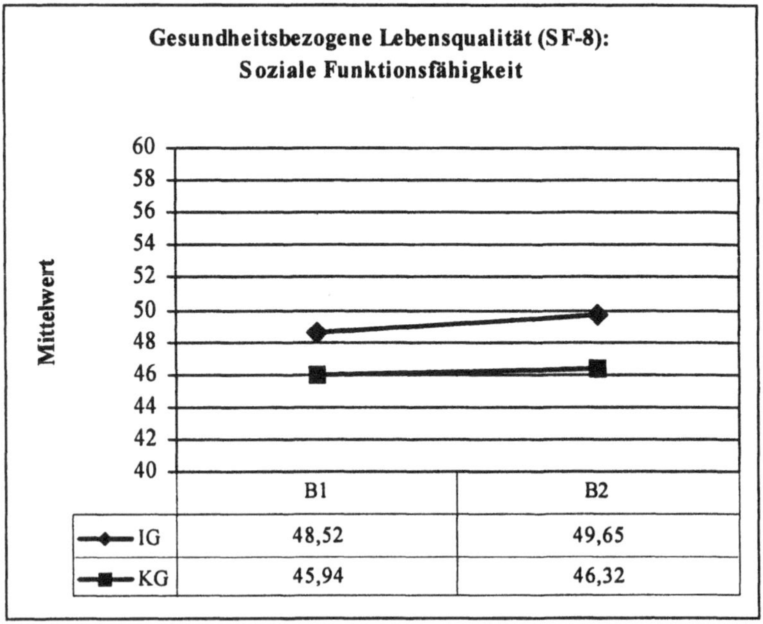

Abbildung 15: Die Entwicklung der durchschnittlichen Werte der Dimension Soziale Funktionsfähigkeit der gesundheitsbezogenen Lebensqualität (SF-8) von B1 zu B2

Quelle: Eigene Darstellung nach Koch, Mehnert (2005)

Zum dritten Messzeitpunkt (B3) ein Jahr nach dem Erstinterview zeigt der Mittelwertvergleich der Interventions- und der Kontrollgruppe in den zwei Fragebögen keine signifikanten Unterschiede. Unter Berücksichtigung ihrer eingeschränkten Aussagekraft[154] deuten diese Ergebnisse auf eine zeitlich begrenzte Wirkung der Case-Management-Begleitung auf die Lebensqualität der betreuten Frauen hin.

Lebensqualität im zeitlichen Verlauf

Die gesundheitsbezogene Lebensqualität (SF-8) zeigt über die drei Messzeitpunkte in der Interventionsgruppe zwischen dem ersten (B1) und zweiten (B2) Messzeitpunkt signifikante Verbesserungen der Patientinnen in der *Psychischen Funktionsfähigkeit*, im *Emotionalen Rollenverhalten* und in der *Psychischen Lebensqualität.* Zwischen dem ersten (B1) und dem dritten (B3) Messzeitpunkt

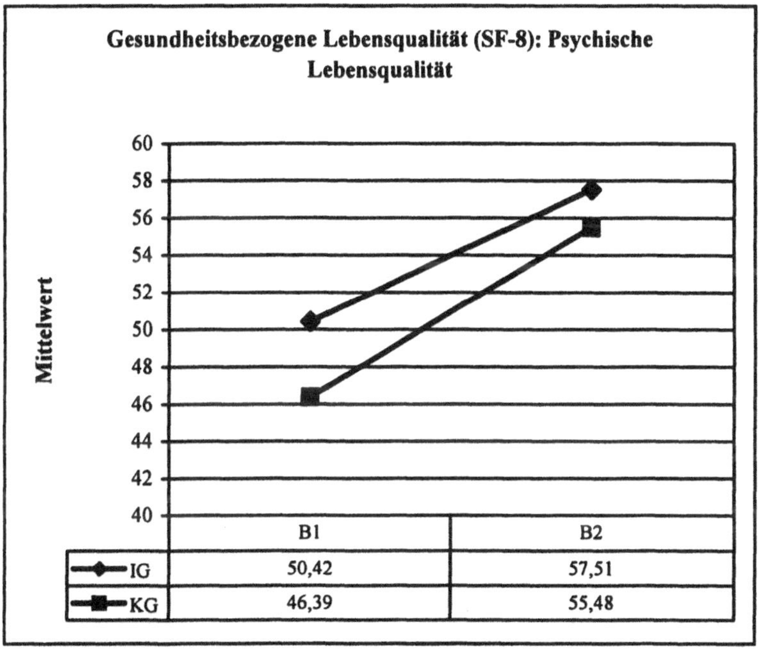

Abbildung 16: Die Entwicklung der durchschnittlichen Werte der Dimension Psychische Lebensqualität der gesundheitsbezogenen Lebensqualität (SF-8)

Quelle: Eigene Darstellung nach Mehnert, Koch (2005)

154 Vgl. Kapitel 8.1.

verbessern sich die Patientinnen signifikant im *Allgemeinen Gesundheitszustand*, in der *Psychischen Funktionsfähigkeit*, im *Emotionalen Rollenverhalten* und somit in der *Psychischen Lebensqualität*, was in Abbildung 16 gezeigt wird.

In der krebsspezifischen Lebensqualität (EORTC-11) zeigen sich zwischen dem ersten (B1) und dem zweiten (B2) Messzeitpunkt signifikante Verbesserungen in der Skala *Emotionale Funktion*.

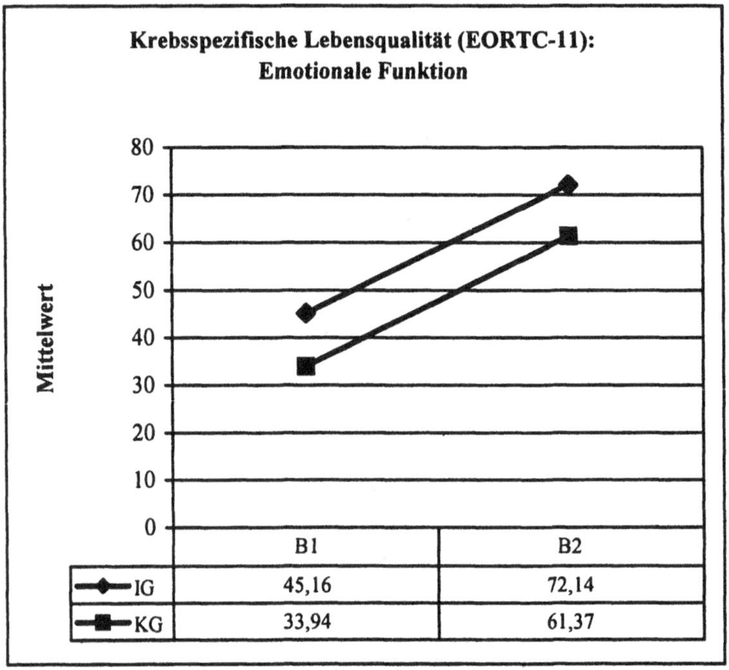

Abbildung 17: Die Entwicklung der durchschnittlichen Werte der Skala Emotionale Funktion der krebsspezifischen Lebensqualität (EORTC-11)

Quelle: Eigene Darstellung nach Mehnert, Koch (2005)

Zusammenfassend lässt sich feststellen, dass sich die Patientinnen der Interventionsgruppe in mehr Variablen signifikant verbessern als die Kontrollgruppe. Das gilt insbesondere in den Variablen der *gesundheitsbezogenen Lebensqualität* zum zweiten Messzeitpunkt (nach 4 Monaten). In den Skalen *Vitalität* und *körperliche Energie*, *emotionale Funktion* sowie *soziale Funktionsfähigkeit* geht es den Patientinnen der Interventionsgruppe signifikant besser. Zum ersten Messzeitpunkt (stationäre Aufnahme) zeigt sich, dass es den Patientinnen der Interventionsgruppe vor allem in den Variablen der *körperlichen* und *krebsspezifischen Lebensqualität* schlechter geht als den Patientinnen der Kontrollgruppe.

Die validierten Instrumente zeigen zwar ein genaues Abbild der Lebensqualität und der psychischen Verfassung der Patientinnen in ihrer Situation, es können aber gerade die Fragestellungen hinsichtlich der Begleitung durch eine Case Managerin des mammaNetzes nicht ausreichend genau beantwortet werden. Hier schließen sich, aufbauend auf die vorliegenden Ergebnisse der Lebensqualität und psychischen Verfassung, die Auswertungen aus den selbst entwickelten Fragebögen zum Case Management an. Dazu zählt die Zufriedenheit mit der Begleitung durch mammaNetz sowie zur Inanspruchnahme der Leistungen durch die Befragten. Mit den Befragungsergebnissen zur Kompetenz der Patientinnen im Umgang mit der Erkrankung endet dieses Kapitel.

9.2.1.1.2 Auswirkungen der Arbeit von mammaNetz auf die seelische Verfassung der Patientinnen

Der Fragebogenkomplex, der die Angst der Frauen im Umgang mit ihrer Erkrankung misst, umfasst 4 Dimensionen, die in dem selbst entwickelten Fragebogen befragt wurden (siehe Frage 21 bis 24, B2, IG). Dieser Komplex wurde in Anlehnung an den Fragebogen von Herschbach[155] erstellt. Die Dimensionen umfassen die *Angst vor den körperlichen Auswirkungen der Erkrankung*, die *Angst davor, den beruflichen bzw. häuslichen Verpflichtungen nicht mehr gerecht zu werden und* die *Angst dass die sozialen Kontakte/Partnerschaft durch die Krankheit beeinträchtigt werden.*

Analysiert man die Angst vor den *körperlichen Auswirkungen der Erkrankung*, so werden schon bei **der stationären Aufnahme** (B1) die Auswirkungen der Begleitung durch mammaNetz sichtbar. Fast die Hälfte der befragten Patientinnen (49,3 %) hat Angst vor den körperlichen Auswirkungen der Erkrankung. Die Antworten der Patientinnen der Interventionsgruppe verteilen sich auf der fünfstufigen Skala von „sehr starker Angst" bis „kaum Angst" folgendermaßen: Sehr starke Angst empfinden 9,3 %, starke Angst 25,7 %, ziemliche Angst 24,3 %, weniger Angst 24,3 % und kaum Angst 16,4 %.

Im Vergleich zur Kontrollgruppe zeigt sich, dass 28,8 % der Kontrollgruppenpatientinnen sehr starke Angst empfinden, gegenüber 9,3 % in der Interventionsgruppe. Dieses Ergebnis zeigt, dass durch den Einsatz von Case Management direkt nach der Diagnosestellung die Frauen von der Case Managerin aufgefan-

155 Vgl. Herschbach et al. (2004) und S. 109f. zur Progredienzangst.

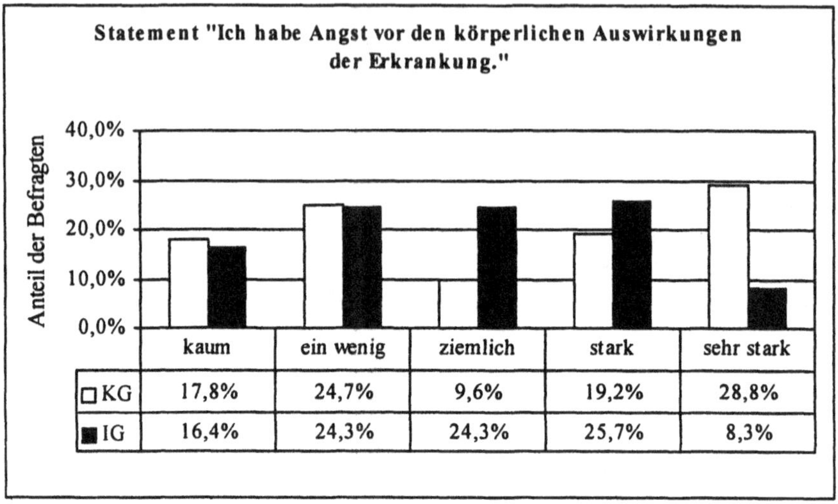

Abbildung 18: Angst vor den körperlichen Auswirkungen der Erkrankung bei B1

Quelle: Eigene Darstellung und Berechnung

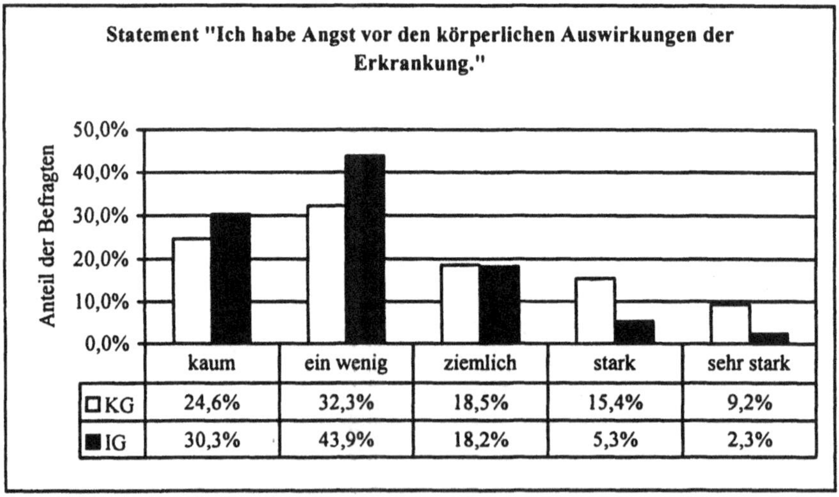

Abbildung 19: Angst vor den körperlichen Auswirkungen der Erkrankung bei B2

Quelle: Eigene Darstellung und Berechnung

gen werden und sie dadurch deutlich in ihrem Angstempfinden stabilisiert werden.

Auch **nach vier Monaten** (B2) ist der Unterschied zur Kontrollgruppe sehr deutlich. Die Patientinnen mit Case Management empfinden im Vergleich zu den Befragten ohne Case Management weniger Angst vor den körperlichen Auswirkungen der Erkrankung: sehr starke Angst spüren 2,3 % und starke Angst 5,3 % der Patientinnen. In der Kontrollgruppe sind die Werte mit 9,2 % und 15,4 % deutlich höher.

Auch **nach einem Jahr** (B3) empfinden die Patientinnen der Interventionsgruppe im Vergleich zu den Befragten der Kontrollgruppe weniger Angst vor den körperlichen Auswirkungen der Erkrankung: Sehr starke Angst empfindet **keine** Befragte mehr. In der Kontrollgruppe sind das immerhin noch 5,5 %. Auch die starke und ziemliche Angst ist in der Kontrollgruppe höher als in der Interventionsgruppe. Auf der anderen Seite ist die Zahl derer gestiegen, die nur ein wenig Angst empfinden, was in der Abbildung 20 dargestellt ist.

Statement "Ich habe Angst vor den körperlichen Auswirkungen der Erkrankung."

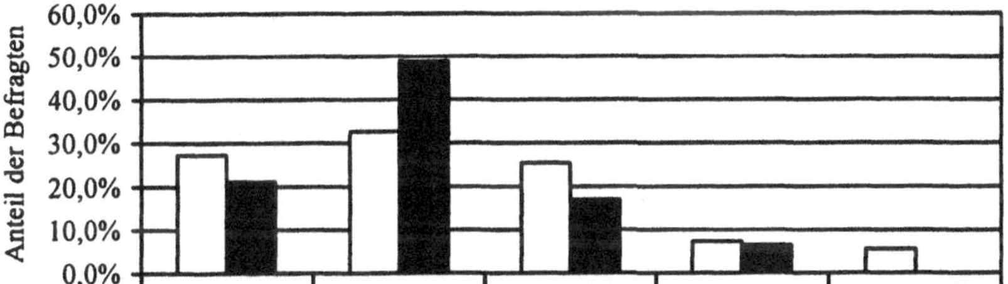

	kaum	ein wenig	ziemlich	stark	sehr stark
□KG	27,3%	32,7%	25,5%	7,3%	5,5%
■IG	21,3%	48,9%	17,0%	6,4%	0,0%

Abbildung 20: Angst vor den körperlichen Auswirkungen der Erkrankung bei B3

Quelle: Eigene Darstellung und Berechnung

	Stichproben Interventions-gruppe		Kontrollgruppe		Signifikanz
	M	SD	M	SD	p
Befragungen					
B1 (bei Aufnahme in die Klinik)	2,87	1,23	3,16	1,52	0,131
B2 (vier Monate nach stationärer Aufnahme)	2,05	0,95	2,52	1,28	0,040
B3 (ein Jahr nach Erstinterview)	2,09	0,86	2,30	1,13	0,317

Tabelle 8: Vergleich der Angst der Brustkrebspatientinnen vor den körperlichen Auswirkungen der Erkrankung zu allen drei Befragungszeitpunkten

Quelle: Eigene Darstellung und Berechnung

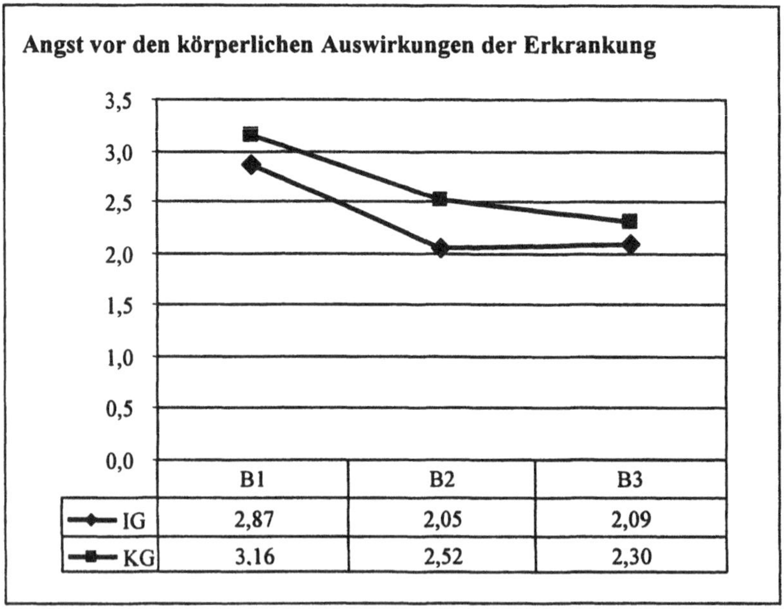

Abbildung 21: Angst vor den körperlichen Auswirkungen der Erkrankung (Vergleich der Mittelwerte der Interventions- und Kontrollgruppe zu den drei Befragungszeitpunkten)

Quelle: Eigene Darstellung und Berechnung

Zusammenfassend zeigt sich beim Vergleich der Angst der Brustkrebspatientinnen vor den körperlichen Auswirkungen der Erkrankung zu allen drei Befragungszeitpunkten, dass zum Zeitpunkt B2 eine signifikante Verbesserung besteht (siehe Tabelle 8 und Abbildung 21).

Die weiteren drei Dimensionen der *Progredienzangst (häusliche Verpflichtung, berufliche Verpflichtung und soziale Kontakte)* werden im Folgenden analysiert:

In der Zeit vor der Operation fürchten sich 24,3 % (KG: 37,1 %) der Frauen davor, ihren **häuslichen Verpflichtungen** nicht mehr gerecht zu werden. Vier Monate nach der stationären Aufnahme sind das nur noch 8,4 % (KG: 26,2 %). Ein Jahr später ist die höchste Stufe auf der Antwortskala, die angekreuzt wird, nur noch „ziemliche" (nicht starke oder sehr starke) Angst vor den Einschränkungen bei den häuslichen Verpflichtungen mit 17 % (KG: 16,4 %).

Beim Vergleich der Angst der Brustkrebspatientinnen vor den Auswirkungen der Erkrankung auf die häuslichen Verpflichtungen zu allen drei Befragungszeitpunkten zeigen sich in der Zeit zu B1 und B2 signifikante Verbesserungen (siehe Tabelle 9 und Abbildung 22).

	Stichproben				
	Interventionsgruppe		**Kontrollgruppe**		**Signifikanz**
	M	**SD**	**M**	**SD**	**p**
Befragungen					
B1 (bei Aufnahme in die Klinik)	1,83	1,17	2,26	1,46	0,020
B2 (vier Monate nach stationärer Aufnahme)	1,48	0,67	1,75	1,20	0,039
B3 (ein Jahr nach Erstinterview)	1,68	0,77	1,65	0,93	0,876

Tabelle 9: Vergleich der Angst der Brustkrebspatientinnen vor den Auswirkungen der Erkrankung auf die häuslichen Verpflichtungen zu allen drei Befragungszeitpunkten

Quelle: Eigene Darstellung und Berechnung

Von den **berufstätigen Frauen** befürchtet fast durchgehend durch die Befragungen ein Drittel (*KG: 44,2%*) die negativen Folgen der Erkrankung auf die **Berufsausübung**. Die sehr starke, starke und ziemliche Angst ging mit jeder Befragung leicht zurück: von 28,3 % (B1) über 26,8 % (B2) auf 22,7 % (B3). In der Kontrollgruppe blieben die Antworten auf diese Frage im Verlauf der Erhebung stabil: Ungefähr 44 % der berufstätigen Patientinnen gaben bei allen drei Befragungen an, Angst vor den Problemen im Beruf aufgrund der Erkrankung zu haben.

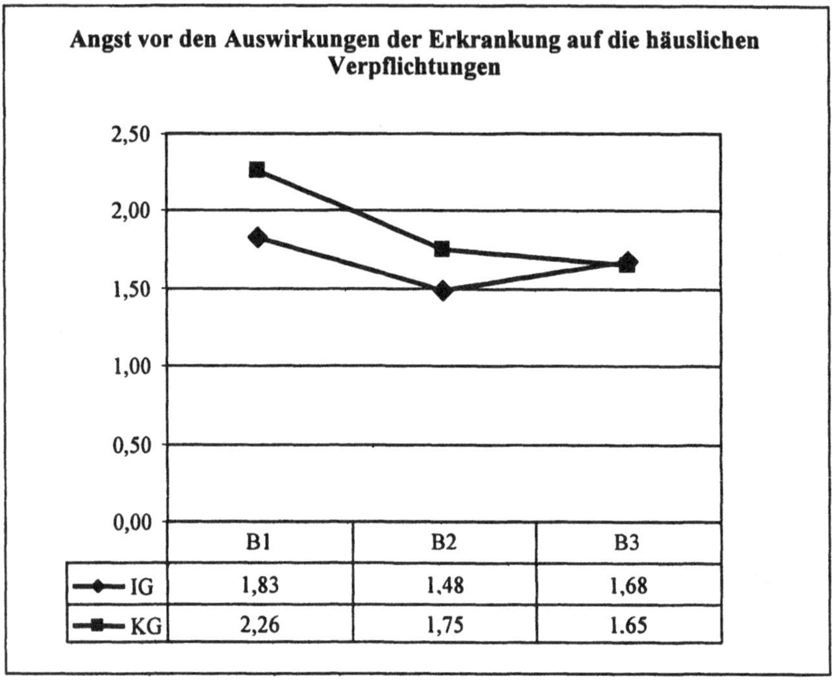

Abbildung 22: Angst vor den Auswirkungen der Erkrankung auf die häuslichen Verpflichtungen (Vergleich der Mittelwerte der Interventions- und Kontrollgruppe zu den drei Befragungszeitpunkten)

Quelle: Eigene Darstellung und Berechnung

Vergleicht man die Angst der berufstätigen Patientinnen vor den Auswirkungen der Erkrankung auf ihre berufliche Verpflichtung zu allen drei Befragungszeitpunkten, dann ist der Unterschied zwischen der Interventions- und Kontrollgruppe zum ersten Befragungszeitpunkt (B1) signifikant. Das bedeutet, dass die Patientinnen der Interventionsgruppe deutlich weniger Angst hinsichtlich der negativen Auswirkungen ihrer Erkrankung auf berufliche Verpflichtungen haben, als die Patientinnen aus der Kontrollgruppe (siehe Tabelle 10 und Abbildung 23).

	Stichproben Interventions-gruppe		Kontrollgruppe		Signifikanz
	M	**SD**	**M**	**SD**	**p**
Befragungen					
B1 (bei Aufnahme in die Klinik)	0,79	1,18	1,19	1,77	0,052
B2 (vier Monate nach stationärer Aufnahme)	0,84	1,24	0,89	1,47	0,797
B3 (ein Jahr nach Erstinterview)	0,95	1,40	1,04	1,53	0,782

Tabelle 10: Vergleich der Angst der berufstätigen Brustkrebspatientinnen vor den Auswirkungen der Erkrankung auf die beruflichen Verpflichtungen zu allen drei Befragungszeitpunkten

Quelle: Eigene Darstellung und Berechnung

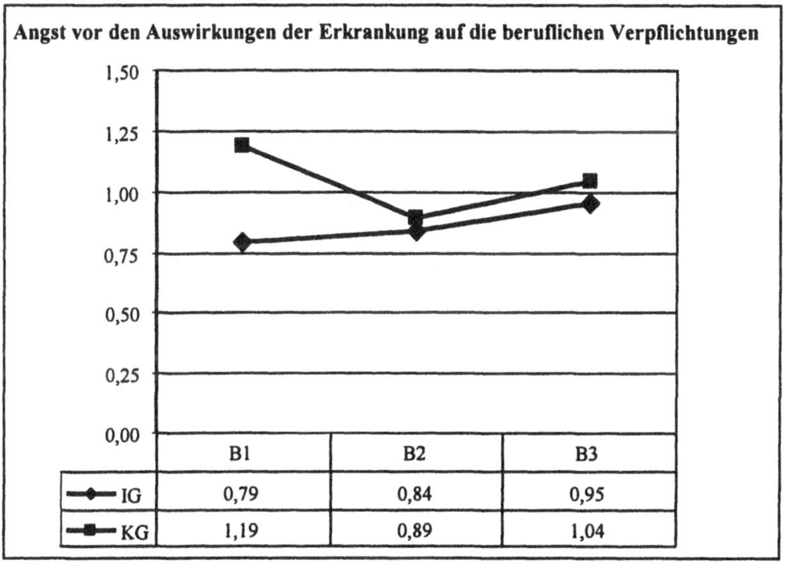

Abbildung 23: Angst der berufstätigen Brustkrebspatientinnen vor den Auswirkungen der Erkrankung auf die beruflichen Verpflichtungen (Vergleich der Mittelwerte der Interventions- und Kontrollgruppe zu den drei Befragungszeitpunkten)

Quelle: Eigene Darstellung und Berechnung

	Stichproben				Signifikanz
	Interventions-gruppe		Kontrollgruppe		
	M	SD	M	SD	p
Befragungen					
B1 (bei Aufnahme in die Klinik)	1,30	0,70	1,15	0,49	0,104
B2 (vier Monate nach stationärer Aufnahme)	1,23	0,59	1,29	0,81	0,520
B3 (ein Jahr nach Erstinterview)	1,48	0,88	1,39	0,74	0,589

Tabelle 11: Vergleich der Angst der Brustkrebspatientinnen vor den Auswirkungen der Erkrankung auf die sozialen Kontakte bzw. die Partnerschaft zu allen drei Befragungszeitpunkten

Quelle: Eigene Darstellung und Berechnung

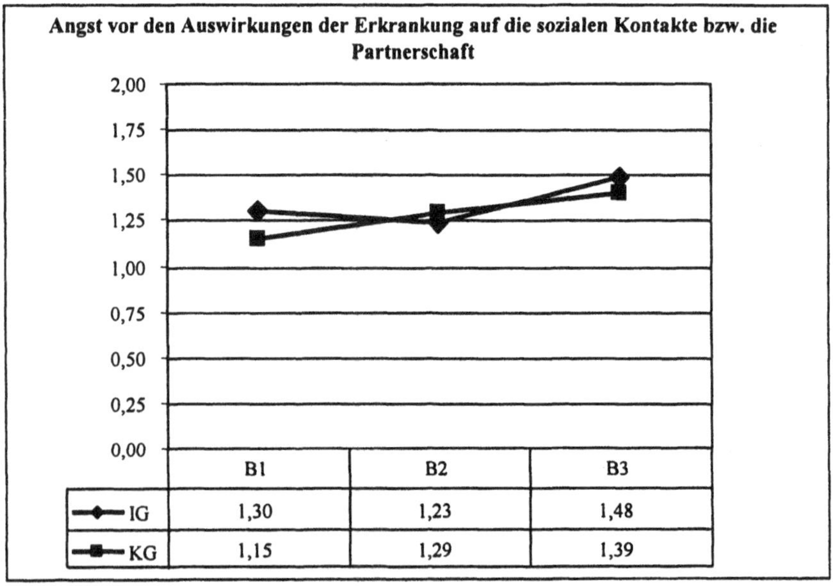

Abbildung 24: Angst vor den Auswirkungen der Erkrankung auf die sozialen Kontakte bzw. die Partnerschaft (Vergleich der Mittelwerte der Interventions- und Kontrollgruppe zu den drei Befragungszeitpunkten)

Quelle: Eigene Darstellung und Berechnung

Die Angst, dass die Krebserkrankung negative Auswirkungen auf ihre **sozialen Kontakte bzw. ihre Partnerschaft** haben könnte, bleibt in der Interventionsgruppe auf relativ niedrigem Niveau recht stabil und zwar von 9,5 % (B1) über 5,3 % (B2) bis 8,5 % (B3). In der Kontrollgruppe sind die Werte auf ähnlich niedrigem Niveau leicht gestiegen: von 2,8% (B1) über 7,7 % (B2) auf 10,9 % (B3). Das bedeutet, dass die Patientinnen recht zuversichtlich sind hinsichtlich des Einflusses ihrer Erkrankung auf diesen Bereich (siehe Tabelle 11 und Abbildung 24).

Zusammenfassend ist es festzustellen, dass die Patientinnen der Interventionsgruppe deutlich weniger Angst bei der stationären Aufnahme und 4 Monate später zeigen als die aus der Kontrollgruppe. Nach einem Jahr gleichen sich die Werte allerdings wieder an. Erfahrungen haben gezeigt, dass die Patientinnen, die durch das mammaNetz begleitet werden, nach der ersten Begleitungsphase (0,75 Jahre - 1 Jahr), wieder in ihren Alltag zurückkehren. Hier spielen dann bei allen Patientinnen Ängste vor dem Zurückkehren in die „Normalität", beispielsweise durch die Wiedereingliederung in den Beruf, eine große Rolle. Das mammaNetz entwickelt gerade Schulungsbausteine für eine Gesundheitsedukation, in der auf diese Umbruchphase stärker eingegangen werden soll.

Ängste vor den Auswirkungen der Erkrankung im zeitlichen Verlauf

Tabelle 12 stellt die Veränderungen in den Variablen der Progredienzängste über die zwei Messzeitpunkte **B1** und **B2** für die **Interventionsgruppe** dar. Hier zei-

	Befragungen				
	B1		**B2**		**Signifikanz**
	M	**SD**	**M**	**SD**	**p**
Ängste:					
vor körperlichen Auswirkungen der Erkrankung	2,87	1,23	2,05	0,59	0,000
vor Auswirkungen der Erkrankung im Beruf	0,79	1,18	0,84	1,24	0,743
vor Auswirkungen der Erkrankung zu Hause	1,83	1,17	1,48	0,67	0,003
vor Auswirkungen der Erkrankung auf soziale Kontakte	1,30	0,70	1,23	0,59	0,354

Tabelle 12: Veränderungen der Progredienzängste vom ersten zum zweiten Messzeitpunkt (Interventionsgruppe)

Quelle: Eigene Darstellung und Berechnung

gen sich zwischen den Messzeitpunkten signifikante Verbesserungen der Patientinnen in den Skalen *Angst vor den körperlichen Auswirkungen der Erkrankung* (p=0,000), *Angst vor Auswirkungen der Erkrankung zu Hause* (p=0,003).

Zwischen dem zweiten und dritten Messzeitpunkt (Tabelle 13) kann man bei allen Variablen der *seelischen Verfassung* eine unterschiedlich starke Verschlechterung der Werte beobachten: bei der *Angst vor körperlichen Auswirkungen* sowie *vor Auswirkungen der Erkrankung im Beruf* und *zu Hause* zeigen sich nur leichte Veränderungen und nur bei der *Angst vor Auswirkungen der Erkrankung auf soziale Kontakte bzw. die Partnerschaft* gibt es signifikante Verschlechterungen. Dies kann zum einen auf die geringere Fallzahl in der B3-Befragung und zum anderen auf die im Verlauf zurückgehenden Kontakte mit dem mammaNetz zurückgeführt werden.

	Befragungen				
	B2		B3		Signifikanz
	M	SD	M	SD	p
Ängste:					
vor körperlichen Auswirkungen der Erkrankung	2,05	0,95	2,09	0,83	0,814
vor Auswirkungen der Erkrankung im Beruf	0,84	1,24	0,95	1,40	0,616
vor Auswirkungen der Erkrankung zu Hause	1,48	0,67	1,68	0,77	0,094
vor Auswirkungen der Erkrankung auf soziale Kontakte	1,23	0,59	1,48	0,88	0,034

Tabelle 13: Veränderungen der Progredienzängste vom zweiten zum dritten Messzeitpunkt (Interventionsgruppe)

Quelle: Eigene Darstellung und Berechnung

9.2.1.1.3 Auswirkungen der Arbeit von mammaNetz auf die Kompetenz und Sicherheit im Umgang mit der Erkrankung (Empowerment)

Zu den wichtigen Zielen des Case Managements, das sich als Hilfe zur Selbsthilfe versteht, gehört die Stärkung der Selbstsicherheit und der Kompetenz der Patientinnen im Umgang mit ihrer Erkrankung. Deshalb wurden bereits in der zweiten Befragung der Kontrollgruppe einige Fragen zu diesen Aspekten eingebaut, um eine Vergleichsbasis für die Befragung der Interventionsgruppe zu haben. In der Befragung B2 und B3 wurde in der Interventionsgruppe eine Frage eingebaut (Nr. 26, B2, KG und Nr. 24, B3, KG), die das Empowerment näher beleuchten sollte: „Bitte schätzen Sie ein, wie kompetent, selbstständig und sicher Sie im Umgang mit Ihrer Erkrankung (geworden) sind?“. Hier konnten die Frauen auf Skalen von 1 - 5 einschätzen, ob sie sich informierter über die Krankheit im Allgemeinen, speziell über die Erkrankung (Verlauf und Prognose), über die Therapie und über die Hilfs- und Therapieangebote fühlen. Es folgten zwei Fragen, die die Entscheidungsfähigkeit der Patientin messen sollen bzw. danach fragen ob die Wünsche und Bedenken der Patientin während der Behandlung berücksichtigt wurden.

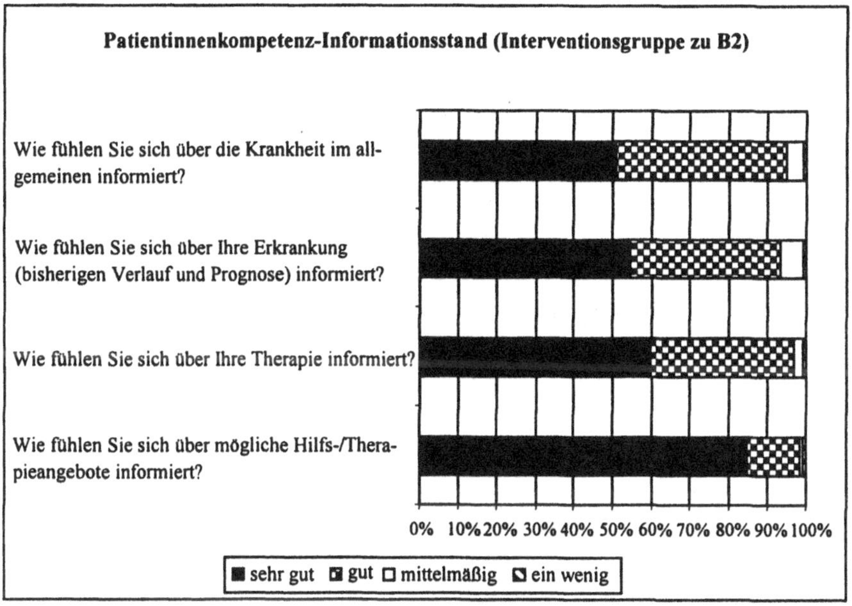

Abbildung 25: Patientinnenkompetenz (Empowerment) – Informationsstand (Häufigkeiten der Interventionsgruppe zu B2)

Quelle: Eigene Darstellung und Berechnung

Bereits der Vergleich der Häufigkeiten der Antworten auf diese Fragen zeigt deutliche Unterschiede zwischen den beiden Gruppen. Fast alle Befragten der Interventionsgruppe fühlten sich sehr gut bzw. gut informiert und zwar sowohl über die Krankheit im allgemeinem (**94,7 %;** *KG: 60,0 %*) als auch über den bisherigen Verlauf der Erkrankung und Prognose (**93,1 %;** *KG: 53,9 %*), über die Therapie (**96,9 %;** *KG: 69,2 %*) und über mögliche Hilfs- bzw. Therapieangebote

(96,9 %; *KG: 30,7 %*). Abbildung 25 zeigt den Informationsstand der Patientinnen zu B2.

Zum Vergleich zeigt die Abbildung 26 den zweiten Befragungszeitpunkt der Kontrollgruppe. Hier sind deutliche Unterschiede feststellbar.

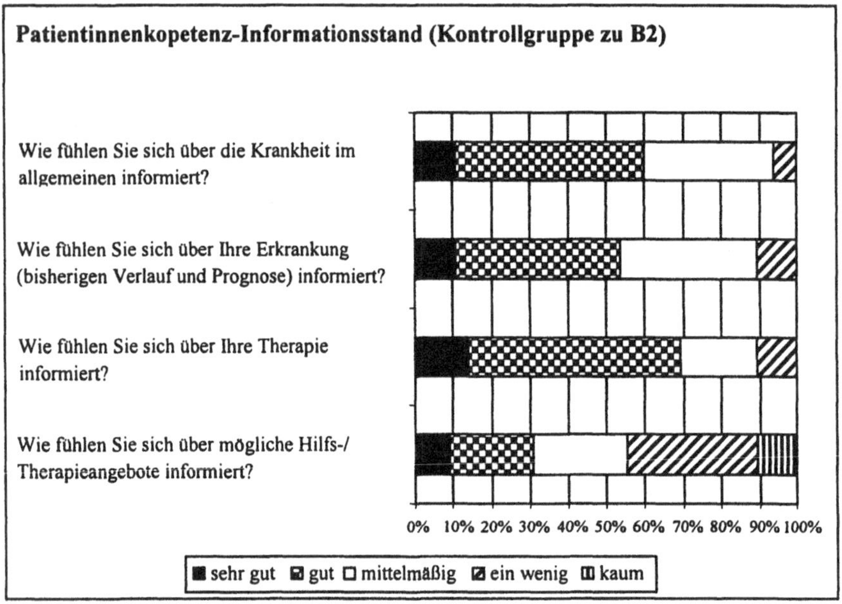

Abbildung 26: Patientinnenkompetenz (Empowerment) – Informationsstand (Häufigkeiten der Kontrollgruppe zu B2)

Quelle: Eigene Darstellung und Berechnung

Das Gefühl, dass ihre Wünsche bzw. Bedenken immer oder meistens berücksichtigt werden, haben 84,8 % der Befragten mit CM (*KG: 61,6 %*) und 88,6 % sehen sich selbst in der Lage, Entscheidungen für ihre Therapie zu treffen (*KG: 66,2 %*). Insgesamt sicher im Umgang mit ihrer Erkrankung fühlen sich „immer" bzw. „meistens" fast alle Befragten der Interventionsgruppe (**98,5 %;** *KG: 55,4 %*). Bei den Patientinnen, die sich „immer" sicher fühlen (d.h. die den höchsten Wert bei den Antwortmöglichkeiten ausgewählt haben), fällt der Unterschied zwischen der Kontroll- und Interventionsgruppe noch deutlicher aus: **56,8 % zu 9,2 %**. Die Ergebnisse sind in Abbildung 27 und Abbildung 28 dargestellt.

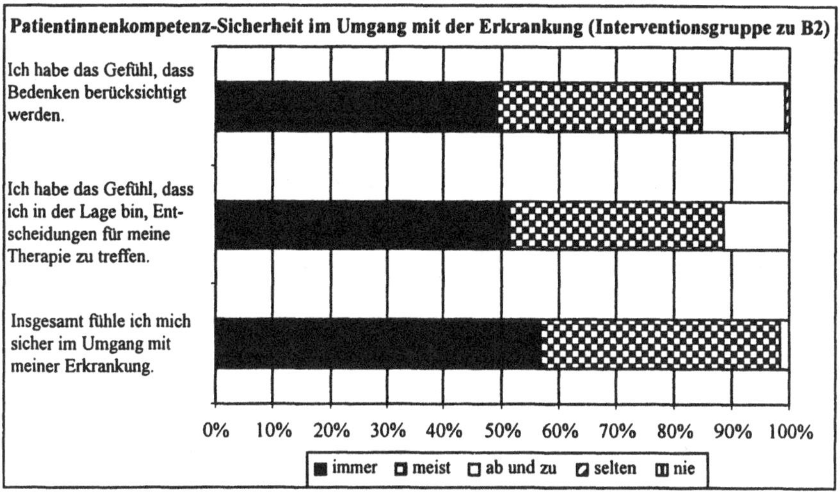

Abbildung 27: Patientinnenkompetenz (Empowerment) – Sicherheit im Umgang mit der Erkrankung (Häufigkeiten der Interventionsgruppe zu B2)

Quelle: Eigene Darstellung und Berechnung

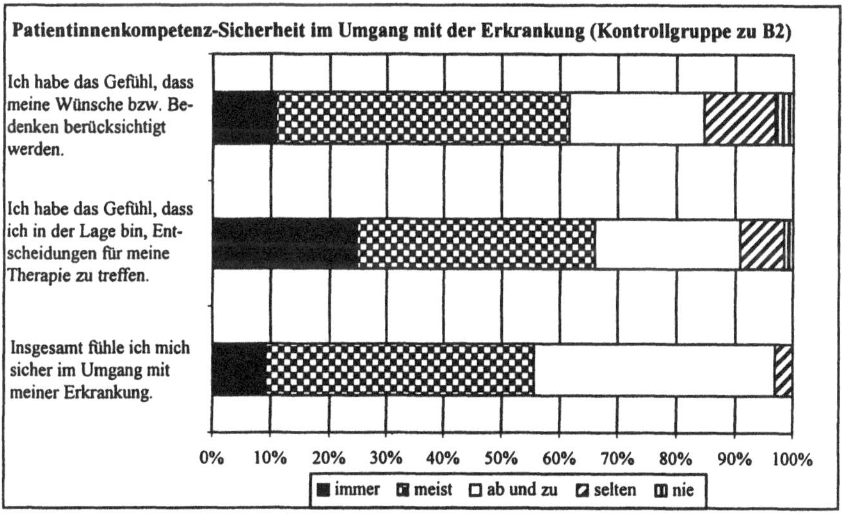

Abbildung 28: Patientinnenkompetenz (Empowerment) – Sicherheit im Umgang mit der Erkrankung (Häufigkeiten der Kontrollgruppe zu B2)

Quelle: Eigene Darstellung und Berechnung

Auch zum dritten Messzeitpunkt zeigt der Vergleich der Häufigkeiten der Antworten auf diese Fragen nach einem Jahr deutliche Unterschiede zwischen den beiden Gruppen, allerdings nicht so gravierende wie bei der B2-Befragung. Bei der B3-Befragung fühlen sich **70,2 %** der Patientinnen der Interventionsgruppe sehr gut bzw. gut über die Krankheit im allgemeinem informiert (*KG: 61,8 %*) und **65,9 %** über den bisherigen Verlauf ihrer Erkrankung und Prognose (*KG: 58,2 %*). Wenn es um die Informationen über die Therapie geht, teilten **68,0 %** der Befragten dieses Gefühl (*KG: 56,4 %*) und bei den Informationen über mögliche Hilfs- und Therapieangebote **53,2 %** der Frauen (*KG: 38,2 %*) (siehe Abbildung 29 und 30).

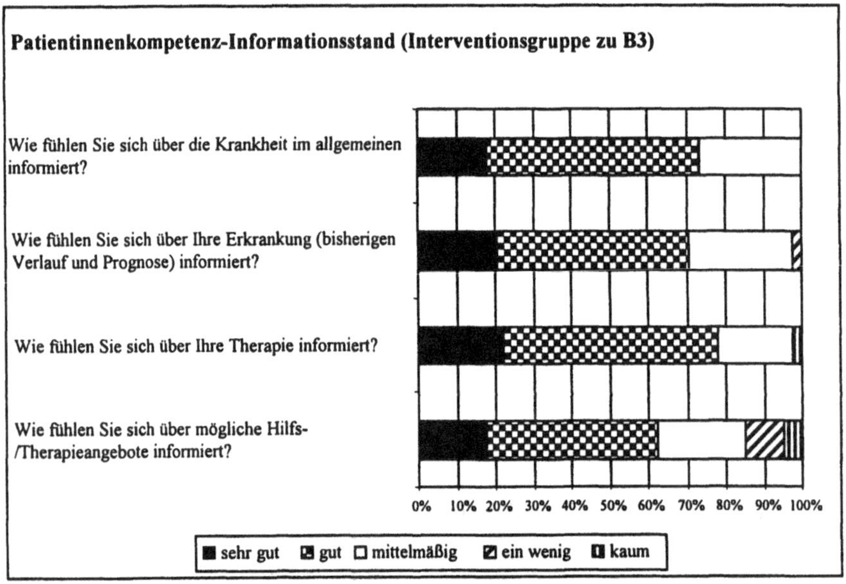

Abbildung 29: Patientinnenkompetenz (Empowerment) – Informationsstand (Häufigkeiten der Interventionsgruppe zu B3)

Quelle: Eigene Darstellung und Berechnung

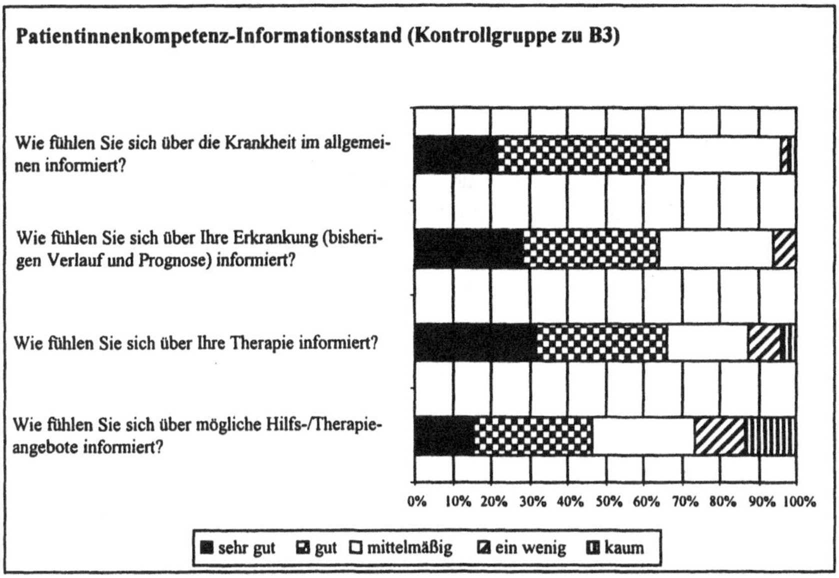

Abbildung 30: Patientinnenkompetenz (Empowerment) – Informationsstand (Häufigkeiten der Kontrollgruppe zu B3)

Quelle: Eigene Darstellung und Berechnung

Das Gefühl, dass ihre Wünsche bzw. Bedenken immer oder meistens berücksichtigt werden, haben ein Jahr nach der Aufnahme in die Klinik **51,1 %** der Befragten mit CM (*KG: 54,5%*) und **65,9 %** sehen sich selbst in der Lage, Entscheidungen für ihre Therapie zu treffen (*KG: 58,2 %*). Insgesamt sicher im Umgang mit ihrer Erkrankung fühlen sich „immer" bzw. „meist" **63,8 %** der Frauen (*KG: 65,4 %*). Bei der B2-Befragung fühlen sich die Patientinnen der Interventionsgruppe vergleichsweise sicherer, auch im Vergleich zu den Befragten der Kontrollgruppe. Der Grund für diese Ergebnisse ist in der konstanten und kompetenten Begleitung der Case Managerinnen von Anfang der Diagnose bis zur intensiven Begleitungszeit nach der Operation zu vermuten.

Statistische Analyse des Informationsstandes

Zur Messung des Informationsstandes der Patientinnen über die Krankheit im allgemeinen, über die eigene Erkrankung, die Therapie und mögliche Hilfs- und Therapieangebote als Teildimension der Patientinnenkompetenz im Umgang mit der Erkrankung wurde eine Skala zur persönlichen Einschätzung mit vier Items und fünf Antwortmöglichkeiten entwickelt und in die Fragebögen für die zweite und dritte Befragung integriert. Um ein valides Erfassungsinstrument für diesen Aspekt zum jeweiligen Befragungszeitpunkt zu erhalten, wurden auch hier die Daten der Gesamtstichprobe zuerst einer Faktorenanalyse (Hauptkomponentenanalyse mit Varimax-Rotation)[156] unterzogen und nach Durchführung entsprechender Tests eine neue Variable „Informationsstand" gebildet. Der resultierende Sekundärdatensatz wurde dann deskriptiv und analytisch ausgewertet.

	B2	**B3**
Anzahl der Angaben (IG/KG)	195 (130/65)	83 (39/44)
Anzahl der berücksichtigen Items	4	4
KMO-Test	0,802	0,702
Signifikanz nach Barlett	0,000	0,000
erklärte Gesamtvarianz (%)	70,174	67,404
Cronbachs-Alpha	0,834	0,821

Tabelle 14: Strukturdaten und teststatistische Kennwerte der Skalen der Befragungen B2 und B3 zum Informationsstand von Brustkrebspatientinnen

Quelle: Eigene Darstellung und Berechnung

	B2	**B3**
Wie fühlen Sie sich über die Krankheit informiert?	0,859	0,787
Wie fühlen Sie sich über Ihre Erkrankung (bisheriger Verlauf und Prognose) informiert?	0,890	0,883
Wie fühlen Sie sich über die Therapie informiert?	0,839	0,860
Wie fühlen Sie sich über mögliche Hilfs- und Therapieangebote informiert?	0,765	0,747

Tabelle 15: Ladungszahlen der Items auf Faktor „Informationsstand" der Fragebögen zu B2 und B3

Quelle: Eigene Darstellung und Berechnung

Tabelle 14 vermittelt einen Überblick der wichtigsten Strukturdaten und teststatistischen Kennwerte dieser Folgeskalen, wobei zu erkennen ist, dass das In-

156 Die Faktorenanalyse bündelt Variablen anhand der in der Analyse eingehenden Fälle zu Faktoren, so dass eine größere Anzahl von Variablen auf eine kleinere Anzahl solcher Faktoren reduziert wird. Dabei werden untereinander hoch korrelierende Variablen in einen Faktor aufgenommen.

strument zuverlässig und geeignet zur Erfassung des Informationsstandes der brustkrebskranken Frauen ist. Tabelle 15 zeigt die Faktorladungen der Items der Skala zu den zwei Befragungszeitpunkten.

	Stichproben				
	Interventionsgruppe		**Kontrollgruppe**		**Signifikanz**
	M	**SD**	**M**	**SD**	**p**
Befragungen					
B2 (vier Monate nach stationärer Aufnahme)	4,57	0,49	3,44	0,59	**0,000**
B3 (ein Jahr nach Erstinterview)	3,85	0,72	3,67	0,80	0,299

Tabelle 16: Vergleich des Informationsstandes der Brustkrebspatientinnen (Empowerment)

Quelle: Eigene Darstellung und Berechnung

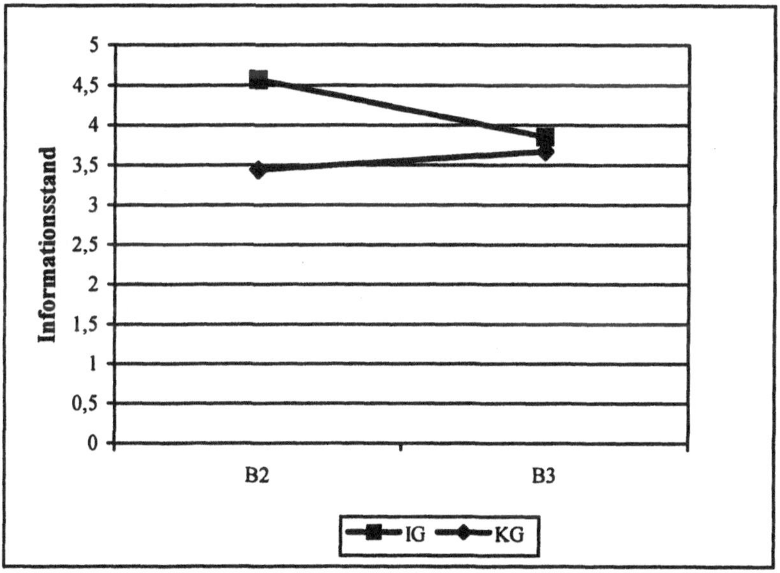

Abbildung 31: Entwicklung der durchschnittlichen Werte des Informationsstandes

Quelle: Eigene Darstellung und Berechnung

Ein Mittelwertsvergleich der Interventionsgruppe und der Kontrollgruppe zu den Befragungszeitpunkten B2 und B3 zeigt, dass sich beide Gruppen in der neu gebildeten Dimension „Informationsstand“ bei der Befragung B2 signifikant unterscheiden: Die **Patientinnen der Interventionsgruppe weisen in der Zeit der intensiven Case-Management-Betreuung einen höchst signifikant höheren Informationsstand** über die Krankheit im allgemeinen, über ihre eigene Erkrankung, die Therapie und Hilfsangebote auf als die Patientinnen ohne Case Management (Tabelle 16 und Abbildung 31).

Statistische Analyse der Kompetenz

Um zu messen, wie sich die Case-Management-Betreuung auf die Kompetenz und Selbstsicherheit der brustkrebskranken Frauen im Umgang mit ihrer Erkrankung auswirkt, wurde eine Skala zur persönlichen Einschätzung mit sieben Items und fünf Antwortmöglichkeiten entwickelt und in die Fragebögen für die zweite und dritte Befragung integriert. Zusätzlich zu Fragen über den Informationsstand wurde gefragt, ob die Befragten als mündige Patientinnen respektiert werden, ob sie in der Lage sind, Entscheidungen für ihre Therapie zu treffen und ob sie sich im Umgang mit ihrer Erkrankung sicher fühlen. Um ein valides Erfassungsinstrument für diesen Aspekt zum jeweiligen Befragungszeitpunkt zu erhalten, wurde auch hier nach der Faktorenanalyse (Hauptkomponentenanalyse mit Varimax-Rotation) der Daten der Gesamtstichprobe für den jeweiligen Interviewtermin und nach Durchführung entsprechender Tests eine neue Variable „Kompe-

	B2	B3
Anzahl der Angaben (IG/KG)	195 (130/65)	83 (39/44)
Anzahl der berücksichtigen Items	7	7
KMO-Test	0,897	0,821
Signifikanz nach Barlett	0,000	0,000
erklärte Gesamtvarianz (%)	64,923	58,323
Cronbachs-Alpha	0,897	0,872

Tabelle 17: Strukturdaten und teststatistische Kennwerte der Skalen der B2- und B3-Befragungen zur Kompetenz von Brustkrebspatientinnen im Umgang mit der Erkrankung (Empowerment)

Quelle: Eigene Darstellung und Berechnung

	B2	B3
Wie fühlen Sie sich über die Krankheit informiert?	0,802	0,744
Wie fühlen Sie sich über Ihre Erkrankung (bisheriger Verlauf und Prognose) informiert?	0,855	0,878
Wie fühlen Sie sich über die Therapie informiert?	0,833	0,764
Wie fühlen Sie sich über mögliche Hilfs- und Therapieangebote informiert?	0,735	0,651
Ich habe das Gefühl, dass meine Wünsche bzw. Bedenken berücksichtigt werden.	0,732	0,802
Ich habe das Gefühl, dass ich in der Lage bin, Entscheidungen für meine Therapie zu treffen.	0,735	0,737
Insgesamt fühle ich mich sicher im Umgang mit meiner Erkrankung.	0,927	0,750

Tabelle 18: Ladungszahlen der Items auf Faktor „Kompetenz" der Fragebögen zu B2 und B3

Quelle: Eigene Darstellung und Berechnung

tenz" gebildet.[157] Der daraus resultierende Sekundärdatensatz wurde dann deskriptiv und analytisch ausgewertet.

Tabelle 17 vermittelt einen Überblick der wichtigsten Strukturdaten und teststatistischen Kennwerte dieser Folgeskalen, wobei zu erkennen ist, dass sich das Instrument als zuverlässig und geeignet zur Erfassung der Kompetenz der brustkrebskranken Frauen erweist. Tabelle 18 zeigt die Faktorladungen der Items der Skala zu den zwei Befragungszeitpunkten.

Ein Mittelwertsvergleich der Interventions- und der Kontrollgruppe zu den zwei Befragungszeitpunkten B2 und B3 zeigt, dass sich beide Gruppen in der neu gebildeten Dimension *Kompetenz* bei der Befragung B2 signifikant unterscheiden: Die Patientinnen der Interventionsgruppe weisen in der Zeit **der intensiven Case-Management-Betreuung höchst signifikant höhere Kompetenz und Si-**

157 Analog zum Verfahren bei der „seelischen Verfassung" S. 109f.

cherheit im Umgang mit der Erkrankung auf als die Patientinnen der Kontrollgruppe (Tabelle 19 und Abbildung 32).

	Stichproben				
	Interventions-gruppe		**Kontrollgruppe**		**Signifikanz**
	M	**SD**	**M**	**SD**	**p**
Befragungen					
B2 (vier Monate nach stationärer Aufnahme)	4,51	0,48	3,52	0,57	**0,000**
B3 (ein Jahr nach Erstinterview)	3,82	0,66	3,77	0,74	0,746

Tabelle 19: Vergleich der Kompetenz der Brustkrebspatientinnen im Umgang mit der Erkrankung (Empowerment)

Quelle: Eigene Darstellung und Berechnung

Abschließend zeigt Abbildung 32 die Entwicklung der durchschnittlichen Werte der Kompetenz hinsichtlich der Messzeitpunkte B2 und B3.

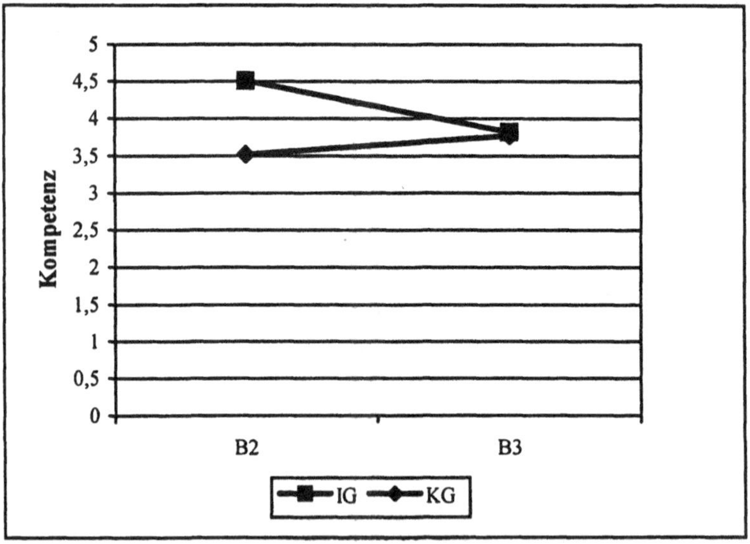

Abbildung 32: Entwicklung der durchschnittlichen Werte der Kompetenz

Quelle: Eigene Darstellung und Berechnung

Es ist festzustellen, dass die Patientinnen der Interventionsgruppe deutlich mehr **Kompetenz im Umgang mit ihrer Erkrankung nach 4 Monaten zeigen als die Kontrollgruppe**. Nach einem Jahr gleichen sich die Werte allerdings wieder an. Erfahrungen haben gezeigt, dass die Patientinnen, die durch das mammaNetz begleitet werden, nach der ersten Begleitungsphase (0,75 Jahre – 1 Jahr), wieder in ihren Alltag eintauchen. Sei es durch die Wiedereingliederung in den Beruf oder durch das „Zurückkehren" nach der Rehabilitation in die normalen Strukturen, ohne Krankheitsbezug.

Empowerment im zeitlichen Verlauf

Tabelle 20 stellt die Veränderungen in den Summenskalen *Informationsstand* und *Kompetenz* über die zwei Messzeitpunkte **B2** und **B3** für die **Interventionsgruppe** dar. Zwischen den beiden Messzeitpunkten zeigen sich signifikante Verschlechterungen der Patientinnen in beiden Skalen (p=0,000).

	Befragungen				
	B2		B3		Signifikanz
	M	SD	M	SD	p
Informationsstand	4,57	0,49	3,85	0,72	0,000
Kompetenz	4,51	0,49	3,82	0,66	0,000

Tabelle 20: Veränderungen im Informationsstand und der Kompetenz von B2 zu B3 (Interventionsgruppe)

Quelle: Eigene Darstellung und Berechnung

9.2.1.2 Auswirkungen des mammaNetzes auf das Ressourcensystem der Patientinnen

In diesem Kapitel wird das Ressourcensystem der Patientinnen näher beleuchtet. Das soziale Umfeld und die soziale Unterstützung der Personen, mit denen die Patientinnen während ihrer Erkrankung in Kontakt kommen sowie die auftretenden Defizite in der Versorgung stehen hier im Mittelpunkt.

9.2.1.2.1 Soziale Unterstützung nach der Diagnose

In der Befragung B1 wurde das Verhalten der brustkrebskranken Frauen nach der Diagnoseeröffnung erfragt. Hier zeigt sich, wie sie auf die Diagnose reagiert haben (aktiv oder passiv) und wie belastend die Zeit direkt nach der Diagnoseeröffnung war, aber auch, welche Unterstützungsressourcen im sozialen Umfeld genutzt werden.

In der Zeit nach der Diagnoseeröffnung bis zur Aufnahme im Krankenhaus sprechen 37,9 % der Frauen (*KG: 52,1 %*) vorwiegend mit Familie bzw. Freunden über ihre Ängste, 25,7 % versuchen, sich abzulenken (*KG: 12,3 %*) und weitere 18,8 % bemühen sich, sich so genau wie möglich zu informieren (*KG: 16,4 %*). 13,6 % der befragten Frauen sind in dieser Zeit nicht in der Lage, etwas zu unternehmen (*KG: 11,0 %*).

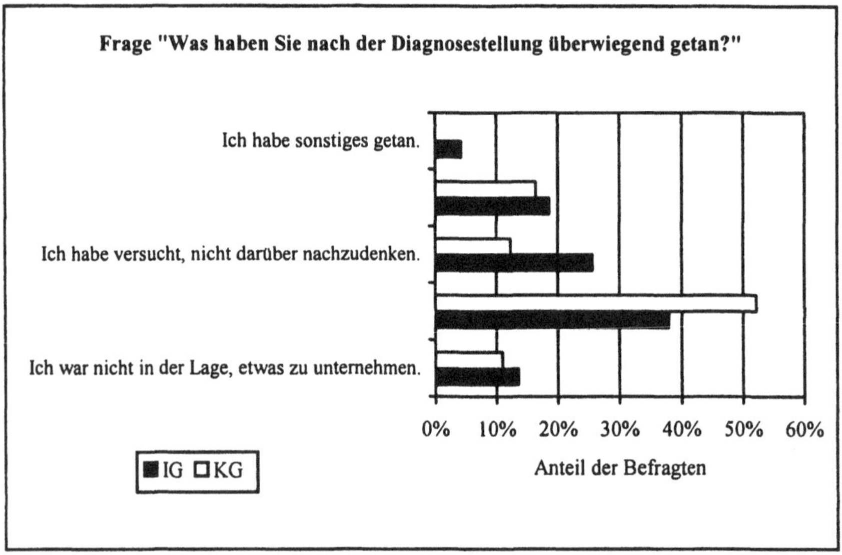

Abbildung 33: Soziale Unterstützung der Patientinnen nach der Diagnose

Quelle: Eigene Darstellung und Berechnung

9.2.1.2.2 Unterstützungsmöglichkeiten und Zufriedenheit mit der Unterstützung

Die Fragen 16 bis 19 (B1, IG) betreffen die *Zufriedenheit mit der Unterstützung nach der Diagnose, nach der Entlassung aus der Klinik und nach einem Jahr* allgemein. Sie dienen der Erfassung den Personen(-kreise), die die Patientin hinsichtlich ihrer Erkrankung am meisten unterstützt, ihr wichtige Informationen gegeben, sie über Hilfs- und Unterstützungsangebote beraten und sie bei der Vermittlung an andere Netzwerkpartner (z.B. Ärzte, soziale Dienste etc.) unterstützt haben.

Fast alle befragten Frauen geben bei der B1-Befragung an, ein gutes soziales Netz zu haben: Nur 6,5 % der Patientinnen der Interventionsgruppe und 4,1 % der Kontrollgruppe scheinen ziemlich allein zu sein. 8,6 % (*KG: 8,2 %*) kennen niemanden, den sie bei Problemen um Rat fragen können und 34,8 % (*KG: 13,7 %*) erhalten nie bzw. selten gute Tipps von ihrer Familie, Freunden oder Bekannten.

Auch fast alle befragten Patientinnen (96,4 %; *KG: 98,6 %*) fühlen sich **zwischen der Diagnosestellung und der stationären Aufnahme** hilfreich unterstützt: die meisten von ihrem Partner (61,4 %; *KG: 69,9 %*) bzw. von ihren Kinder (51,4 %; *KG: 46,6%*) und von der Case Managerin (37,1 %) (gleich nach den engsten Familienangehörigen). Daneben werden weitere Familienangehörige genannt (31,4 %; *KG: 30,1 %*), Freunde (30,0 %; *KG: 46,6 %*), niedergelassene/r Ärztin/Arzt (15,7 %) sowie Klinikärzte (8,6 %) (*KG insgesamt: 48,0 %*).

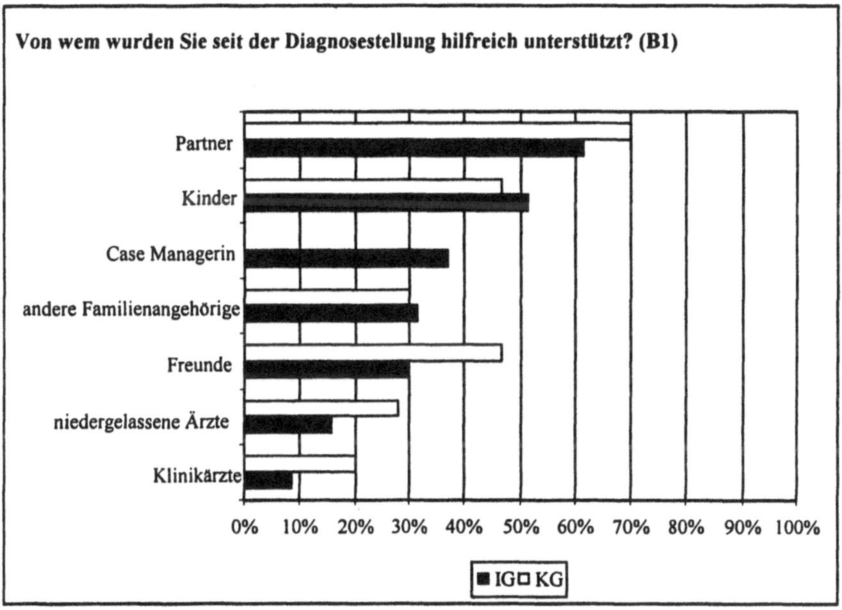

Abbildung 34: Hilfreiche Unterstützung der Patientinnen nach der Diagnose (Mehrfachnennungen möglich)

Quelle: Eigene Darstellung und Berechnung

Auch wenn es um wichtige Informationen über ihre Erkrankung geht, fühlen sich fast alle Befragten (mit einer einzigen Ausnahme 99,3 %) gut informiert (*KG: 91,8 %*), davon 77,1 % (*KG: 12,3 %*) von den Klinikärzten v.a. in der Ambulanz, **62,9 %** von der **Case Managerin**, 37,1 % (*KG: 57,5 %*) von dem/r niedergelassenen Arzt/Ärztin und 6,4 % (*KG: 24,7 %*) von einer anderen betroffenen Frau.

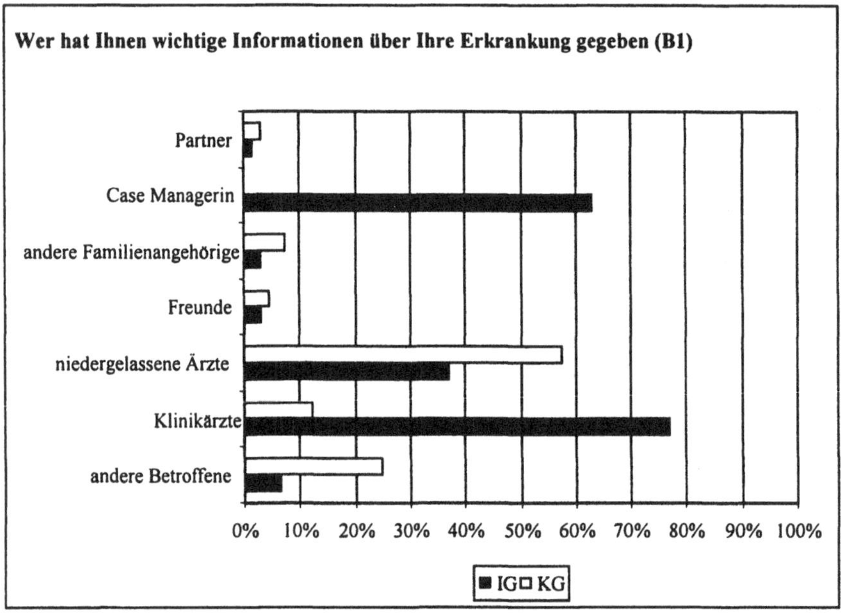

Abbildung 35: Quelle der wichtigen Informationen über die Erkrankung nach der Diagnose (Mehrfachnennungen möglich)

Quelle: Eigene Darstellung und Berechnung

Bei den Informationen über Hilfs- und Unterstützungsangebote sind dagegen die Unterschiede zwischen Interventions- und Kontrollgruppe sehr deutlich: Fast alle Patientinnen mit der Betreuung durch mammaNetz werden bereits in dieser Phase der Erkrankung umfassend über Hilfs- und Unterstützungsangebote informiert (***KG: nur 15,1 %***) und zwar fast alle von der **Case Managerin (91,4 %)** und nur 8,6 % von den Ärztinnen in der Ambulanz sowie weitere 6,4 % von den niedergelassenen Ärzten (*KG: von den Ärzten insgesamt 6,8 %, von einer anderen Betroffenen 2,7 %*).

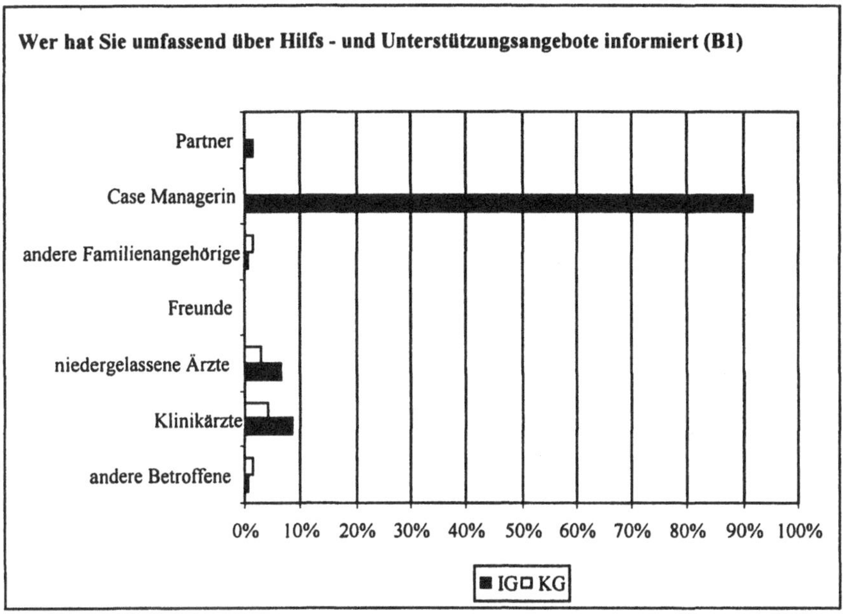

Abbildung 36: Quelle der wichtigen Informationen über Hilfs- und Unterstützungsangebote nach der Diagnose (Mehrfachnennungen möglich)

Quelle: Eigene Darstellung und Berechnung

Bei der Vermittlung von Ärzten, Krankenhaus etc. werden insgesamt 84,3 % (86,3 %) der befragten Frauen unterstützt, vor allem von ihren Ärzten (77,8 %; *KG: 82,2 %*). Die Case Managerinnen helfen in dieser Phase der Erkrankung nur 4,3 % der Betroffenen bei der Vermittlung von Ärzten, Krankenhaus etc.

Nach der Entlassung aus der Klinik fühlen sich fast alle befragten Frauen hilfreich unterstützt (IG: 98,5 %; *KG: 93,8 %*): die meisten von ihrem Partner (61,4 %; *KG: fast 70 %*) und von ihren Kindern (53,8 %; *KG: 40 %*). Gleich nach der engsten Familie nannten **52,3 %** der Frauen die **Case Managerin** als hilfreiche Unterstützung. Erst danach werden die anderen Familienangehörigen mit 29,5 % (*KG: 44,6 %*) und Freunde mit 27,3 % genannt (*KG: 41, 5 %*). Nur in Einzellfällen wurden die Befragten von ihrem Arzt (4,6 %; *KG: 25,2 %*), von einer anderen Betroffenen (3,8 %; *KG: noch 9,2 %*), von der Heilpraktikerin (2,3 %; *KG: 0 %*) oder der Haushaltshilfe (1,5 %; *KG: 0 %*) unterstützt.

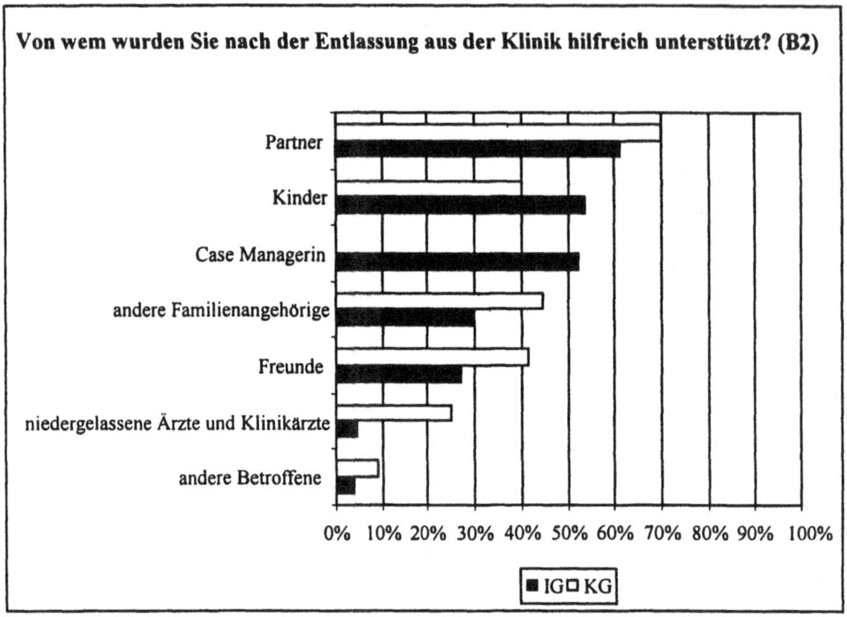

Abbildung 37: Hilfreiche Unterstützung der Patientinnen nach der Entlassung aus der Klinik (Mehrfachnennungen möglich)

Quelle: Eigene Darstellung und Berechnung

Auch wenn es um wichtige Informationen über ihre Erkrankung geht, sind alle befragten Frauen der Interventionsgruppe (**99,2 %**; *KG: 89,2 %*) gut informiert, davon die meisten von der **Case Managerin (84,8%)**. In der Kontrollgruppe stehen die niedergelassenen Ärzte mit 49,2 % als Informationsquelle an der ersten Stelle, gefolgt von den Klinikärzten mit 38,2 %. In der Interventionsgruppe bekommen 43,2 % der Patientinnen die wichtigen Informationen über ihre Erkrankung von der Ärztin/ dem Arzt in der Ambulanz, ungefähr ein Drittel (34,8 %) von ihrer/m niedergelassenen Ärztin/Arzt, weitere 6,8 % (*KG: 7,7 %*) von einer anderen Betroffenen und 6,0 % (*KG: 6,0 %*) aus Büchern, Infobroschüren bzw. aus dem Internet. Die guten Ergebnisse für die Ambulanzärzte kann man zum Teil dadurch erklären, dass die Leiterin der Frauenklinikambulanz im Klinikum gleichzeitig im Projekt arbeitet und für die Rekrutierung der Patientinnen für die Studie verantwortlich ist.

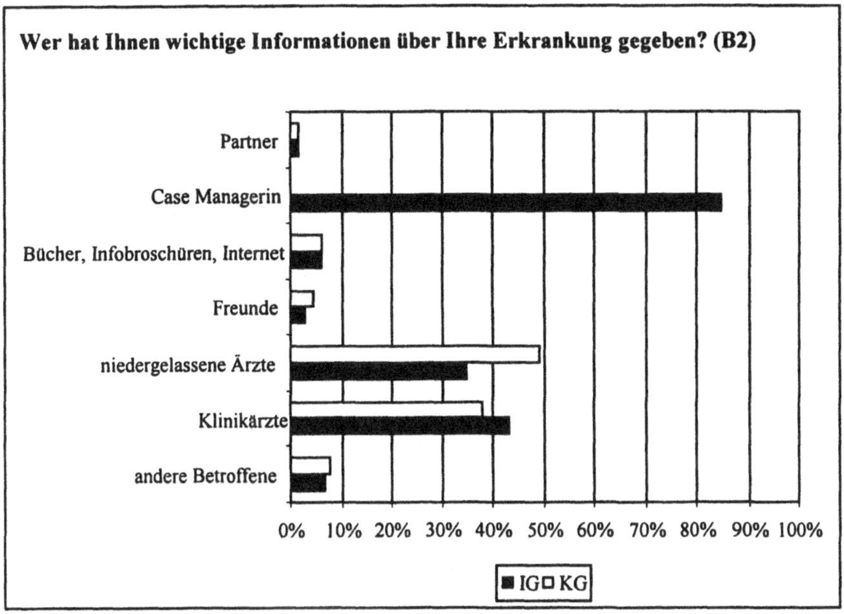

Abbildung 38: Quelle der wichtigen Informationen über die Erkrankung nach der Entlassung aus der Klinik (Mehrfachnennungen möglich)

Quelle: Eigene Darstellung und Berechnung

Auch über Hilfs- und Unterstützungsangebote fühlen sich fast alle Frauen (**98,5 %,** *KG: 60,0 %*) umfassend informiert und zwar ausschließlich (mit einer einzigen Ausnahme) von der Case Managerin (**99,2 %**). Nur in drei Fällen (2,3 %; *KG: 9,2 %*) kommen diese Informationen von der niedergelassenen Ärztin/ dem Arzt und in Einzellfällen von einer Freundin (*KG: 4,6 %*) oder einer anderen Betroffenen (*KG: 7,7 %*). In der Kontrollgruppe waren die Klinikärzte mit 20,0% eine wichtige Quelle für diese Informationen.

Bei der Vermittlung von Hilfs- und Unterstützungsangeboten werden **56,8 %** (*KG: **1,5 % = ein Fall***) der Befragten geholfen und auch hier ausschließlich (mit einer Ausnahme) durch die Case Managerin. **43,9 %** der Befragten geben an, Hilfe beim Kontakt mit Ämtern, Behörden und Krankenkassen erhalten zu haben (*KG: **1,5 %***).

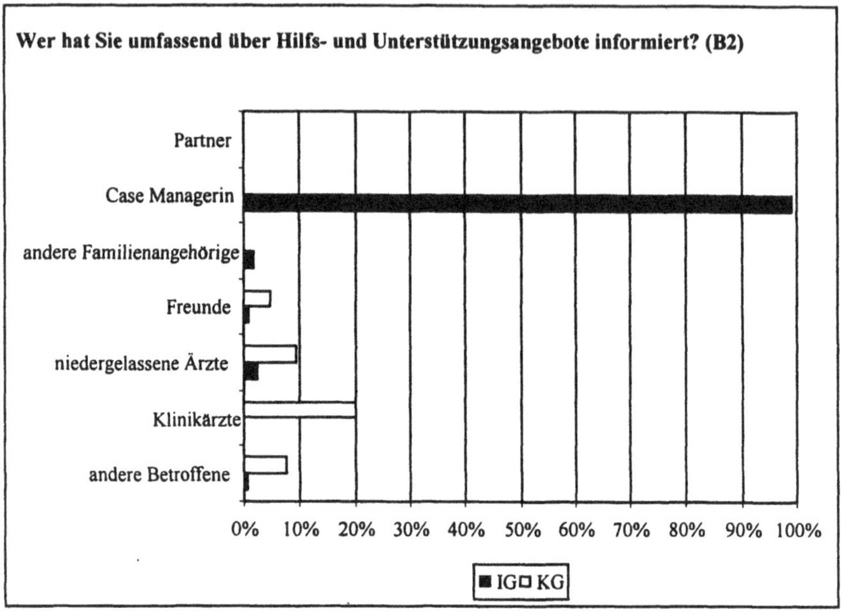

Abbildung 39: Quelle der wichtigen Informationen über Hilfs- und Unterstützungsangebote nach der Entlassung aus der Klinik (Mehrfachnennungen möglich)

Quelle: Eigene Darstellung und Berechnung

Dank dieser sehr hohen Zufriedenheit mit der Unterstützung nach der Entlassung aus der Klinik ist der **Unterstützungsbedarf** in dieser Phase der Erkrankung im Vergleich zur Kontrollgruppe **höchst signifikant** zurückgegangen (**p=0,000** aus dem Chi²-Test nach Pearson). Nur **4,5 %** der Befragten (sechs Frauen) mit dem Case Management haben den Wunsch nach mehr praktischer Unterstützung geäußert (in der KG waren es **38,5 %**). Von den sechs Frauen hätten sich vier mehr Unterstützung im Haushalt gewünscht (3,0 %), zwei bei der Kinderbetreuung und eine beim Beschaffen von Informationen. **Der Rückgang des Unterstützungsbedarfs** im Vergleich zur Kontrollgruppe fällt **besonders deutlich** aus beim **Beschaffen von Informationen, beim Wunsch nach Gesprächen mit einer Betroffenen und bei der Angstbewältigung,** was auch Abbildung 40 verdeutlicht:

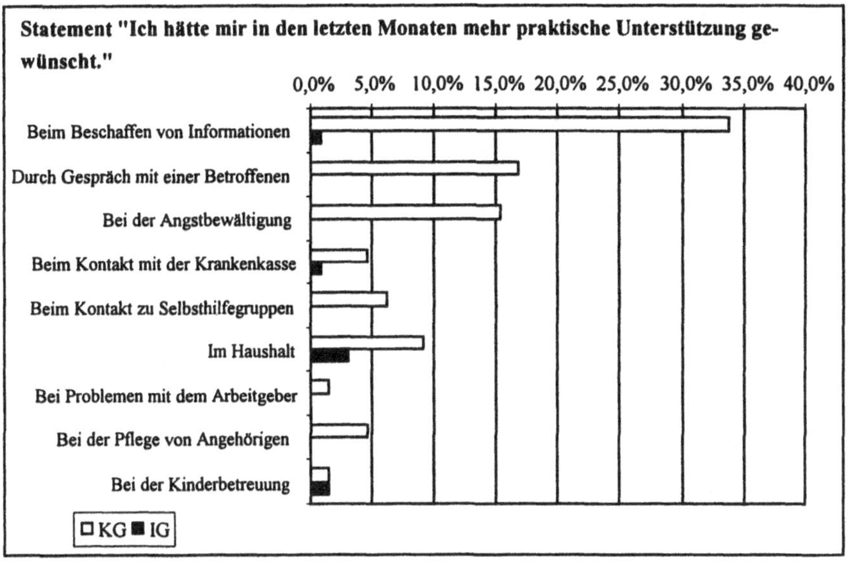

Abbildung 40: Unterstützungsbedarf nach der Entlassung aus der Klinik (Mehrfachnennungen möglich)

Quelle: Eigene Darstellung und Berechnung

Ein Jahr nach der Aufnahme in die Klinik fühlen sich fast alle befragten Frauen hilfreich unterstützt (IG: 95,7 %, *KG: 96, 4 %*): die meisten von ihrem Partner (70,2 %; *KG: 72,7 %*), und von ihren Kindern (57,4 %; *KG: 40,0 %*). Gleich nach der engsten Familie nennen **53,2 %** der Patientinnen die **Case Managerin** als hilfreiche Unterstützung. Erst danach werden Freunde mit 42,6 % (*KG: 50,9 %*), weitere Familienangehörigen mit 27,7 % (*KG: 29,1 %*) und der niedergelassene Arzt mit 27,7 % (*KG: 30,9 %*) bzw. der Arzt in der Ambulanz (19,1 %; *KG: 12,7 %*) angegeben. In Einzellfällen werden die Befragten von einer anderen Betroffenen (12,8 %; *KG: 12,7 %*) oder von der Sprechstundenhilfe unterstützt (4,3 %; *KG: 1,8 %*).

Auch wenn es um wichtige Informationen über ihre Erkrankung geht, fühlen sich **87,2 %** der Befragten gut informiert (*KG: 76,4 %*), davon die meisten von der Case Managerin **(55,3 %)**, noch vor ihren niedergelassenen Ärzten **(42,6 %**; *KG: 45,5 %*), den Ärzten in der Ambulanz **(25,5 %)** oder von anderen Betroffenen (25,5 %; *KG: 16,4 %*). Erst danach werden Freunde mit 14,9 % (*KG: 16,4 %*), der Partner mit 10,6 % (*KG: 7,3 %*) und Kinder mit 8,5 % (*KG: 5,5 %*) angegeben.

Ähnlich gut informiert sind 85,1 % (*KG: 47,3 %*) der Befragten mit Case Management auch über Hilfs- und Unterstützungsangebote und zwar fast ausschließlich von der Case Managerin (**90,0 %**). Viel seltener kamen diese Informationen von ihrem niedergelassenen Arzt (14,9 %; *KG: 16,4 %*), von einer anderen Betroffenen (14,9 %; *KG: 5,5 %*) und in Einzelfällen vom Arzt in der Ambulanz (6,4 %), vom Partner (4,3 %; *KG: 5,5 %*) oder von Freunden (2,1 %; *KG: 5,5 %*).

Bei der Vermittlung von Hilfs- und Unterstützungsangeboten werden **55,3 %** (*KG:* ***23,6 %***) der Befragten geholfen und auch hier fast ausschließlich durch die Case Managerin (**88,5 %**). In einigen Fällen kommt die Unterstützung von den niedergelassenen Ärzten (14,9 %; *KG: 5,5 %*) bzw. von den Ärzten in der Ambulanz (6,4 %) oder von einer anderen Betroffenen (8,5 %, *KG: 0 %*). In sechs Fällen (12,8 %; *KG: 14,5 %*) geben die Befragten an, Probleme beim Kontakt mit Ämtern, Behörden und Krankenkassen zu haben und in vier Fällen hat ihnen jemand dabei geholfen, meistens der Partner, der niedergelassene Arzt oder die Case Managerin.

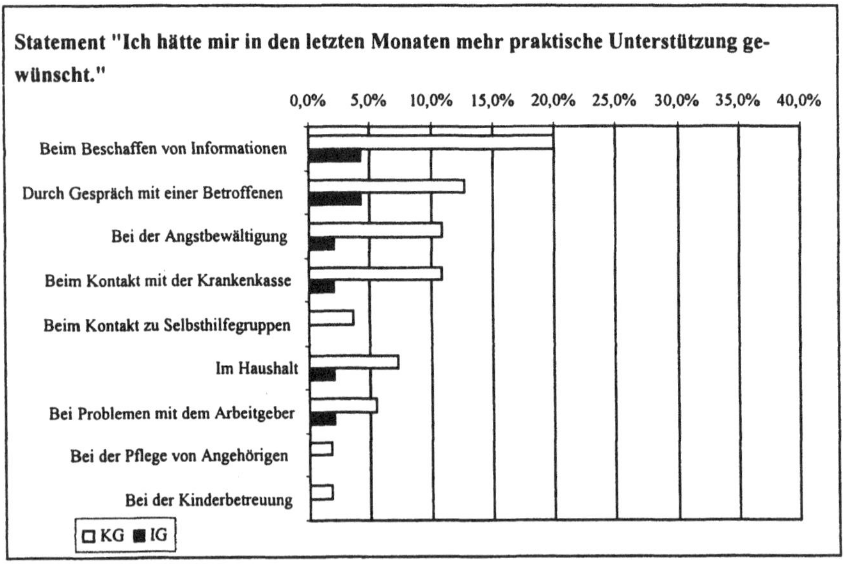

Abbildung 41: Unterstützungsbedarf ein Jahr nach der Aufnahme in die Klinik (Mehrfachnennungen möglich)

Quelle: Eigene Darstellung und Berechnung

Dank dieser hohen Zufriedenheit mit der Unterstützung ein Jahr nach der Entlassung aus der Klinik geht der **Unterstützungsbedarf** in dieser Phase der Erkrankung im Vergleich zur Kontrollgruppe **hoch signifikant** zurück (**p=0,004** aus dem Chi²-Test nach Pearson). Nur **17,0 %** der Befragten mit Case Management äußern den Wunsch nach mehr praktischer Unterstützung (*in der KG waren es noch **43,6 %***). Von diesen acht Frauen wünschen sich je zwei mehr Unterstützung beim Beschaffen von Informationen (4,3 %; *KG: 12,7 %*), bei wichtigen Gesprächen mit Ärzten (*KG: 20,0 %*) oder durch ein Gespräch mit einer Betroffenen (*KG: 1,5 %*). Je eine Frau (2,1 %) wünscht sich mehr Unterstützung bei der Angstbewältigung (*KG: 10,9 %),* im Haushalt (*KG: 7,3 %*), bei Problemen mit dem Arbeitgeber (*KG: 5,5 %*) und bei Kontakten mit der Krankenkasse (*KG: 10,9 %*). Der Rückgang des Unterstützungsbedarfs im Vergleich zur Kontrollgruppe fällt besonders deutlich aus bei wichtigen Gesprächen mit Ärzten, beim Beschaffen von Informationen, bei der Angstbewältigung sowie bei Kontakten mit der Krankenkasse, was auch Abbildung 41 verdeutlicht.

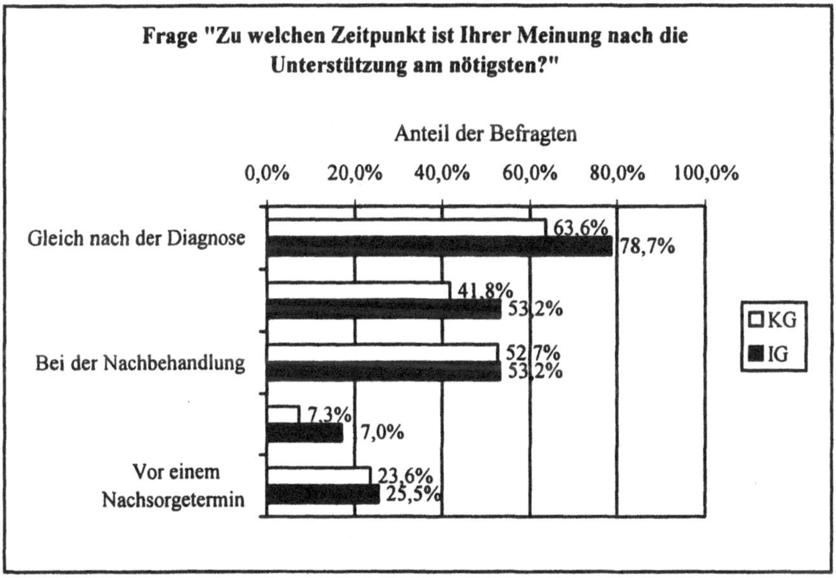

Abbildung 42: Wann ist Ihrer Meinung nach die Unterstützung am nötigsten? (Mehrfachnennungen möglich)

Quelle: Eigene Darstellung und Berechnung

Auf die Frage: „Wann ist Ihrer Meinung nach die Unterstützung am nötigsten?“ geben über drei Viertel der Befragten in der Interventionsgruppe (**78,7 %**; *KG: 63,6 %*) die Zeit gleich nach der Diagnose an und über die Hälfte (**53,2 %**) während des Krankenhausaufenthaltes (*KG: 41,8 %*) bzw. bei der Nachbehandlung (*KG: 52,7 %*). Vor einem Nachsorgetermin finden 25,5 % (*KG: 23,6 %*) die Unterstützung am nötigsten und 17,0 % (*KG: 7,3 %*) nach der Rehabilitationsmaßnahme (Abbildung 42).

9.2.1.2.3 Defizite in der Versorgung aus der Sicht der betroffenen Frauen

In jedem Patientinneninterview wurde eine **offene Frage** gestellt: „Sind in der letzten Zeit in Zusammenhang mit Ihrer Erkrankung Probleme aufgetreten? Haben Sie sich in dieser Zeit über etwas geärgert?“ (Fragenr. 14, B2, IG). Mit dieser Frage sollen eventuelle Defizite in der Versorgung der Frauen aufgedeckt werden.

In der Zeit vor der Aufnahme in die Klinik treten bei **38,6 %** der Patientinnen der Interventionsgruppe (*KG: 21,9 %*) Probleme auf, meistens mit der Art der Diagnosemitteilung (10,7 %; *KG: 5,4 %*), mit der Organisation der Behandlung in der Klinik (10,0 %; *KG: 6,8 %*), mit der Verschleppung der Diagnose durch schlechte Mammographie bzw. durch nicht ernst nehmen der eigenen Befunde der Frauen (7,1 %; *KG: 1,4 %*), mit langen Wartezeiten für die Aufnahme in die Klinik bzw. die Operation (6,4 %; *KG: 4,1 %*) oder mit Belegärzten (4,3 %; *KG: 4,1 %*), die die Patientinnen unbedingt selbst operieren wollen. In der Kontrollgruppe gibt es in zwei Fällen (2,7 %) Probleme mit der Unterbringung pflegebedürftiger Angehöriger.

Auch bei der B2-Befragung vier Monate nach der stationären Aufnahme werden von **41,7 %** der Befragten der Interventionsgruppe erhebliche Mängel und Defizite in der Versorgung angegeben (*KG: 46,2 %*). Neben den schweren körperlichen Beschwerden aufgrund der Komplikationen bzw. Nebenwirkungen der Behandlung (**15,2 %**; *KG: 18,5 %*) beklagen die Patientinnen vor allem organisatorische und fachliche bzw. räumliche Probleme mit dem ärztlichen Personal (**24,7 %**; *KG: 27,6 %*). Seltener gibt es Probleme mit der Krankenkasse bzw. Rentenversicherung (6,1 %; *KG: 4,6 %*), mangelnde Zuwendung und Aufklärung der Ärzte sowie familiäre und finanzielle Probleme (jeweils 4,5 %).

Ein Jahr nach der stationären Aufnahme (B3) geben 29,8 % der Befragten (*KG: 21,8 %*) Probleme an. In den meisten Fällen (10,6 %; *KG: 3,6 %*) werden körperliche Beschwerden (Schmerzen etc.) genannt sowie Probleme mit der Krankenkasse bzw. Rentenversicherung (10,6 %: *KG: 3,6 %*). Seltener kommen Probleme mit dem medizinischen Personal (8,4 %; *KG: 3,6 %*) und familiäre bzw. finanzielle Probleme (4,3 %; *KG: 9,1 %*) zum Tragen.

9.2.1.3 Das professionelle Hilfssystem mammaNetz

In diesem Kapitel werden neben der Ermittlung der Auswirkungen der Arbeit von mammaNetz die *Zufriedenheit der Patientinnen mit der Begleitung durch das mammaNetz* (hinsichtlich der Case-Management-Methode) sowie in diesem Zusammenhang auch das Inanspruchnahmeverhalten der Patientinnen hinsichtlich der Begleitung ermittelt. Darüber hinaus werden aus Sicht der Netzwerkpartner das mammaNetz bzw. die mammaNetz-betreuten Patientinnen analysiert.

9.2.1.3.1 Zufriedenheit mit der Unterstützung durch das mammaNetz (Case Management)

Im selbst entwickelten Fragebogen werden zur Ermittlung der Zufriedenheit mit der Unterstützung durch mammaNetz 13 Dimensionen aufgestellt.

Die Fragen 25 bis 37 (B1, IG) umfassen die **konkrete Unterstützung durch das mammaNetz.** Hierzu gehören allgemeine und konkrete Fragen zur *Kontaktaufnahme,* zum *Beratungsgespräch* selbst und zum *Hilfeplan.* Zwei **offene Fragen** sind eingeschlossen, die Auskunft geben, warum die Patientin beispielsweise keinen Kontakt zu einer Case Managerin hat oder warum sie kein Beratungsgespräch nach der ersten Kontaktaufnahme hatte.

Alle Studienpatientinnen werden kurz nach der Diagnose, noch vor der Aufnahme in die Klinik, an das mammaNetz überwiesen: davon sind 65,7 % der Patientinnen von den Ärzten aus der Ambulanz der Frauenklinik im Klinikum bzw. Josefinum und 34,3 % der Patientinnen von den niedergelassenen Ärzten gemeldet worden. Alle Patientinnen haben Kontakt zu einer Case Managerin. Die Kontaktaufnahme durch das mammaNetz empfinden fast alle Befragten als einfach und angenehm. Auch der Zeitpunkt der Kontaktaufnahme ist für die überwiegende Mehrheit gerade richtig (87,1 %); nur für 6,4 % der Patientinnen erfolgt sie zu spät und für weitere 5,0 % zu früh.

Vor der Operation haben 92,9 % der betroffenen Frauen mindestens ein ausführliches persönliches Beratungsgespräch mit der Case Managerin und 44,2 % haben sich mehrmals mit ihr getroffen. Alle Patientinnen empfinden diese Gespräche als verständlich, persönlich und einfühlsam. Die meisten von ihnen (91,0 %) haben das Gefühl, dass die Case Managerin ihr Anliegen richtig erfasst, die restlichen wenigstens zum Teil und alle Frauen sind mit diesen Beratungsgesprächen entweder sehr (87,1 %) oder recht zufrieden (12,9 %). In einem Viertel dieser Gespräche ist bereits in dieser Phase der Erkrankung zusammen mit der Case Managerin ein Hilfeplan für die weitere Unterstützung ausgearbeitet und die geplanten Maßnahmen sind für die betroffenen Frauen hilfreich.

Nach der Entlassung aus der Klinik haben fast alle Befragten Kontakt zur Case Managerin (96,2 %), die meisten davon telefonisch und ungefähr die Hälfte auch persönlich (ein Drittel von ihnen einmal, das weitere Drittel zweimal und die übrigen mindestens dreimal). In den vier Monaten nach der Entlassung aus der Klinik haben 40,9 % insgesamt vier Kontakte zur Case Managerin, 25,0 % mehr als sechs, 12,1 % fünf Kontakte, 12,1 % zwischen einem und drei Kontakten und 6,1 % sechs Kontakte. Von den vier Patientinnen, die in dieser Zeit keinen Kontakt zur Case Managerin haben, äußern zwei keinen Unterstützungsbedarf und zwei sind nicht von der Case Managerin kontaktiert worden. Trotzdem beurteilen drei von ihnen die Unterstützung durch die Case Managerin nach der Diagnose und in der Klinik sehr positiv, nur eine Frau hätte sich mehr Informationen über Alternativen zur Schulmedizin gewünscht.

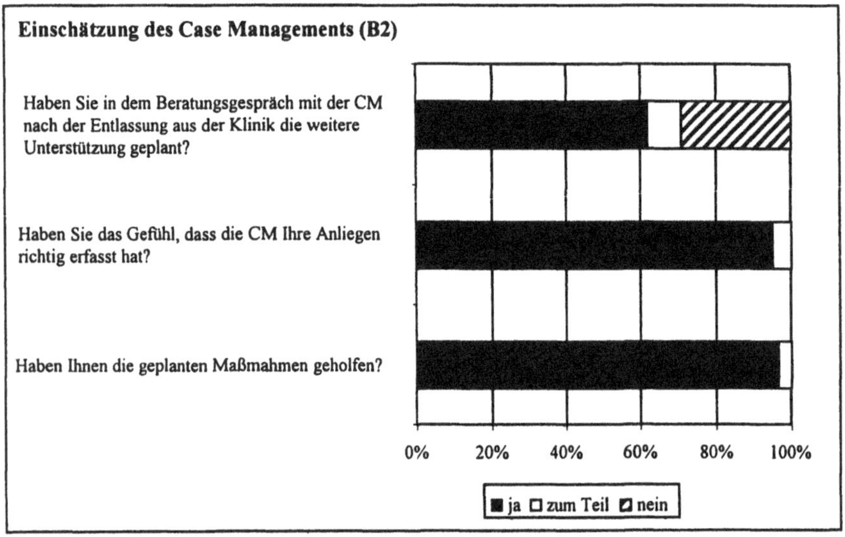

Abbildung 43: Einschätzung des Case Managements zum zweiten Messzeitpunkt

Quelle: Eigene Darstellung und Berechnung

Das ausführliche Beratungsgespräch mit der Case Managerin nach der Entlassung aus der Klinik, das so genannte Re-Assessment, wurde bei 90,9 % der befragten Frauen durchgeführt. Die meisten von ihnen (95,0 %) hatten das Gefühl, dass die Case Managerin ihr Anliegen richtig erfasst hat, die restlichen wenigsten zum Teil (siehe Abbildung 43). Nach den Gründen für dieses Gefühl gefragt, nennen die Befragten ausführliche und richtige Informationen sowie Beratung bzw. Betreuung durch die Case Managerin, aber auch Problemlösung, Beantwortung aller Fragen und emotionale Unterstützung. Drei Frauen bemängeln die unzureichende Hilfe bei gesundheitlichen Problemen sowie das Fehlen umfassender Informationen.

Die Fragen 38 bis 41 (B1, IG) zeigen die Zufriedenheit mit dem *fachlichen und zeitlichen Umfang der Begleitung* durch die Case Managerin sowie mit dem *Vertrauens- und Einfühlungsvermögen* der Case Managerin. Darüber hinaus wurden hier eine allgemeine Zufriedenheitsabfrage eingebaut und zwei abschließende **offene Fragen**, die Platz für Kritik und Verbesserungsvorschläge hinsichtlich der Begleitung bieten.

Alle befragten Frauen sind bereits bei der ersten Befragung mit der Begleitung durch die Case Managerin entweder sehr (92,9 %) oder recht zufrieden (7,1 %). Auch bei der Bewertung der einzelnen Aspekte dieser Begleitung, wie fachliche Kompetenz und Einfühlungsvermögen der Case Managerin, Vertrauensverhältnis der Patientin zu ihr und Zeit, die sie der Patientin widmete, sind die Antworten ähnlich positiv.

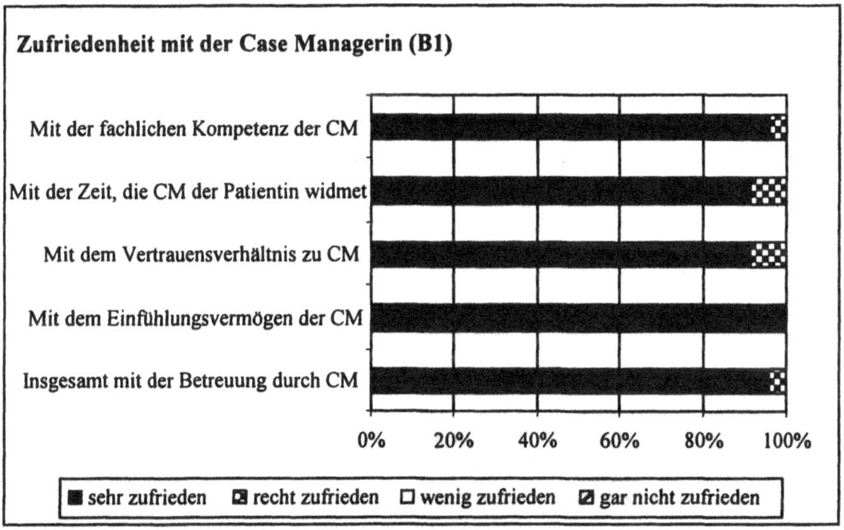

Abbildung 44: Zufriedenheit mit der Case Managerin zum ersten Messzeitpunkt

Quelle: Eigene Darstellung und Berechnung

Alle befragten Frauen, die auch **nach der Entlassung aus der Klinik** durch die Case Managerin betreut sind, sind **mit dieser Betreuung entweder sehr**

(95,2 %) oder recht zufrieden (4,8 %). Auch bei der Bewertung der einzelnen Aspekte dieser Betreuung wie fachliche Kompetenz und Einfühlungsvermögen der Case Managerin, Vertrauensverhältnis der Patientin zu ihr und Zeit, die sie der Patientin widmete, waren die Antworten ähnlich positiv (sehr zufrieden: von 92,9 bis 96,0 % oder recht zufrieden: von 4,0 bis 7,1 %).

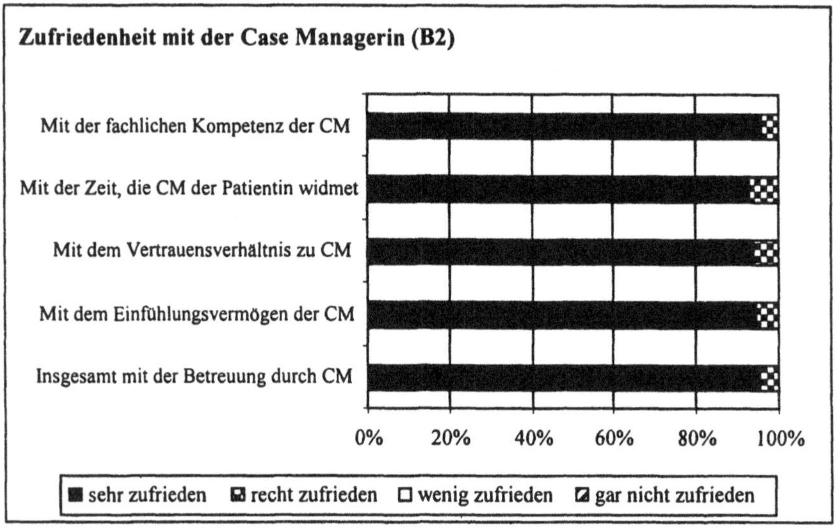

Abbildung 45: Zufriedenheit mit der Case Managerin zum zweiten Messzeitpunkt

Quelle: Eigene Darstellung und Berechnung

Ein Jahr nach der Aufnahme in die Klinik sind 61,7 % der befragten Frauen weiterhin von der Begleitstelle in unterschiedlichem Umfang betreut. Fast alle diese Frauen sind **mit der Betreuung durch mammaNetz entweder sehr (59,6 %) oder recht zufrieden (29,8 %).** Nur eine Befragte war mit der Case Managerin wenig zufrieden. Entsprechend wenig Kritik bzw. Verbesserungsvorschläge gibt es auf die offene Frage „Was können wir noch verbessern?". Insgesamt beantworten neun Patientinnen die Frage, wobei nur drei von ihnen etwas zu beanstanden haben. Eine Frau wünscht sich mehr Vorträge in der Begleitstelle, eine andere noch mehr Hilfe beim Verstehen eines pathologischen Befundes sowie mehr Aufklärung vor der OP, z.B. über den Wiederaufbau der amputierten Brust, und die dritte Patientin wünscht sich eine klare Arztempfehlung für den Fall, dass man den Arzt nach Versäumnissen wechseln möchte. Die übrigen Antworten enthalten die Zufriedenheit mit der Unterstützung und den Wunsch, dass das mammaNetz so weiter macht wie bisher. Unter den Antworten auf die letzte offene Frage „Gibt es noch irgendetwas, was sie bemerken möchten?“ gibt es einen Verbesserungsvorschlag: Ob die Begleitstelle nicht einen Raum anbieten kann, in dem sich betroffene Frauen regelmäßig treffen könnten, etwa zum Erfahrungsaustausch oder zur Bewegungstherapie.

Bei der Befragung (B3) ist erfragt worden, was den Patientinnen während der Betreuung durch die Case Managerin besonders geholfen hat. Die Befragten nennen an erster Stelle die vielen wichtigen Informationen, die Gespräche und die Problemlösung, aber auch das so genannte Reminding, d.h. die Anrufe der Case Managerin mit der Nachfrage nach dem Befinden und ob es noch etwas zu klären gibt. Dank dieser Unterstützung fühlen sich viele Frauen sicherer und empfanden weniger Angst. Für andere Patientinnen sind die Kompetenz und das Einfühlungsvermögen der Case Managerin sehr wichtig.

Auch bei den B1- und B2-Befragungen haben die betroffenen Frauen im Rahmen der **offenen Frage** (Fragenr. 40, B1, IG) „Was hat Ihnen während der Betreuung durch die Case Managerin besonders geholfen?“ die Möglichkeit, ihre individuellen Anmerkungen und Vorschläge zum mammaNetz einzubringen. Mit Hilfe qualitativer Auswertungsmethoden können die vielfältigen Antworten in zwei wesentliche Kategorien zusammengefasst werden:

- ***Fachliche Unterstützung durch die Case Managerin:*** Hauptsächlich zur individuellen Hilfe trugen die kompetenten und umfassenden Informationen direkt nach der Diagnose bzw. über die Zeit der Erkrankung, auch das Reminding und das Nachfragen nach dem Befinden, bei.
- ***Emotionale Unterstützung durch die Case Managerin:*** Die Hilfe bei der Angstbewältigung sowie die Sicherheit der betroffenen Frauen, nicht alleine zu sein und jederzeit schnell eine Ansprechpartnerin zu haben, sind weitere wichtige Unterstützungsfaktoren von Seiten der Case Managerinnen.

Einige Zitate sollen diese Kategorien verdeutlichen:

„Das Gespräch gleich nach der Diagnosemittelung hat mir sehr geholfen.“

„Ich konnte die CM alles fragen und über meine Probleme sprechen. Auch für meine Töchter ist die CM eine wichtige Ansprechpartnerin.“

„Ich habe sofort nach der Diagnose eine kompetente und umfassende Unterstützung.“

„Von mammaNetz bekomme ich Zugang zu lebenswichtigen Informationen und eine emotionale Unterstützung.“

„CM konnte alle meine Fragen beantworten und ich habe mich dadurch viel sicherer gefühlt.“

„Die Case Managerin konnte alle meine Fragen beantworten und sie hat mir viele gute Tipps gegeben. Eine ständige Begleitung zu haben, war auch sehr wichtig."

„Hilfe bei der realistischen Einschätzung eigener Möglichkeiten und ausführliche Beratung."

„Ich fühlte mich nicht allein gelassen und ich war sicher, dass bei mir alles richtig läuft."

„In der Anfangsphase der Erkrankung waren die Informationen und die psychologische Unterstützung sehr wichtig."

„Kompetente Informationen, gezielte Weiterleitung zu anderen Organisationen/Gruppen o.ä."

„Dass sie sich bemüht, mir Licht zu zeigen, wo ich nur Dunkelheit sehe."

„Mit mammaNetz (CM) fühle ich mich viel sicherer und nicht mehr allein. Ich finde das Projekt super und sehr, sehr wichtig!"

9.2.1.3.2 Ergebnisse der Befragungen der Netzwerkpartner

Die Netzwerkpartner (42 Gynäkologen, rund 200 Institutionen und Einrichtungen) sind zu zwei Zeitpunkten befragt worden. Der erste Fragebogen zu T1 beinhaltet 18 Fragen zu den Themen: Kontaktmöglichkeiten zu mammaNetz, Einschätzung der Veränderung an mammaNetz-betreuten Patientinnen, Vorteile für den Netzwerkpartner, die durch das mammaNetz entstehen, Zufriedenheit mit dem mammaNetz und Verbesserungsvorschläge.

In der zweiten Befragung T2 werden die Fragen zur Einschätzung der Veränderung an mammaNetz-betreuten Patientinnen, die Vorteile für den Netzwerkpartner, die Zufriedenheit mit dem mammaNetz und die die Fragen zur Kontaktmöglichkeit wiederholt. So entstand ein Fragebogen mit 10 Fragen.

Bevor die Ergebnisse zu den Dimensionen im Folgenden näher beschrieben werden, wird die Versorgung durch das ambulante System aus Sicht der Patientinnen aufgezeigt.

Ambulante Betreuung der brustkrebskranken Frauen

Mehr als die Hälfte aller interviewten Frauen (59,2 %) entdeckten den Knoten in ihrer Brust selbst, in den meisten Fällen geschah dies eher zufällig (42,4 %), zum Teil auch bei einer gezielten Selbstuntersuchung (11,7 %). Bei einer Vorsorgemammographie wurden 25,8 % der auffälligen Befunde diagnostiziert, weitere 7,5 % beim Ultraschall und 5,2 % wurden von Ärzten ertastet. **In der Zeit danach bis zur Aufnahme in die Klinik** gingen 95,0 % der Frauen der Interventionsgruppe zu ihrem Frauenarzt *(KG: 89, 0%)*, 94,3% zum Radiologen *(KG:*

94,8 %) und 32,1 % *(KG: 35,4%)* zu ihrem Hausarzt. Die Ambulanz der Frauenklinik des Klinikum Augsburg suchten 75,7 % (*KG: 43,8 %*) der Patientinnen auf, die Ambulanz der Frauenklinik im Josefinum weitere 6,4 %. In dieser Zeit wechselten 12 Frauen (8,6 %; KG: nur eine Frau) ihren Frauenarzt, weitere zwei ihren Radiologen und eine Frau die Klinikambulanz. Als Gründe für den Arztwechsel bereits in dieser frühen Phase der Erkrankung wurden in erster Linie eine mangelhafte Betreuung und Unterstützung genannt (7,9 %) oder ein Vertrauensverlust (in vier Fällen), oft aufgrund der Versuche eines Arztes die Patientin in eine Klinik, in der der betreffende Arzt meistens Belegarzt war, einzuweisen oder der Patientin bestimmte Behandlungen aufzudrängen (in sechs Fällen). Es fällt auf, dass vor allem jüngere Patientinnen (Durchschnittsalter 47,1 Jahre) sich für diesen schwierigen Schritt entschieden.

Nach der Entlassung aus der Klinik gingen 72,7 % (*KG: 75,4 %*) der interviewten Frauen zum Hausarzt, 63,6 % (*KG: 60,0 %*) zum Frauenarzt und 18,9 % (*KG: 9,2 %*) zum Onkologen. Die Ambulanz der Frauenklinik im Klinikum suchten 49,2 % der Befragten der Interventionsgruppe auf (*KG: 55,4 %*), die Ambulanz der Strahlenklinik im Klinikum 22,0 % (*KG: 40,0 %*) und 15,9 % die neu eröffnete Strahlenpraxis in Augsburg, die auch Strahlentherapie durchführt. In dieser Zeit wechselten drei Patientinnen ihren Frauenarzt, zwei weitere die Klinikambulanz und eine Patientin ihren Hausarzt (*KG: insgesamt 3*) und zwar aufgrund mangelhafter Betreuung und Unterstützung bzw. weil die Vertrauensbasis zu diesem Arzt gestört war.

Zum **Messzeitpunkt B3** suchten bei Fragen der Krebserkrankung die Mehrheit der Befragten (55,3 %) am häufigsten ihren Frauenarzt auf (*KG: 50,9 %*), weitere 31,9 % den Hausarzt (*KG: 40,0 %*) und nur vier Frauen den Onkologen (*KG: 2*). Fünf Patientinnen wechselten ihren Gynäkologen und je eine ihren Hausarzt bzw. Radiologen (insgesamt: 7; *KG: 4*) und zwar in fünf Fällen wegen mangelhafter Betreuung und Unterstützung bzw. wegen Vertrauensverlust und in zwei Fällen wegen besserer Erreichbarkeit der Praxis.

Insgesamt wechselten die Befragten der Interventionsgruppe etwas häufiger den Arzt als die Befragten der Kontrollgruppe, fast immer auf der Suche nach besserer Qualität der Versorgung, die einen großen Einfluss auf die Heilungschancen hat. In den meisten Fällen war es eine schwierige Entscheidung, die viel Mut benötigte.

Kontakt zu mammaNetz

In der Anfangsphase der Arbeit der Begleitstelle erfuhren Ärzte und Psychoonkologen von mammaNetz entweder über einen Kollegen oder bei der Infoveranstaltung zum Start des Projekts. Bei den übrigen Netzwerkpartnern war der Infobrief die wichtigste Infoquelle über das mammaNetz (57,5 %), gefolgt von Fachkollegen (27,5 %), Flyer/Broschüre (22,5 %) und Zeitungen (20,0 %). Knapp die Hälfte von ihnen (46,2 %) hatten bei der T1-Befragung bereits Kontakt zum mammaNetz und zwar meistens persönlich, telefonisch bzw. per Brief/Fax/E-Mail. 22,5 % der Befragten dieser Gruppe nahmen den Kontakt zum mammaNetz selbst auf. Von den Ärzten und Psychoonkologen, die an der Befragung teilnahmen, hatten fast alle Kontakt zum mammaNetz und zwar sowohl persönlichen als auch telefonischen. Die Hälfte von ihnen stellte den Kontakt selbst her. Die Hälfte aller Befragten wünschte sich in dieser Phase des Projektes einen noch engeren Kontakt zum mammaNetz und zwar durch fallbezogene Rück- bzw. Absprachen mit Case Managerinnen (v.a. die Ärzte und Psychoonkologen), durch gemeinsame Infoveranstaltungen oder durch regelmäßige Information bzw. Mailing.

Bei der zweiten Befragung (9 Monate später) hatten alle befragten Ärzte und Psychoonkologen (mit einer Ausnahme) Kontakt zum mammaNetz, darunter 36,4 % öfter und 59,1 % selten. Von den anderen Netzwerkpartnern hatten über die Hälfte (54,5 %) noch keinen Kontakt zum mammaNetz und weitere 27,3 % hatten selten Kontakt, 18,2 % öfter.

Akzeptanz des mammaNetz-Angebotes von den Patientinnen

Die Befragung hat das Ziel, die Akzeptanz des mammaNetz-Angebots zu hinterfragen. Die Frage lautete, mit wie vielen Brustkrebspatientinnen pro Monat die Befragten zu tun haben. Von den Ärzten/Psychoonkologen haben die meisten (71,4 %) mit weniger als fünf Patientinnen im Monat Kontakt, weitere 9,5 % mit fünf bis zehn sowie 19,0 % mit mehr als zehn Patientinnen. Bei den anderen Netzwerkpartnern geben 42,9 % der Befragten an, mit weniger als fünf Brustkrebspatientinnen im Monat Kontakt zu haben, 28,6 % mit fünf bis zehn und genauso viele mit mehr als zehn Betroffenen im Monat.

Die Frage, ob für alle diese Betroffenen der Hinweis auf mammaNetz sinnvoll ist, antworten bei beiden Befragungen fast alle Ärzte/Psychoonkologen und über 80 % der anderen Netzwerkpartner mit ja. Weniger als die Hälfte von ihnen hat bereits bei der T1-Befragung von den von mammaNetz betreuten Frauen Rückmeldungen bekommen, wobei diese durchweg positiv ausfallen. Auch aus der Sicht der meisten Ärzte/Psychoonkologen (72,7 %) nehmen die Patientinnen das mammaNetz-Angebot positiv an. Es gibt aber auch Patientinnen, die das Angebot ablehnen (bei fünf Befragten zwischen 10 % und 20 % der angesprochenen Frauen, bei weiteren zwei Befragten 50 % und bei einem 80 %).

Auswirkungen des Case Managements auf die Patientinnen

Bereits bei der ersten Befragung können die meisten befragten Ärzte und Psychoonkologen Veränderungen an den von mammaNetz betreuten Patientinnen beobachten. Noch ausführlicher äußern sie sich zu diesem Thema bei der zweiten Befragung. Die Patientinnen sind vor allem informierter und aufgeklärter hinsichtlich sozialrechtlicher Fragen (81,8 %) bzw. weiterer Hilfsangebote (77,3 %), aber auch hinsichtlich ihrer Krebserkrankung und der Therapie (jeweils 59,1 %). Sie sind psychisch stabiler (54,5 %), selbstsicherer (36,4 %) und kooperativer (bessere Compliance: 40,9 %) (Abbildung 46).

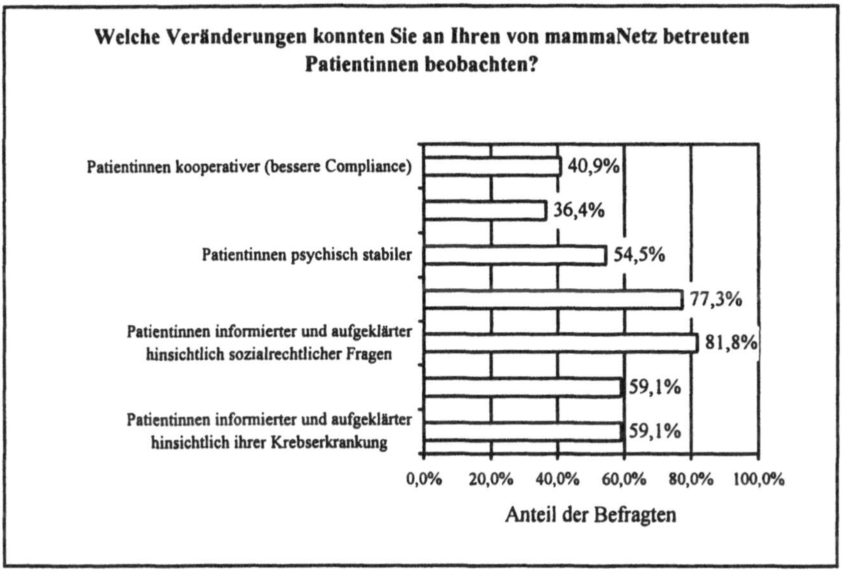

Abbildung 46: Veränderungen an den von mammaNetz betreuten Patientinnen nach Einschätzung der Netzwerkpartner (Mehrfachnennungen möglich)

Quelle: Eigene Darstellung und Berechnung

Darüber hinaus sind **alle betreuten Patientinnen** nach Ansicht der befragten Netzwerkpartner **mit der Unterstützung durch mammaNetz, entweder sehr (2/3) oder recht zufrieden (1/3)** (Abbildung 47).

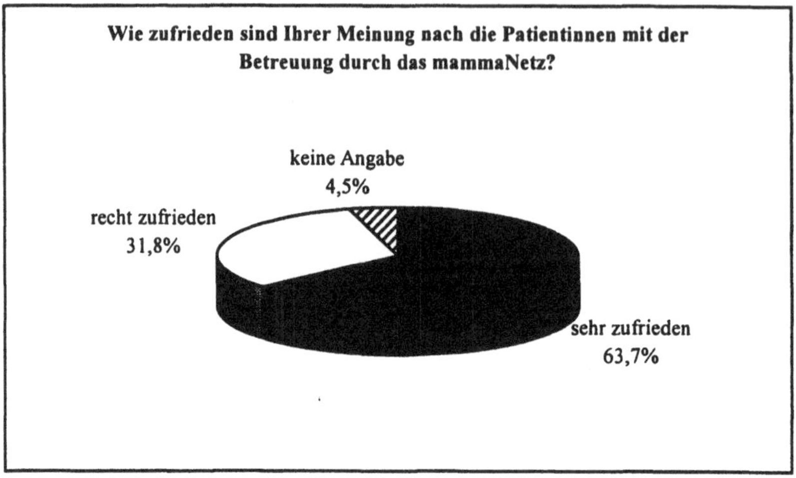

Abbildung 47: Patientinnenzufriedenheit mit der mammaNetz-Betreuung nach Einschätzung der Netzwerkpartner

Quelle: Eigene Darstellung und Berechnung

Bei derselben Befragung (T2) haben von den anderen Netzwerkpartnern weniger als die Hälfte Rückmeldungen von den von mammaNetz betreuten Frauen bekommen; diese sind durchweg positiv. Viele Befragten (54,5 %) haben an ihren von mammaNetz betreuten Klientinnen Veränderungen beobachtet: Sie sind vor allem informierter und aufgeklärter (36,4 %) sowie zuversichtlicher (22,7 %) und mit der Unterstützung zufrieden. Die Netzwerkpartner selbst sind mit der Arbeit der Begleitstelle sehr (36,4 %) oder recht zufrieden (59,1 %).

Auswirkungen der Arbeit der Begleitstelle auf die Arbeit der Ärzte und Psychoonkologen

Die Ärzte und Psychoonkologen werden auch nach den Vorteilen der Arbeit der Begleitstelle für ihre eigene Arbeit gefragt. Die meisten können bereits ein halbes Jahr nach der Eröffnung der Begleitstelle die ersten positiven Auswirkungen feststellen: Diese werden bei der zweiten Befragung noch deutlicher: 90,9 % der Ärzte werden nach eigenen Angaben bei der psychosozialen Betreuung entlastet, die bessere Compliance seitens der Patientin erleichtert ihre Arbeit (40,9 %), das Vertrauensverhältnis der Patientinnen zu ihnen ist gestärkt worden (31,8 %) und sie können sich auf fachliche Informationen beschränken (22,7 %) (Abbildung 48).

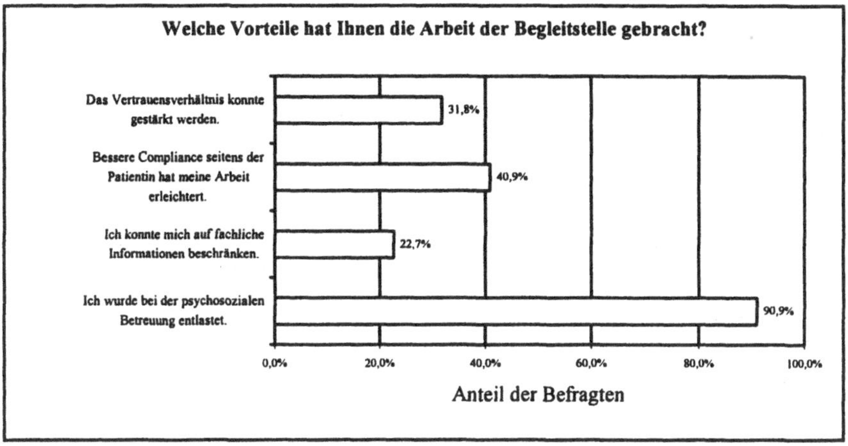

Abbildung 48: Vorteile der Betreuung durch mammaNetz für die Ärzte (Mehrfachnennungen möglich)

Quelle: Eigene Darstellung und Berechnung

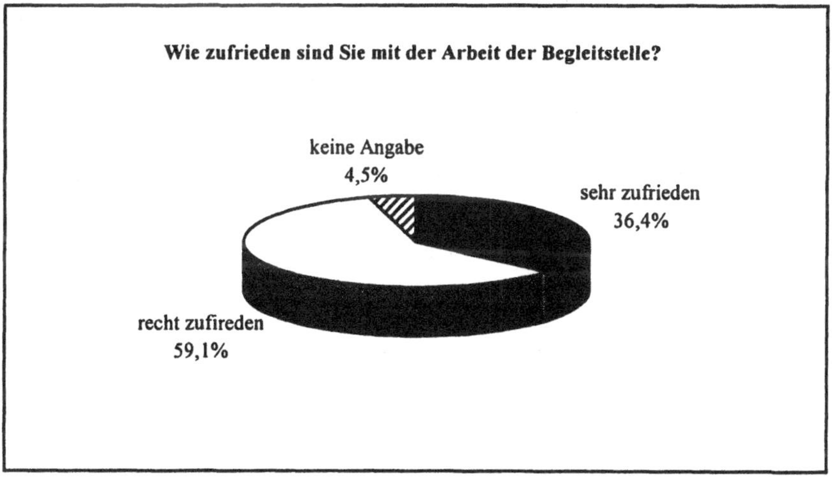

Abbildung 49: Zufriedenheit der Ärzte und Psychoonkologen mit der Arbeit der Begleitstelle

Quelle: Eigene Darstellung und Berechnung

Aufbau des Netzwerkes

Ein wichtiges Anliegen bei den Befragungen der Netzwerkpartner ist die Verbesserung der Zusammenarbeit im Netzwerk. Deshalb wird in der ersten Befragung gefragt, was zum Aufbau des Netzwerkes beitragen könnte und welche Formen der Zusammenarbeit die Befragten bevorzugen würden. Die Ärzte und Psychoonkologen sehen vor allem in der fallbezogenen Arbeit, im Aufzeigen von Versorgungslücken und in der Klärung von Schnittstellen die besten Wege zum Aufbau des Netzwerkes und bevorzugen Infoveranstaltungen sowie Fort- und Weiterbildungen als Formen der Zusammenarbeit. Nach Meinung der sonstigen Netzwerkpartner trägt vor allem das Aufzeigen von Versorgungslücken (37,5 %) sowie die Klärung von Schnittstellen (32,5 %) zum Aufbau des Netzwerkes bei und sie begrüßen, ähnlich wie die Mediziner, Infoveranstaltungen (52,5 %) sowie Fort- und Weiterbildungen (30,0 %), aber auch Arbeitskreise (25,0 %) als Formen der Zusammenarbeit.

Von den anderen Netzwerkpartnern wünschen sich mehr als die Hälfte eine allgemeine Kooperation mit mammaNetz und ungefähr ein Drittel eine fallbezogene Kooperation. Auf die Frage nach den Programmwünschen für die bevorstehende Veranstaltung des mammaNetzes (Netzwerktag im Sommer 2005) wird an erster Stelle ein Austausch-Forum der Netzwerkpartner genannt, gefolgt von einem Fachvortrag über Brustkrebs, einem Vortrag zum Thema Krebsprävention und einer Präsentation des mammaNetzes.

Der vom mammaNetz seit Mai 2003 veröffentlichte Newsletter (bis dato neun Ausgaben) soll ebenso zum Aufbau des Netzwerkes beitragen. Um herauszufinden, ob und wie gut er diese Aufgabe bereits erfüllt, werden hierzu einige Fragen in die erste Befragung eingebaut. Die Frage, ob die in dem Newsletter erhaltenen Informationen für sie nützlich sind, beantworten fast alle Befragten mit „ja“ oder „teilweise“. Als weitere gewünschte Inhalte werden u.a angegeben: Ernährungshinweise, Vitaminprogramm, alternative Schmerzlinderung bei Narbenschmerzen, neuer Heilmittelkatalog, psychosoziale Kontaktstellen, berufliche Integration, Tipps zur begleitenden homöopathischen Unterstützung bei Chemo- bzw. Strahlentherapie, Infos zu Angeboten in der Region, Liste von Selbsthilfegruppen in der ganzen Region sowie genauere Informationen über Angebote, Leistungen und Möglichkeiten von mammaNetz.

In den abschließenden Bemerkungen wird vor allem die Freude über die Existenz des mammaNetzes geäußert und über die ersten guten Erfahrungen mit der Zusammenarbeit berichtet, z.B.: „Ich finde es gut, dass es jetzt eine betreute Anlaufstelle gibt, denn die Patientinnen wurden meist nach OP und Bestrahlung einfach alleine gelassen.“ Oder: „Wir hatten bisher eine gemeinsame Patientin. Die

Zusammenarbeit war wirklich sehr gut. Hilfreich für alle Beteiligten. Weiter so gute Kooperation!“

9.2.2 Ermittlung der Patientenpfadkosten für begleitetet Brustkrebspatientinnen nach der Case-Management-Methode

Das Aufbauprinzip der Patientenpfadkostenrechnung ist prinzipiell mit der Vorgehensweise bei der Prozesskostenrechnung vergleichbar. Grundidee der Prozesskostenrechnung ist die Überlegung, dass die zur Erstellung von Produkten oder Dienstleistungen erforderlichen Aktivitäten Kosten verursachen (siehe Abbildung 50). Zur Bestimmung der Höhe der Kosten sucht man den Faktor (Kostentreiber), der diese maßgeblich beeinflusst. Bei der Patientenpfadkostenrechnung entspricht dem Produkt der Patientenpfad bzw. ein Teilpfad (z.B. stationäre

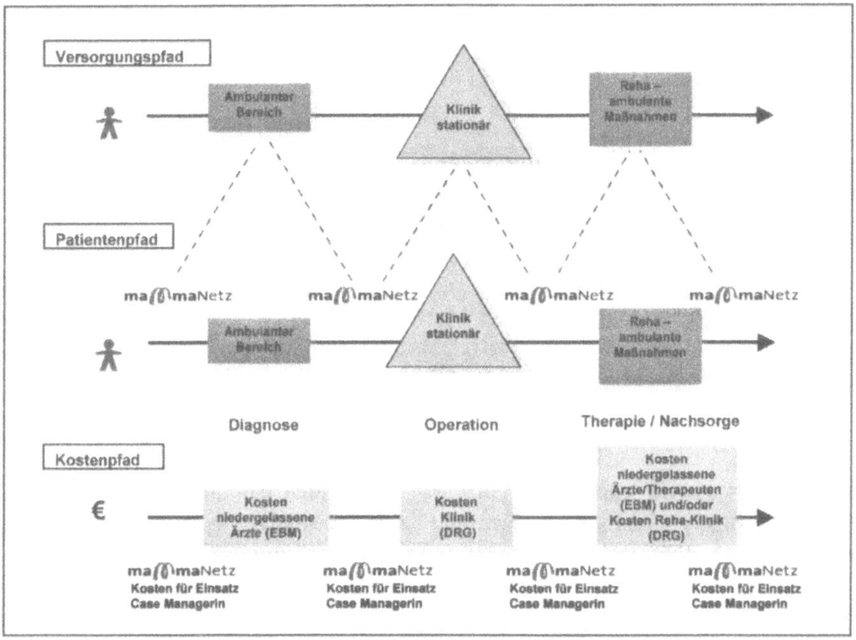

Abbildung 50: Patienten- und Kostenpfad

Quelle: Eigene Darstellung

Behandlung). Den Aktivitäten oder Teilprozessen entsprechen die Leistungen bzw. die Verordnungen (z.B. Erstellung des Hilfeplanes) innerhalb des Patientenpfades. Bezugsgrößen für die Kostensätze können Behandlungs- und Beratungsdauer oder GOÄ-Punkte (Amtliche Gebührenordnung für Ärzte) sein. Die Summe aller Kosten für die in dem Pfad definierten Leistungen ergeben die Prozesskosten bzw. die Patientenpfadkosten[158].

Für eine detailliertere Analyse der Patientenpfadkosten empfiehlt es sich, in Analogie zur Prozesskostenrechnung zunächst in medizinische Hauptprozesse (Diagnose, Klinikaufenthalt/Operation, Rehabilitation), Case-Management-Prozesse (z.B. Intake, Assessment, Hilfeplan) und sonstige Prozesse (z.B. Fahrdienst) zu unterscheiden.

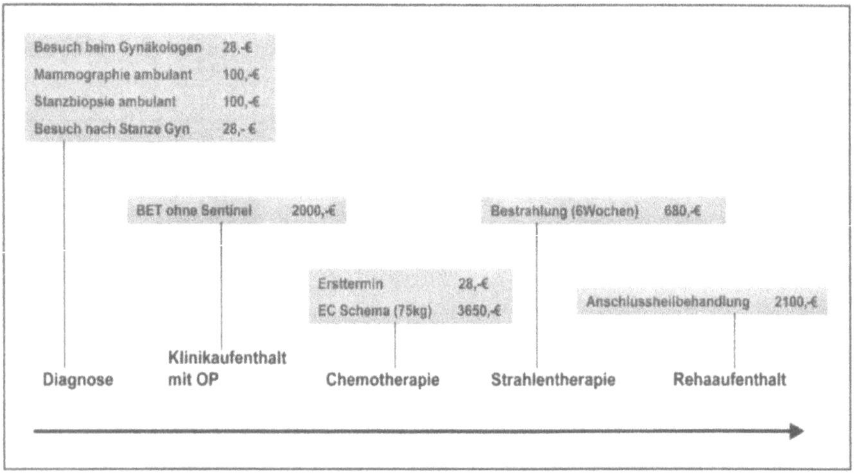

Abbildung 51: Durchschnittliche medizinische Patientenpfadkosten

Quelle: Eigene Darstellung und Berechnung

Typischerweise werden die einzelnen Aktivitäten der medizinischen Hauptprozesse nicht einzeln ausgewiesen und bewertet, sondern es werden Pauschalen gebildet (vgl. Abbildung 51). Als Bezugsgrößen dienen etwa Pflegetage, Chemo- oder Strahlentherapie. Durch Multiplikation der Bezugsgrößen mit den entsprechenden Kostensätzen ergeben sich die Kosten für die Teilprozesse. Addiert man zu diesen die direkt zuordenbaren Einzelkosten (z.B. Hilfsmittel, Apothekenrezepte, Fahrkosten, Krankengeld) erhält man die Gesamtkosten für die Brust-

158 Rieben et.al. (2003): S. 49 ff.

krebspatientinnen (ohne Case-Management-Begleitung). Tabelle 21 zeigt die summierten Gesamtkosten von 31 Patientinnen.

Summe Patientinnen	Arztkosten Niedergel.	Krankenhaus/Reha	Arzneimittel (Chemo)	Heilmittel	Hilfsmittel	Fahrkosten	Krankengeld	Summe
31	48.564	161.714	215.367	5.563	7.693	15.634	104.559	559.094

Tabelle 21: Summe Patientinnenkosten in Euro

Quelle: Eigene Darstellung und Berechnung

Der Case-Management-Prozess lässt sich in primäre Aktivitäten (Intake, Assessment, Erstellung des Hilfeplans, Intervention, Monitoring und Bewertung[159]) und in Unterstützungsaktivitäten (Supervision, Fallbesprechungen, allgemeine Verwaltungstätigkeiten, Umfeldarbeit[160]) untergliedern. Bezugsgrößen für die primären Aktivitäten sind die im Case-Management-Assistant eingegebenen Beratungsdauern. Im Durchschnitt begleitet eine Case Managerin eine Patientin 8 Stunden in einem Zeitraum von bis zu einem Jahr. Der Beratungsstundensatz für eine Case-Managerin beträgt 33 Euro. Eine Analyse der Unterstützungsaktivitäten im mammaNetz ergibt, dass die Case Managerin etwa 60 % ihrer Arbeitszeit mit nicht direkt patientenbezogenen Arbeiten beschäftigt ist.

9.2.3 Prozessoptimierung: Steuerung des Patientenpfades durch Case Management

Zur Ermittlung des Einsparpotentials durch eine fallbezogene Patientensteuerung ist für die in Tabelle 21 aufgeführten Kostenarten detailliert zu untersuchen, ob diese durch Case-Management-Maßnahmen beeinflussbar sind. Für die stationären und ambulanten Leistungen ist dies aus medizinischen Gründen im Allgemeinen nicht möglich.

159 Siehe dazu auch Kapitel 6.2.3.

160 Unter Umfeldarbeit versteht man zuordenbare, patientenbezogene Netzwerkarbeit, Netzwerkpflege auf der Systemebene, Durchführung von Informationsveranstaltungen, Besprechungen etc.

Arzneimittel

Den größten Kostenblock der externen Kosten bilden die Arzneimittel. Hierbei handelt es sich im Wesentlichen um Medikamente zur Chemotherapie, die sowohl stationär als auch ambulant (in onkologischen Arztpraxen) verabreicht werden. Beim Bezug über Klinikapotheken können diese in vielen Fällen deutlich günstiger beschafft werden. Somit liegt in einem zentralisierten Bezug der Medikamente, etwa über die Apotheke der regionalen Kliniken, ein signifikantes Einsparpotential. Die derzeitige Struktur des Versorgungswesens (Konkurrenz unabhängiger Ärzte und Apotheken einerseits und der Kliniken andererseits) steht allerdings einer Realisierung dieses Einsparpotentials entgegen. Darüber hinaus tritt der Effekt auf, dass die Kliniken ihre relativ günstigen Bezugspreise nicht immer weiterverrechnen, sondern im Rahmen einer Mischkalkulation zur Abdeckung von Defiziten in anderen Bereichen heranziehen.

Krankengeld

Die Krankheitsdauer hängt unter anderem vom Start der Chemotherapie ab. Diese kann, medizinisch betrachtet, schon eine Woche nach der operativen Behandlung starten. In der praktischen Versorgung verzögert sich dieser Start jedoch aus organisatorischen Gründen. Hier kann die Case Managerin für einen effizienteren Ablauf sorgen. Bei einer früheren Arbeitswiederaufnahme der Patientin von 2 Wochen ergibt sich eine Einsparung von bis zu 1.000 Euro. Darüber hinaus sind die zusätzlich gezahlten Beiträge zur Sozialversicherung zu berücksichtigen.

Fahrkosten

Einen erheblichen Anteil der Erkrankungskosten stellen Fahrkosten zu den Behandlungsterminen dar. Durch spezielle Kontrakte zwischen den Beförderungsunternehmen und der Begleitstelle ergeben sich hier Einsparungen um bis zu 30 Prozent.

Heil- und Hilfsmittel

Bei den Kosten für Hilfsmittel handelt es sich im Wesentlichen um Brust-Prothesen. Heilmittel umfassen beispielsweise Maßnahmen zu Lymphdrainage. Durch eine Koordination von Therapieleistungen (z.B. spezialisiertes Therapiezentrum zur Lymphdrainage) können deutliche Einsparungen erreicht werden.

Rehabilitation

Einen wesentlichen Kostenfaktor in der Nachsorge von Brustkrebspatientinnen stellen Maßnahmen zur Rehabilitation dar. Diese können zumindest zum Teil in Verträgen zwischen der Begleitstelle und der Reha-Einrichtung frei verhandelt werden. Auf diese Weise können Einsparungen bis zu 20 Prozent erreicht werden.

Zusammenfassend ist festzustellen, dass durch die dargestellten Steuerungswirkungen im Rahmen des Case Managements bereits zum gegenwärtigen Zeitpunkt erhebliche Einsparpotentiale realisiert werden können, die die Kosten für das Case Management im Allgemeinen kompensieren. Auch durch **intangible Effekte**, also nicht monetär bewertete Nutzenaspekte, zeigen sich Einsparungen. Hervorzuheben sind die Verbesserung des Informationsgrades der Patientinnen, die hohe Zufriedenheit der Patientinnen mit der mammaNetz-Betreuung, die gestiegene Sicherheit der Patientinnen im Umgang mit der Erkrankung, die verringerten Defizite in der Zusammenarbeit zwischen den behandelnden Personen und den Patientinnen sowie die positiven Auswirkungen der mammaNetz-Betreuung auf die Netzwerkpartner.

Darüber hinaus könnten bei einer Restrukturierung (stärkeren Vernetzung) des Versorgungssystems, wie es etwa im Konzept der Integrierten Versorgung angedacht ist, weitere signifikante Einsparpotentiale, etwa im Bereich der Arzneimittel, der Rehabilitation und des Krankengeldes erreicht werden. Dies würde aber eine Struktur erfordern, bei der das mammaNetz in enger Zusammenarbeit mit den regionalen Kliniken (Brustzentrum) Aufgaben einer Managementgesellschaft für das gesamte Versorgungsnetzwerk übernimmt. Es ist jedoch zu erwarten, dass aus dem ambulanten Bereich Widerstände gegen eine solche Steuerung entstehen könnten. Zu beachten ist deshalb, dass sich bei der gegebenen Struktur des Versorgungssystems in der Region Augsburg und den aktuellen Steuerungsmöglichkeiten, die mammaNetz eingeräumt werden, zur Zeit nicht alle Einsparpotentiale auch tatsächlich realisieren lassen.

10 Zusammenfassung und Ausblick

Zentrales Problem des deutschen Gesundheitswesen ist die organisatorische und institutionelle Segmentierung der Versorgungsbereiche und die damit verbundene Verringerung der Versorgungsqualität (z.B. mangelnde Behandlungskontinuität, Informationsdefizite) bei gleichzeitiger Kostensteigerung (z.B. Doppeluntersuchungen). Die beschriebenen Probleme führen dazu, dass eine bedarfsgerechte transsektorale Versorgung besonders für diejenigen Patienten nicht sichergestellt werden kann, die langwierige und komplexe Behandlungsmaßnahmen benötigen, wie dies bei Patientinnen mit Brustkrebs der Fall ist. Frauen mit Brustkrebs durchlaufen mehrere Therapiephasen während ihrer Erkrankung und wechseln häufig zwischen den Sektoren. Spezialisten aus den Fachbereichen Gynäkologie, Radiologie, Pathologie, Onkologie und Psychoonkologie wirken bei der Behandlung mit, aber ebenso häufig ist auch sozialmedizinische bzw. sozialberaterische Expertise gefragt.

Darüber hinaus sind die Patientinnen krankheits- und behandlungsbedingten Belastungen ausgesetzt (z.B. körperliche Beschwerden wie Schmerzen, Einschränkung der Leistungsfähigkeit im Alltag, existentielle Bedrohung). Diese Belastungen sind häufig mit einer eingeschränkten Lebensqualität und psychischen Beeinträchtigung verbunden. So konnten internationale und nationale Studien zeigen, dass ein großer Teil der Frauen Angst vor der Fortschreiten der Krankheit und dem Tod haben oder sich die Erkrankung negativ auf das Familien- und Berufsleben auswirkt. Des weiteren stellen die Studien Probleme im Informationsfluss und der Kommunikation zwischen den Behandlern und der Patientin sowie Defizite in der Vernetzung (gerade auch bei psychosozialen Therapiemaßnahmen) fest.

Bei der Auswahl von Strategien zur Behebung bzw. Reduzierung der vorhandenen Defizite erscheint ein zentraler Ansatzpunkt darin zu bestehen, den Patientinnen eine kontinuierliche und personenbezogene Begleitung und Unterstützung durch die verschiedenen Behandlungsphasen anzubieten. Diese Begleitung sollte den individuellen Behandlungspfad in den Mittelpunkt stellen und eine Art „Lotse" durch das System darstellen.

Empirische Studien belegen, dass Case Management die zentralen Probleme in der Versorgung von Brustkrebspatientinnen verbessert. Case Management ist eine Methode zur Integration des Behandlungsprozesses, die geeignet ist, die genannten Probleme umfassend in den Griff zu bekommen, von der Qualität über die Finanzierung bis zur Patientenzufriedenheit. Case Management als Konzept beinhaltet hierbei die umfassende, patientenorientierte, integrierte und strukturierte Organisation des Behandlungs- und Versorgungsprozesses durch eine einzige, für jede Patientin zentrale Ansprechperson, die Case Managerin. Case Managerinnen sind zudem für die Vernetzung, Kommunikation und Koordination auf der Ebene der Leistungserbringer verantwortlich. Gerade amerikanische und australische Studien zeigen diesen Nutzen des Case Managements, für den deutschen Raum gibt es derzeit noch wenige empirische Belege.

Vor diesem Hintergrund wird in der vorliegenden Studie die Hypothese untersucht, dass sich die Begleitung von brustkrebskranken Frauen durch die Methode Case Management positiv auf die **Versorgungsqualität** auswirkt und darüber hinaus zu einer **Reduzierung der Kosten** einer integrierten Versorgung beitragen kann. Methodisch basiert die empirische Untersuchung auf einer **prospektiven Längsschnittstudie**. Die Analyse beruht auf Daten aus der **Patientinnen- und Netzwerkpartnerbefragung** sowie einer Analyse der **Prozesskosten** der **Begleitstelle mammaNetz**. Die Auswertung in Bezug auf die Versorgungsqualität erfolgt entsprechend dem Konzept des Case Managements auf den folgenden Systemebenen: *Klient-System*, *Ressourcen-System* und *Hilfe-System*.

Forschungsobjekt der Studie ist die Begleitstelle für Frauen mit Brustkrebs in Augsburg (**mammaNetz**), die als erste Begleit- und Orientierungsstelle Deutschlands die Betroffenen nach der Case-Management-Methode sektorenübergreifend von der Diagnose bis zur Nachsorge begleitet, berät und informiert. Projektträger dieses seit drei Jahren bestehenden Modellprojektes ist das beta Institut für angewandtes Gesundheitsmanagement in Augsburg. Die Autorin engagiert sich als Projektleiterin in einem interdisziplinären Team, das mittlerweile 15 Mitarbeiterinnen umfasst (darunter 5 vom beta Institut ausgebildete und zertifizierte Case Managerinnen). Finanziert war diese Stelle zunächst von der betapharm Arzneimittel GmbH über ein ¾ Jahr, bis ein Antrag beim Bayerischen Staatsministerium innerhalb der Initiative „Bayern aktiv" mit 1,25 Mio Euro über drei Jahre Laufzeit (von Herbst 2002 bis Sommer 2005) genehmigt wurde.

An mammaNetz kann sich jede Brustkrebspatientin aus der Region Augsburg wenden. Der Schwerpunkt liegt auf erstdiagnostizierten Brustkrebspatientinnen. Gerade in der Zeit der Diagnosestellung ist ein Ansprechpartner wichtig, der nicht nur medizinische Fakten vermittelt, sondern darüber hinaus fachliche und emotionale Unterstützung leistet. Die Patientin steht mit ihren individuellen Sorgen und Problemen im Mittelpunkt der Begleitung. Aber auch Patientinnen in späteren Krankheitsphasen (z.B. bei Rezidiv, Metastasierung etc.) werden von mammaNetz betreut. Eine besonders wichtige Zielgruppe stellen psychisch und somatisch hoch belasteten Patientinnen dar. Die Spannweite des Angebots von mammaNetz reicht dabei von intensiver Begleitung bis zur „bloßen" Informationsgabe. Weitere Aufgaben von mammaNetz sind präventive Angebote, wie beispielsweise Brustselbstuntersuchungskurse. Bei mammaNetz werden jährlich ca. 300 Patientinnen betreut, von denen ein Drittel der Patientinnen die Beratung (i. d. R. ein bis drei Kontakte) nutzen und zwei Drittel eine Case-Management-Begleitung erhalten. Ziel der Begleitstelle ist es, den Frauen (im Sinne von Case Management) eine Hilfe zur Selbsthilfe anzubieten, sie zu befähigen, sicherer und kompetenter mit der Erkrankung umzugehen.

Zur Unterstützung einer kontinuierlichen, sektorenübergreifenden und patientenorientierten Begleitung werden die Patientinnen auf einem dafür neu entwickelten, strukturierten Patientenpfad durch die verschiedenen Behandlungsphasen individuell begleitet. Dieser Pfad wird unter Zuhilfenahme eines dafür entwickelten softwaregestützten Tools (Case-Management-Assisstent) für jede Patientin abgebildet. Inhalt ist hier auch die Eingabe der Case-Management-Dokumente pro Patientin. Die Begleitung umfasst die Prozessschritte Intake, Assessment, Hilfeplan, Intervention und Bewertung.

Das mammaNetz hat eine multiprofessionelle Vernetzung zwischen ambulantem, stationärem sowie Akut-, Reha- und Gemeinwesenbereich aufgebaut und sich mit dem Brustzentrum Augsburg, den Kliniken der Region und mit 42 gynäkologischen Praxen vernetzt, die kooperativ an der Akquise der brustkrebskranken Frauen beteiligt sind. Darüber hinaus hat das mammaNetz ein Netzwerk mit rund 200 Einrichtungen, die brustkrebskranken Frauen helfen, etabliert.

Die Qualitätssicherung erfolgt nach anerkannten wissenschaftlichen Standards. Unter Zuhilfenahme der Methode des Care-Service-Science werden die Prozesse des mammaNetzes in zeitlichen Abständen überprüft und evaluiert und in einem Optimierungsverfahren im Anschluss so verbessert, dass man zu qualitätsgesicherten und praxiserprobten Ergebnissen gelangt. Die konkreten Maßnahmen im mammaNetz umfassen beispielsweise durch das in Anlehnung an die ICF-Kategorisierung der WHO aufgestellte multiaxiale Assessmentverfahren oder die interdisziplinären Fallbesprechungen.

Um die Begleitung der Frauen mit Brustkrebs durch das mammaNetz sinnvoll analysieren zu können, ist die empirische Untersuchung als **prospektive Längsschnittstudie** angelegt. Der methodische Ansatz besteht in einer Interventions- und Kontrollgruppenuntersuchung. In die Studie werden Frauen mit einer pathologisch gesicherten Erstdiagnose Brustkrebs eingeschlossen. Die Erkrankung muss durch den behandelnden Gynäkologen, Radiologen oder durch die Ärzte der Brustkrebssprechstunde der Frauenklinik des Klinikums Augsburg, der Frauenklinik des Krankenhauses Josefinum in Augsburg oder anderer in der Versorgung von Mammakarzinom anerkannte Kliniken diagnostiziert und dokumentiert werden (medizinisches Assessment). Ein zusätzliches Kriterium für die Interventionsgruppe ist die ausreichende Betreuung durch das mammaNetz. In der Studie werden insgesamt 213 Frauen mit der erstdiagnostiziertem Brustkrebs berücksichtigt, die die Einschlusskriterien erfüllen. Für die Kontrollgruppe werden 73 Frauen rekrutiert, deren Beginn der Behandlung in der Klinik zwischen 1. Januar 2003 und 30. Juni 2003 liegt. Für die Interventionsgruppe werden 140 Patientinnen rekrutiert, deren Beginn der Behandlung in der Klinik in der Zeit vom 1. November 2003 bis zum 31. Dezember 2004 liegt. Die Befragungen dieser Gruppe wurde am 30. April 2005 abgeschlossen. Die Netzwerkpartner werden zwei Mal schriftlich befragt: im Mai 2004 (9 Monate nach Eröffnung des mammaNetzes) und im Februar 2005 (18 Monate nach Eröffnung des mammaNetzes). Die Fragebögen wurden an 200 Netzwerkpartner und 32 bzw. 41 Vertragsärzte verschickt.

Die Prüfung der Repräsentativität der Stichproben wird in Bezug auf Unterschiede zwischen Interventionsgruppe und Kontrollgruppe zu jedem der drei Messzeitpunkte auf der Basis der zum ersten Messzeitpunkt vorliegenden soziodemografischen Variablen durchgeführt. Zwischen *Interventionsgruppe* und *Kontrollgruppe* bestehen keine signifikanten Unterschiede in den überprüften Variablen.

Die Datenerhebung besteht aus der **Patientinnen- und Netzwerkpartnerbefragung** sowie der Erhebung von **Prozessdaten.**

Die Erhebung der **Patientinnendaten** besteht aus drei Befragungen, die zur stationären Aufnahme in die Klinik, vier Monate später und ein Jahr nach der stationären Aufnahme erfolgen. Die erste Befragung wurde persönlich, die zweite telefonisch und die dritte Befragung schriftlich durchgeführt. Im Anschluss an die persönlichen und telefonischen Befragungen wurden Gesprächsprotokolle erstellt, die die subjektive Einschätzung der Interviewten und deren Reaktionen enthält.

Aufgrund der Neuheit des Themas Case Management sind zu diesem Thema noch keine validierten Instrumente verfügbar. Ein Großteil der Fragenkomplexe zur Versorgungsqualität des mammaNetzes bzw. zum Case Management wurde von der Autorin selbst erarbeitet. Dabei wurde hauptsächlich der Fragebogen zur Progredienzangst und der Fragebogen zur sozialen Unterstützung (F-SOZU) als Vorlage verwendet. Die selbst entwickelten Patientinnen-Fragebögen umfassen die Themenblöcke soziodemografische Daten, medizinische Versorgung, seelische Verfassung, soziale Unterstützung, Unterstützung durch mammaNetz und Kompetenz und Sicherheit im Umgang mit der Erkrankung. Die selbst entwickelte Netzwerkpartnerbefragung umfasst die Versorgungszufriedenheit und die Erfahrungen mit begleiteten Patientinnen durch das mammaNetz.

Darüber hinaus werden zur Erfassung der subjektiven Lebensqualität validierte Befragungsinstrumente von Prof. Dr. Dr. Uwe Koch (Universitätsklinikum Hamburg) verwendet. Die Daten, die mittels der Kurzfragebögen SF-8 Health-

Survey (Messung der gesundheitsbezogenen Lebensqualität) und EORTC-11 (krebsspezifisches Instrument zur Erfassung der subjektiven Lebensqualität) erfasst wurden, wurden von Prof. Dr. Dr. Uwe Koch in einem Abschlußbericht zusammengefasst, der in der vorliegenden Arbeit analysiert wird.

Auf der ***Klient-System-Ebene*** (individuelle Patientin) wird die Lebensqualität der betreuten Frauen in ihrer physischen und psychischen Dimension beleuchtet, gefolgt von Auswertungen der Fragen zur Belastung durch die Angst vor den Auswirkungen der Erkrankung. Die validierten Instrumente zeigen zwar ein genaues Abbild der Lebensqualität und der psychischen Verfassung der Patientinnen in ihrer Situation, es können aber gerade die Fragestellungen hinsichtlich der Begleitung durch eine Case Managerin des mammaNetzes nicht ausreichend genau beantwortet werden. Hier schließen sich, aufbauend auf die vorliegenden Ergebnisse der Lebensqualität und psychischen Verfassung, die Auswertungen aus den selbst entwickelten Fragebögen zu den Auswirkungen des Case Managements an. Dazu zählt die Kompetenz und Sicherheit der Patientinnen im Umgang mit der Erkrankung (Empowerment).

Betrachtet man die gesundheitsbezogene Lebensqualität nach Diagnosestellung so fällt auf, dass es den Patientinnen der Interventionsgruppe vor allem in den Variablen, die die körperliche Lebensqualität betreffen, schlechter geht als den Patientinnen der Kontrollgruppe geht. Dies trifft auch auf die krebsspezifische Lebensqualität zu. Vier Monate nach stationärer Aufnahme (B2) unterscheiden sich beide Gruppen dahingehend, dass es den Patientinnen der Interventionsgruppe in den Skalen *Vitalität* und *körperliche Energie*, *Emotionale Funktion* sowie *Soziale Funktionsfähigkeit* signifikant besser geht, als den Patientinnen der Kontrollgruppe. Die Unterschiede in den Variablen, in denen es den Patientinnen der Interventionsgruppe zum ersten Messzeitpunkt schlechter ging, sind nicht mehr signifikant. Zum dritten Messzeitpunkt unterscheiden sich beide Gruppen in keiner der erhobenen Variablen signifikant. Betrachtet man den Verlauf der Lebensqualität in den beiden Gruppen, sind die Ergebnisse uneinheitlich. Tendenziell jedoch verbessern sich die Patientinnen in der Interventionsgruppe in mehr Variablen. Dies gilt insbesondere für die Dimensionen der gesundheitsbezogenen Lebensqualität, in denen sich die Patientinnen der Kontrollgruppe verschlechtern. Letzteres trifft vor allem auf den zweiten Messzeitpunkt zu.

Gerade die Angst vor den körperlichen Auswirkungen der Erkrankung ist am stärksten über den ganzen Zeitraum ausgeprägt. Es kann gezeigt werden, dass sich die seelische Verfassung (Ängste) der Brustkrebspatientinnen durch die Case-Management-Betreuung verbessert.

Ein wichtiges Ziel des Case Managements ist die Förderung der Hilfe zur Selbsthilfe. Dazu gehört die Stärkung der Selbstsicherheit und der Kompetenz der Patientinnen im Umgang mit ihrer Erkrankung. Die Patientinnen der Interventionsgruppe weisen in der Zeit der intensiven Case-Management-Betreuung einen höchst signifikant höheren Informationsstand über die Krankheit, die Therapie und die Hilfsangebote auf und ebenso eine höchst signifikant höhere Kompetenz und Sicherheit im Umgang mit der Erkrankung als die Patientinnen der Kontrollgruppe.

Die selbst entwickelten Fragebögen geben Hinweise auf die Auswirkungen der Arbeit des mammaNetzes auf das ***informelle Ressourcen-System einer Patientin***, also auf ihr soziales Umfeld in Bezug auf die Erkrankung sowie die Kontaktmöglichkeiten, die die Patientin während ihrer Erkrankung nutzen kann. Darüber hinaus bildet sich hier die Versorgungszufriedenheit ab und es kristallisieren sich einige Defizite in der Versorgung heraus. Die meisten Frauen geben an, über ein gutes soziales Netz zu verfügen. Nur wenige Frauen fühlen sich ziemlich allein. In der Zeit der Begleitung durch mammaNetz sprechen weniger Frauen als in der Kontrollgruppe vorwiegend mit Familie bzw. Freunden über ihre Ängste, weil die Case Managerin – nach den engsten Familienangehörigen – die Patientinnen hilfreich unterstützt haben. Die Case Managerin wird hier sogar vor den Freunden genannt.

Die Ärzte werden als wichtigste Informationsquelle nach der Entlassung doppelt so oft genannt als in der Zeit der Diagnosestellung. In der Kontrollgruppe werden sie auch viel öfter als hilfreiche Unterstützung angegeben als in der Interventionsgruppe, da sie ja in erster Linie die wichtigsten Informationen geben.

Fast alle Patientinnen der Interventionsgruppe werden – im Gegensatz zur Kontrollgruppe – in allen Phasen der Erkrankung umfassend über Hilfs- und Unterstützungsangebote informiert, und zwar fast alle von der Case Managerin und nur wenige von den Ärztinnen in der Ambulanz oder von den niedergelassenen Ärzten. Auch bei der Vermittlung von Hilfs- und Unterstützungsangeboten und beim Kontakt zu Ämtern spielt die Case Managerin eine wichtige Rolle. Für drei Viertel der Frauen ist die Unterstützung in der Zeit direkt nach der Diagnosestellung besonders wichtig und für die Hälfte während des Krankenhausaufenthaltes und der Nachbehandlung. Die meisten Patientinnen waren mit der Betreuung zufrieden und ausreichend informiert.

Auf der Ebene der ***professionellen Hilfsangebote*** werden die konkrete Unterstützung durch das mammaNetz (z.B. Beratungsgespräche, Hilfeplan) und die Zufriedenheit der begleiteten Frauen mit der Unterstützung analysiert. Darüber hinaus wird anhand der Befragungen der Netzwerkpartner (z.B. Ärzte, soziale Dienste, Physiotherapeuten, etc.) eine Einschätzung der Arbeit von mammaNetz gegeben.

Die meisten Patientinnen äußerten sich dahingehend, dass die Case Managerin ihr Anliegen richtig erfasst hat und fast alle Frauen waren mit diesen Beratungsgesprächen sehr zufrieden. Das ausführliche Beratungsgespräch mit der

Case Managerin nach der Entlassung aus der Klinik, das so genannte Re-Assessment, wird bei fast allen der befragten Frauen durchgeführt. Die meisten von ihnen hatten das Gefühl, dass die Case Managerin ihr Anliegen richtig erfasst hat. Nach den Gründen für dieses Gefühl gefragt, nennen die Befragten ausführliche und richtige Informationen sowie Beratung bzw. Betreuung durch die Case Managerin, aber auch Problemlösung, Beantwortung aller Fragen und emotionale Unterstützung. Darüber hinaus ist das so genannte Reminding, d.h. die Anrufe der Case Managerin mit der Nachfrage nach dem Befinden und ob es noch etwas zu klären gäbe, wichtig. Dank dieser Unterstützung fühlen sich viele Frauen sicherer und empfinden weniger Angst. Für andere Patientinnen sind die Kompetenz und das Einfühlungsvermögen der Case Managerin sehr wichtig.

Einige Patientinnen äußern sich dazu: „Von mammaNetz bekomme ich Zugang zu lebenswichtigen Informationen und eine emotionale Unterstützung." „Dass sie sich bemüht, mir Licht zu zeigen, wo ich nur Dunkelheit sehe." „Mit mammaNetz (CM) fühle ich mich viel sicherer und nicht mehr allein. Ich finde das Projekt super und sehr, sehr wichtig!"

Die Netzwerkpartner schätzen die Patientinnen vor allem informierter und aufgeklärter hinsichtlich sozialrechtlicher Fragen bzw. weiterer Hilfsangebote ein, aber auch hinsichtlich ihrer Krebserkrankung und der Therapie. Sie sind psychisch stabiler, selbstsicherer und kooperativer (bessere Compliance). Darüber hinaus sind alle betreuten Patientinnen nach Ansicht der befragten Netzwerkpartner mit der Unterstützung durch mammaNetz sehr oder recht zufrieden. Die Ärzte und Psychoonkologen spürten die Begleitung der Frauen in ihrer eigenen Arbeit. Fast alle Ärzte werden bei der psychosozialen Betreuung entlastet, die bessere Compliance seitens der Patientin erleichtert ihre Arbeit, das Vertrauensverhältnis der Patientinnen wird gestärkt und sie kann sich auf fachliche Informationen beschränken. Nach Meinung der Netzwerkpartner kann vor allem das Aufzeigen von Versorgungslücken und die Klärung von Schnittstellen zum Aufbau des Netzwerkes beitragen und sie werden, ähnlich wie die Mediziner, Infoveranstaltungen und Fort- und Weiterbildungen, aber auch Arbeitskreise begrüßen. Vor allem wird die Freude über die Existenz des mammaNetzes geäußert und über die ersten guten Erfahrungen mit der Zusammenarbeit berichtet, z.B.: „Ich finde es gut, dass es jetzt eine betreute Anlaufstelle gibt, denn die Patientinnen wurden meist nach OP und Bestrahlung einfach alleine gelassen." Oder: „Wir hatten bisher eine gemeinsame Patientin. Die Zusammenarbeit war wirklich sehr gut. Hilfreich für alle Beteiligten. Weiter so gute Kooperation!"

Die Studie kann also die aus Sicht der Patientinnen relevanten Faktoren des Versorgungsprozesses identifizieren und den Einfluss der Arbeit von mammaNetz hinsichtlich der Versorgungsqualität darstellen. Zudem belegt die Studie die vernetzende Wirkung von mammaNetz bezüglich einer verstärkten Kooperation der beteiligten Leistungserbringer. Insbesondere die Auswirkungen von mammaNetz auf die Kontinuität und die Effizienz des Versorgungsprozesses sowie auf die Informationssituation und den Informationsfluss und die Auswirkungen dieser beiden Aspekte auf die Zufriedenheit der Patientinnen verbinden hier den Bereich der Befindlichkeitsmessung.

Die Versorgungsleistung des mammaNetzes wirkt sich auch auf **ökonomische Faktoren** positiv aus. Vor allem können nicht monetär bewertete Nutzenaspekte, so genannte intangible Effekte, aufgezeigt werden. Hervorzuheben sind beispielsweise die Verbesserung des Informationsgrades der Patientinnen oder die Zufriedenheit der Patientinnen mit der mammaNetz-Betreuung. Darüber hinaus werden auch Prozessdaten erhoben. Dies erfolgt über die Erfassung der direkten internen Kostendaten (Stundensatz einer Case Managerin, Anzahl der begleiteten Patientinnen im mammaNetz), durch die Analyse der Prozessschritte im mammaNetz (Intake, Assessment, Re-Assessment), wie sie mit Hilfe des Softwaretools „Case Management Assisstant" dokumentiert werden. Die Auswertung der untersuchten Prozesse ergibt, dass insbesondere in den Bereichen Krankengeld, Rehabilitation, Heil- und Hilfsmittel sowie Fahrkosten erhebliche Einsparpotentiale durch eine effiziente Patientensteuerung erreicht werden können. So kann durch eine vorausschauende Planung der einzelnen Behandlungsschritte in Zusammenarbeit mit den Leistungserbringern eine Verkürzung der Krankengeldbezugsdauer durch eine frühere Wiedereingliederung in den Beruf erreicht werden. Dies führt zusammen mit einer individuellen Planung des Patientenpfades zu einer schnelleren Wiedereingliederung in den Alltag. Darüber hinaus können auch noch durch die Einrichtung zentraler Dienste (z.B. Fahrdienst) sowie die zentrale Koordination von Versorgungsleistungen (z.B. Heil- und Hilfsmittel, Rehabilitation) Einsparpotentiale realisiert werden.

Die im Rahmen der Studie gewonnenen Ergebnisse belegen die effektivitätssteigernde Wirkung der Begleit- und Orientierungsstelle mammaNetz. Das in der Praxis erprobte und wissenschaftlich evaluierte Modell verbessert einerseits die Integration und Vernetzung der Institutionen und Akteure im Gesundheitswesen und andererseits die Versorgungsqualität von Frauen mit Brustkrebs bei möglichen Einsparpotentialen. Darüber hinaus ist ein allgemein gültiges Case-Management-Modell erfolgreich implementiert, das schon auf andere Brustzentren und Frauenkliniken in Deutschland übertragen wurde (z.B. Klinikum Coburg, Marienkrankenhaus Meppen) und auch in anderen Bereichen der Versorgung von Hochrisikopatienten sinnvoll eingesetzt werden kann. So wird z.B. im Schlaganfallzentrum des Klinikums Augsburg seit Sommer 2005 ein Case-Management-Team zur Erprobung eingesetzt. Darüber hinaus bietet das Case-Management-Konzept eine ideale Lösung in der Fortführung der Disease-Management-Programme (DMP) für die Verknüpfung von medizinischer und qualitativ psychosozialer Leistungen zum Wohle der Patientinnen. Eine Kombination würde eine Vereinfachung der ganzheitlichen Versorgung der Brustkrebspatientinnen gewährleisten.

Die im Rahmen der Studie selbst entwickelten Instrumente (standardisierte Fragebögen) zur Messung des Case Managements konnten überprüft werden und bilden einen neuen Ansatz in Bezug auf die Erfassung von Case-Management-Effekten. Die Studie liefert außerdem anschlussfähige Befunde. Im Rahmen einer Effektivitäts- und Effizienzstudie ist ein Antrag innerhalb der „Förderrichtlinien zur anwendungsorientierten Brustkrebsforschung" beim Bundesministerium für Bildung und Forschung (BMBF) für die nächsten 3 Jahre bewilligt worden.

11 Literaturverzeichnis

Aaronson N. K., Meyerowitz B. E., Bord M. (1991): Quality of life research in oncology. In: Cancer 1, 839-843.

Aaronson N. K., Ahmedzai S., Bullinger M. for the EORTC Quality of Life Group (1993): Validation of the EORTC QLQ 30. In: J Natl Cancer Inst 85, 365-376.

Arbeitsgemeinschaft Bevölkerungsbezogener Krebsregister in Deutschland (Hrsg.) in Zusammenarbeit mit dem Robert Koch Institut (2004): Krebs in Deutschland – Häufigkeiten und Trends, 4. überarbeitete, aktualisierte Ausgabe, Saarbrücken.

Atteslander P. (2000): Methoden der empirischen Sozialforschung, 9. neu bearb. Auflage, Walter de Gruyter, Berlin, New York.

Aymanns P. (1995): Soziale Netzwerke und kritische Lebensereignisse. In: Ningel R., Funke W. (Hrsg.): Soziale Netze in der Praxis, Verlag für angewandte Psychologie, Göttingen, 24-39.

Baumeister R. G. H., Bauerfeind I., Bubb C. f., de Waal J. C., Eiermann W. et al. (2003): Plastische Chirurgie der Brust. In: Sauer H. (Hrsg.): Empfehlungen zur Diagnostik, Therapie und Nachsorge: Mammakarzinome, Tumorzentrum München, 9. Auflage, 89-95.

beta Institut (2005a): mammaNetz – ein Modell. Imagebroschüre.

beta Institut (2005b): Manual zum mammaNetz (unveröffentlichtes Dokument).

beta Institut (Hrsg.) (2006): Jahresbericht 2005; alle Institutsprojekte im Überblick, Augsburg.

Bullinger M., Kirchberger I. (1998): Der SF-36 Fragebogen zum Gesundheitszustand (SF-36). Handbuch für die deutschsprachige Fragebogenversion, Hogrefe, Göttingen.

Bundesministerium für Gesundheit (2000): Case Management in der Suchtkranken- und Drogenhilfe. Ergebnisse des Kooperationsmodells nachgehende Sozialarbeit – Modellbestandteil Case Management, Band 139 der Schriftenreihe, Nomos Verlagsgesellschaft, Baden-Baden.

Busse R., Riesberg A. (2004): Health Care Systems in Transition: Germany, Vol. 6 (9), Copenhagen: WHO Regional Office for Europe on behalf of the European Observatory on Health Systems and Policies.

Cella D. (1998): Quality of life. In: Holland J. C. (Hrsg.): Psycho-oncology, Oxford University Press, New York, 1135-1146.

Degenhardt f. (2000): Manual der Mammasonographie, Thieme, Stuttgart, New York.

Diekmann A. (1999): Empirische Sozialforschung. Grundlagen, Methoden, Anwendungen, Rowohlt Taschenbuch Verlag, Reinbek bei Hamburg.

Dirmaier J., Zaun S., Koch U., Schulz H. (2004): Psychometric properties of the EORTC Quality of Life Questionnaire (EORTC QLQ-C30) in patients of inpatient cancer rehabilitation. In: Palliative and Supportive Care, 2, 1-10.

Dronkers D.J., Hendriks J., Holland R., Rosenbusch G. (1999): Radiologische Mammadiagnostik, Thieme, Stuttgart, New York.

Eiermann W., Bauernfeind I., Baumeister R. G. H., de Waal J. C. et al. (2003): Operative Therapie des primären Mammakarzinoms. In: Sauer H. (Hrsg.): Empfehlungen zur Diagnostik, Therapie und Nachsorge: Mammakarzinome, Tumorzentrum München, 9. Auflage, 82-95.

Engel J., Hölzel D., Kerr J., Schubert-Fritschle G. (2003): Epidemiologie. In: Sauer H. (Hrsg.): Empfehlungen zur Diagnostik, Therapie und Nachsorge: Mammakarzinome, Tumorzentrum München, 9. Auflage, 1-11.

Engelke E. (1999): Theorien der sozialen Arbeit. Eine Einführung. Lambertus-Verlag.

Faller H. (2003): Krebs. In: Jerusalem M., Weber H. (Hrsg.): Psychologische Gesundheitsförderung. Diagnostik und Prävention, Hogrefe, Göttingen, 655-675.

Feger H. Auhagen A. E. (1987): Unterstützende Soziale Netzwerke. Sozialpsychologische Perspektive. In: Zeitschrift für Klinische Psychologie, 16, 353-365.

Fletcher R., Fletcher S., Wagner E. (1999): Klinische Epidemiologie: Grundlagen und Anwendung, Ullstein Medical, Wiesbaden.

Fries H. (2002): Case Management als Gesundheitsleistung. In: Löcherbach P. et al. (Hrsg.): Case Management: Fall- und Systemsteuerung in Theorie und Praxis, Luchterhand, Neuwied.

Goodwin J. S., Satish S., Anderson,E. T., Nattinger A. B., Freeman, J. L. (2003): Effect of Nurse Case Management on the Treatment of Older Women with Breast Cancer. In: Journal of the American Geriatrics Society 51(9), 1252-1259.

Gursansky D., Harvey J., Kennedy R. (2003): Case management: policy, practice and professional business, Allen & Unwin, Australia,.

Härter M. Reuter K., Schretzmann B., Hasenburg A., Aschenbrenner A., Weis J. (2000): Komorbide psychische Störungen bei Krebspatienten in der stationären Akutbehandlung und medizinischen Rehabilitation. In: Rehabilitation, 39, 317-323.

Hanusch H. (1994): Nutzen-Kosten-Analyse, 2., überarb. Aufl., Franz Vahlen, München.

Herschbach P., Berg P., Duran G., Engst-Hastreiter U., Heinrich G., Keller M., Waadt S. (2004): Progedienzangst – Bedeutung und therapeutische Möglichkeiten, In: Onkologie, 26 (suppl 2) 21.

Hölzel D., Engel J., Schubert-Fritschle G. (2004): Disease-Management-Programm Brustkrebs – Versorgungsrealität, Konzeptkritik und Perspektiven. In: Deutsches Ärzteblatt, 10 (25), 1450-1457.

Holland J. (1998): Psychooncology, Oxford University Press, New York.

Huggins D., Lehman K. (1997): Reducing Costs Through Case Management. In: Nursing Management, 28(12), 34-37.

Informationszentrum für Standards in der Onkologie (ISTO) der Deutschen Krebsgesellschaft e.V. (Hrsg.) (2003): Interdisziplinäre Leitlinie der Deutschen Krebsgesellschaft und der beteiligten medizinisch-wissenschaflichen Fachgesellschaften: Diagnostik und Therapie des Mammakarzinoms der Frau – Eine nationale S3-Leitlinie, Frankfurt/Main.

Jänel G., Sing D., Grochocka A., Pfaff A. B. (2000): „Es fehlt an Information und Kommunikation!“ Probleme im Versorgungsprozess aus Sicht von Brustkrebspatientinnen und Ärzten. In: FORUM DKG, 15. Jg., Heft 4, 24-27.

Kahlert St., Bischoff J., v. Bismarck f., Eiermann W., Funke I. et al. (2003): Adjuvante Hormon- und Chemotherapie. In: Sauer H. (Hrsg.): Empfehlungen zur Diagnostik, Therapie und Nachsorge: Mammakarzinome, Tumorzentrum München, 9. Auflage, 11-124.

Kaiser M. (2003): Case Management als Methode der Sozialen Arbeit in der Sozialberatung. Abschlussarbeit im Rahmen der berufsbegleitenden Weiterbildung „Case Management. Zertifikatskurs 2002-2003“ der Katholischen Fachhochschule Mainz.

Kaufmann M., Ernst B. (2000): Was Frauen mit Krebs erfahren, empfinden, wissen und vermissen. In: Deutsches Ärzteblatt, Jhrg. 97, Heft 47, 3191-3196.

Kepplinger J. (1996): Partnerschaft und Krebserkrankung: Psychosoziale Belastungen, soziale Unterstützung und Bewältigung bei Paaren mit tumorkranken Partner, LIT Verlag, Münster et al.

Kerr J., Engel J., Schlesinger-Raab A., Sauer H., Hölzel D. (2003): Communication, quality of life and age: results of a 5-year prospective study in breast cancer patients. In: Annals of Oncology 14(3), 421-427.

Klug W. (2005): Case Management im US-amerikanischen Kontext. In: Löcherbach P., Klug W., Remmel-Faßbender R., Wendt W.R. (Hrsg.): Case Management. Fall- und Systemsteuerung in der Sozialen Arbeit, Ernst Reinhardt Verlag, München.

Koch U., Mehnert A. (2005): Lebensqualität bei Case Management in der sektorenübergreifenden Versorgung von Brustkrebspatientinnen, Abschlussbericht, Hamburg.

Koch U., Pawils S. (2006): Psychosoziale Versorgung in der Medizin – Entwicklungstendenzen und Ergebnisse der Versorgungsforschung, Schattauer, Stuttgart.

Koch U., Weis J. (1998): Krankheitsbewältigung bei Krebs und Möglichkeiten der Unterstützung. Schattauer, Stuttgart.

Kusch M., Kanth E., Labouvie H. (2001): Das Care-Service-Science-Konzept. In: Mangold B., Frank R.: Psychosomatische Grundversorgung in der Pädiatrie. Kohlhammer, München, 197-213.

Kreienberg R., Kopp I., Lorenz W., Budach W., Dunst J., Lebeau A., Lück H.-J., v. Minckwitz G., Possinger K., Sauerbrei W., Sauerland S., Souchon R., Thomssen C., Untch M., Volm T., Weis J., Schmitt-Reißer B., Koller M., Heilmann V. (2004): Diagnostik, Therapie und Nachsorge des Mammakarzinoms der Frau. Leitlinie der AWMF, hrsg. von der Deutschen Krebsgesellschaft e. V. (http://www.uni-duesseldorf.de/WWW/AWMF/ll/032-045.htm, Zugriff: 04.01.2006).

Kröger f., Hendrischke A. (2002): Kooperation im Gesundheitswesen. In: Psychotherapie im Dialog, 3 (1), 13-20.

Laireiter A., Lettner K. (1993): Belastende Aspekte sozialer Netzwerke und sozialer Unterstützung. Ein Überblick über den Phänomenbereich und die Methodik. In: Laireiter A. (Hrsg.): Soziales Netzwerk und soziale Unterstützung. Konzepte, Methoden und Befunde, Bern u.a., 101-110.

Lamnek S. (1995): Qualitative Sozialforschung, Band 1: Methodologie, Band 2: Methoden und Techniken, 3., korrigierte Auflage, Beltz, Psychologie Verlags Union, Weinheim.

Lauterbach K., Stock S. (2003): Strukturen und Prozess der Interdisziplinarität in der Onkologie – Disease-Management. In: Der Onkologe, 3.

Leidl R. (2003): Der Effizienz auf der Spur: Eine Einführung in die ökonomische Evaluation. In: Schwartz f. W. et al. (Hrsg.): Public-Health – Gesundheit und Gesundheitswesen, 2., völlig neu bearbeitete und erweiterte Auflage, Urban & Fischer, München, Jena, 461-484.

Luhmann N. (1991): Soziale Systeme: Grundriss einer allgemeinen Theorie, 4. Aufl., Suhrkamp, Frankfurt am Main.

Luhmann N. (1983): Rechtssoziologie, 2. Auflage, Westdeutscher Verlag, Opladen.

Massie M. J., Popkin M. K. (1998): Depressive Disorders. In: Holland J.C. (ED.): Psychooncology, Oxford University Press, New York, 518-540.

Mehnert A. (2004): Prevalence of posttraumatic stress disorder, anxiety and depression in a representative sample of breast cancer patients. In: Psychooncology, 13, Supplement, 62.

Morfeld M., Wirtz M. (2006): Methodische Ansätze in der Versorgungsforschung. Das Beispiel Evaluation der Disease-Management-Programme. In: Bundesgesundheitsblatt – Gesundheitsforschung – Gesundheitsschutz, 49, 2. Aufl.

Mörlein H. M. (2004): Disease-Management-Programme: DMP Brustkrebs jetzt auch in Bayern. In: Frauenarzt, 45 (5), 408-410.

Moxley D. P. (1997): Case Management by Design, Nelson-Hall, New York.

Mühlum A. (Hrsg.) (2004): Sozialarbeitswissenschaft. Wissenschaft. Wissenschaft der Sozialen Arbeit, Lambertus, Freiburg/Br.

Mühlum A., Franzkowiak P., Köhler-Offierski et.al. (2005): Soziale Arbeit und Gesundheit: Versuche einer Positionsbestimmung – Stellungnahme des Arbeitskreises Sozialarbeit und Gesundheit, Deutsche Gesellschaft für Sozialarbeit e.V., www.dgsinfo.de/texte1.

Nestmann f. (2001): Soziale Netzwerke – soziale Unterstützung. In: Otto H. U., Thiersch H. (Hrsg.): Handbuch Sozialarbeit/Sozialpädagogik, 2. Auflage, Luchterhand, Neuwied, 2001, 1684-1692.

Neuffer M. (2002): Case Management: Soziale Arbeit mit Einzelnen und Familien, Juventa, Weinheim, München.

Nefiodow Leo A. (2000): Der sechste Kondratieff: Wege zur Produktivität und Vollbeschäftigung im Zeitalter der Information, Rhein-Sieg-Verl., Sankt Augustin.

Pfaff A. B., Jänel G., Deutmeyer M., Grochocka A., Sing D., Schäfer-Walkmann S. (2001): Begleitforschung zur Qualitätssicherung an der Schnittstelle von ambulanter und stationärer Versorgung krebskranker Menschen – ambulant/stationäre Versorgungsqualität von Frauen mit Brustkrebs, Endbericht. Augsburg.

Pfaff A. B., Wiedemann T. C., Mamberer f. M. (2003): Sozialwissenschaftliche und gesundheitsökonomische Evaluation der Nachsorgeleistungen des „Vereins zur Familiennachsorge Bunter Kreis e.V.“, Endbericht, Augsburg.

Pfaff H. (2003): Versorgungsforschung – Begriffsbestimmungen, Gegenstand und Aufgaben. In: Pfaff H. et al. (Hrsg.): Gesundheitsversorgung und Disease Management. Hans Huber Verlag, München, 13-23.

Pfaff H. (2005): Konzept und Methodik der Versorgungsforschung. In: Die Psychiatrie, 2, 101-106.

Porz f., Erhardt H. (2000): Neue Wege in der Nachsorge: Case Management in der Sozialpädiatrie, 3. überarbeitete Auflage, betapharm Institutsverlag, Augsburg.

Porz f. (2003a): Case Management in der Pädiatrie. In: Porz f., Erhardt H. (Hrsg.): Case Management in der Kinder- und Jugendmedizin. Georg Thieme, Stuttgart, New York, 1-10.

Porz f., Podeswik A., Erhardt H. (2003b): Organisationsformen und Finanzierungsmöglichkeiten einer Nachsorgeeinrichtung nach dem Case-Management-Konzept. In: Porz f., Erhardt H. (Hrsg.): Case Management in der Kinder und Jugendmedizin. Georg Thieme, Stuttgart, New York, 47-52.

Remmel-Faßbender R. (2005): Case Management als Methodenkonzept der Sozialen Arbeit, In: Löcherbach P., Klug W., Remmel-Faßbender R., Wendt W. R. (Hrsg.) (2005): Case Management. Fall- und Systemsteuerung in der Sozialen Arbeit, 3. Auflage. Ernst Reinhardt Verlag, München, Basel.

Rhese B., Pukrop R. (2003): Effects of psychosocial interventions on quality of life in adult cancer patients: meta analysis of 37 published controlled outcome studies. In: Patient Education and Counseling, 50, 179-186.

Richard S. (2001): Integrierte Versorgung: Chancen und Perspektiven. In: Arbeit und Sozialpolitik, 1-2, 8-13.

Rieben E. et.al. (2003): Pfadkostenrechnung als Kostenträgerrechnung. Landsberg/Lech, ecomed verlagsgesellschaft.

Roland Berger Strategy Consultans (2002): Auswirkungen der transsektoral integrierten Gesundheitsversorgung auf die Medizinprodukteindustrie – Eine Studie über Status Quo und Perspektiven. Heidelberg.

Sachverständigenrat für die konzertierte Aktion im Gesundheitswesen (SVR KAG) (2002): Bedarfsgerechtigkeit und Wirtschaftlichkeit. Band III.1: Über-, Unter- und Fehlversorgung, Gutachten 2000/2001. Nomos, Baden-Baden.

Sachverständigenrat für die konzertierte Aktion im Gesundheitswesen (SVR KAG) (2003): Finanzierung, Nutzerorientierung und Qualität, Gutachten 2003. Redaktionell überarbeitete Version der Ministerfassung vom 24.01.03.

Sauer H. (Hrsg.) (2003): Empfehlungen zur Diagnostik, Therapie und Nachsorge: Mammakarzinome. Tumorzentrum München, 9. Auflage.

Sauer H., Artmann A., de Waal I. C., Eiermann W., Gutschow K., Harbeck N. et al. (2003): Nachsorge. In: Sauer H. (Hrsg.): Empfehlungen zur Diagnostik, Therapie und Nachsorge: Mammakarzinome. Tumorzentrum München, 9. Auflage, 125-138.

SBN Project Team (2000): Specialist breast nurses: an evidence-based model for Australian practice. Source National Breast Cancer Centre, 1-187.

Schäfer M., Schmid-Sroka D. (2004): Implementierung und Evaluation eines Case Management für chronisch kranke Patienten in öffentlichen Apotheken, Kurzfassung des Endberichtes, Augsburg.

Schuntermann M. (1998): ICIDH-2: Internationale Klassifikation der Schäden, Aktivitäten und Partizipation, Frankfurt/Main.

Sittek H., de Waal J. C., Eiermann W., Engel J., Gauwerky J. et al. (2003): Screening und Diagnostik. In: Sauer H. (Hrsg.): Empfehlungen zur Diagnostik, Therapie und Nachsorge: Mammakarzinome. Tumorzentrum München, 9. Auflage, 28-40.

Sittek H,. Schneider P., Perlet C., Baudrexel Ch., Reiser M. (2002): Minimalinvasive Interventionen an der Mamma. Vergleich unterschiedlicher Biopsiesysteme an Brustdrüsenparenchynmodell. In: Radiologe, 42 (1), 6-10.

Sommer G., Fydrich T. (1991): Entwicklung und Überprüfung eines Fragebogens zur sozialen Unterstützung (F-SOZU). In: Diagnostica, 37, 2, 160-178.

Sommer G. (1989): Soziale Unterstützung: Diagnostik, Konzepte, F-SOZU, Deutsche Gesellschaft für Verhaltenstherapie, Tübingen.

Smith T. C., Brooks A. M. T. (1999): Redefining Quality. In: Cohen E. L., de Bach V. (Hrsg.): The outcome mandate case management in health care today, St. Louis, 198-206.

Stucki G., Grimby G. (2004): ICF Core sets for chronic conditions. In: Journal of rehabilitation 44.

Szathmary B. (1999): Neue Versorgungskonzepte im deutschen Gesundheitswesen: Disease- und Case-Management,, Kriftel, Luchterhand, Neuwied.

Thorenz A., Grochocka A. (2003a): Modellprojekt in Augsburg für Frauen mit Brustkrebs. In: Forum Deutsche Krebsgesellschaft, 06/03.

Thorenz A., Rottscheidt C., Schmid-Sroka D. (2003b): Übertragung von Case-Management-Elementen des Augsburger Modells auf andere Bereiche des Gesundheitswesens. In: Case-Management in der Kinder- und Jugendmedizin, Georg Thieme Verlag, Stuttgart, New York, 79-82.

Thorenz A., Kanth E., Erhardt H. (2002): Case-Management in der psychoonkologischen Nachsorge – Das Augsburger Modell. In: Prävention und Rehabilitation, 14, 120-128.

Van de Steene J., Soete G., Storne G. (2000): Adjuvant radiotherapy for breast cancer significantly improves overallsurvival the missing link. In: Radiotherapy Oncology, 55, 263-272.

Veronesi U., von Kleist S., Redmond K., Costa A., Delvaux N., Freilich G., Glaus A., Hudson T., McVie J. G., Macnamara C., Meunier f., Pecorelli S., Serin D. and the CAWAC Study Group (1999): Caring about Women and Cancer (CAWAC): a European Survey of the Perspectives and Experiences of Women with Female Cancers. In: Eur J Cancer, 35, 1667-1675.

Veronesi U., Cascinelli N., Mariani I. et al. (2002): Twenty-year follow-up of randomized trial comparing breast-conserving surgery with radical mastectomy for early-breast cancer. In: N Engl J Med, 347, S: 1227-1232.

Vingh-Hung V., Burzykowsky T., van de Steene J., Storne G., Soete G. (2002): Post-surgery radiation on early breast cancer survival analysis of registry data. In: Radiotherapy Oncology, 64, 281-290.

Vogel S. (2004): Quo vadis, Patientenpfade – Der Weg im Krankenhaus München Schwabing, http://halber.org/tps/docs/040327-Vogel-Muenchen-Final.pdf, Zugriff vom 27.07.2004.

Ware J. E., Kosinski M., Dewey J. E., Gandek B. (1999): How to Score and Interpret Single-Item Health Status Measures: A Manual for Users of the SF-8 TM Health Survey, RI: QualityMetric Incorporated, Lincoln.

Ware J.E., Sherbourne C. (1992): The Mos 36-item short-form health survey (SF-36). I. Conceptual framework and item selection. In: Medical Care, 30, 473-483.

Wendt W. R. (2001): Case Management im Sozial- und Gesundheitswesen: Eine Einführung, 3. ergänzte Auflage, Lambertus, Freiburg im Breisgau.

Wendt W. R. (2002): Case Management: Stand und Positionen in der Bundesrepublik. In: Löcherbach P., Klug W., Remmel-Faßbender R., Wendt W. R. (Hrsg.): Case Management. Fall- und Systemsteuerung in Theorie und Praxis. Luchterhand, Neuwied, 13-35.

Weis J., Blettner G., Schwarz R. (2000): Psychoonkologische Versorgung in Deutschland: Qualität und Quantität. In: Zeitschrift für Psychosomatische Medizin, 46, 4-17.

Weis J. (1990): Bedarf an psychosozialer Versorgung von Tumorpatienten. Theoretische Aspekte zum Begriff des Bedarfs und der Problematik der Bedarfsplanung. In: Koch U., Potreck-Rose f. (Hrsg.): Krebsrehabilitation und Psychoonkologie. Springer, Berlin, 113-123.

WHO (2001): Internationale Klassifikation der Funktionsfähigkeit, Behinderung und Gesundheit (ICF), WHO Publication, Genf.

Wiedemann T. (2004): Wirtschaftlichkeit und Effektivität verbesserter ambulant-stationärer Verzahnung durch Case Management. Eine Fall-Kontroll-Studie der Versorgung Früh- und Risikogeborener durch den Bunten Kreis. Univ. Augsburg, Diss., 2004.

Zöfel, P. (2002): Statistik verstehen. Ein Begleitbuch zur computergestützten Anwendung, Addison-Wesley Verlag, München.

Internetquellen

www.kreftregilsteret.no 31.08.04

Tumorzentrum Augsburg (2002):
www.tumorzentrum-augsburg.de/Nachsorgeempfehlungen/
Nachsorgeempfehlungen-Mamma.pdf

www.statistischesbundesamt.de
www.medizin-netz.de/frau/brustkrebs
www.klinikumaugsburg.de/download/fcms/241614/son_040527_funktionsbeschreibung_qmb_kaq.pdf
www.gbe-bund.de
www.krebsinfo.de
www.onmeda.de
www.case-manager.de/cm-richtlinie.htm
www.homecare-nuernberg.de
www.mammaNetz.de
www.private-pflegekassen.de
www.rki.de/Lebensqualität
www.sf-36.org

Zeitungsartikel

Ärztezeitung 10./11. Januar 2003, Nr. 4
Aichacher Zeitung, 18. Dezember 2002
Augsburger Zeitung, 18. Dezember 2002

Anlagen

1. Patientinnenfragebögen Kontrollgruppe (B1 - B3)
2. Patientinnenfragebögen Interventionsgruppe (B1 - B3)
3. Fragebögen Netzwerkpartner (B1, B2)
4. Ausgewählte Gesprächsprotokolle

Fragebogen zum
1. Patientinnen-Interview
(Kontrollgruppe)

Probandennummer: ....

Befragungszeitpunkt: Am Tag der stationären Aufnahme

Das heutige Datum (Tag, Monat, Jahr): _______________

Einige soziodemographische Daten

1. Ihr Geburtstag (Tag, Monat, Jahr):_________________________

2. Familienstand:

☐ ledig
☐ verheiratet
☐ geschieden, getrennt
☐ verwitwet
☐ Kinder   Anzahl der Kinder___________
            Alter der Kinder_____________

3. Leben Sie zur Zeit allein oder mit anderen zusammen?

☐ allein   ☐ mit Partner   ☐ mit Kindern
                                Anzahl der Kinder___________
                                Alter der Kinder_____________
☐ mit Anderen:_________________   ☐ Pflegefall zu Hause

4. Schulabschluss:

☐ Hauptschule ohne Abschluss
☐ Hauptschule mit Abschluss
☐ Mittlere Reife
☐ Abitur, Fachhochschulreife
☐ Universitäts-, Fachhochschulabschluss

5. Derzeitige berufliche Situation:

☐ in Ausbildung oder Umschulung
☐ berufstätig
  In welchem Beruf?________________________________
☐ zur Zeit arbeitslos
☐ Hausfrau
☐ in Rente/Pension
  ☐ altersbedingt

- ☐ vorzeitig seit____________
  ehemaliger Beruf:________________________

☐ Sozialhilfe
☐ Sonstiges:________________________________

Fragen zu der Zeit der Diagnosestellung

6. Wie wurde der Knoten in Ihrer Brust entdeckt?
☐ Ich habe ihn zufällig entdeckt.
☐ Ich habe ihn selbst bei gezielter Selbstuntersuchung aufgespürt.
☐ Mein Partner hat ihn bemerkt.
☐ Er wurde bei der Vorsorgemammographie entdeckt.
☐ Er wurde bei der Ultraschalluntersuchung festgestellt.
☐ Die Ärztin/Arzt hat ihn ertastet.
☐ Er fiel bei anderer Untersuchung auf: __________________________

7. Welche Praxen haben Sie seit dem Verdacht der Krebserkrankung aufgesucht?

		Wie oft besuchten Sie den Arzt/die Ärztin?
☐	Hausarzt	____________ Arztbesuche
☐	Frauenarzt	____________ Arztbesuche
☐	Radiologe	____________ Arztbesuche
☐	Ambulanz der Frauenklinik im Klinikum	____________ Arztbesuche
☐	Ambulanz des Josefinums	____________ Arztbesuche
☐	Andere Fachärzte: ____________	____________ Arztbesuche
	____________	____________ Arztbesuche

☐ Ich habe keinen Arzt aufgesucht.

8. Haben Sie in dieser Zeit den Arzt/die Ärztin gewechselt?
☐ Ja ☐ Nein
Wenn ja, welchen Arzt/ Ärztin haben Sie gewechselt?
____
Und warum haben Sie ihn/sie gewechselt?
____
____

9. Wann hat Ihnen die Ärztin/der Arzt Ihre Diagnose mitgeteilt?
Datum: ________________
War jemand mit Ihnen bei diesem Gespräch?
☐ Ja ☐ Nein

Wenn ja, wer?

____

Wenn nein, hätten Sie sich eine Begleitung gewünscht?

☐ Ja ☐ Nein

10. Was haben Sie nach der Diagnosestellung überwiegend getan?

☐ Ich war nicht in der Lage, etwas zu unternehmen.

☐ Ich habe mit meiner Familie (Freunden) über meine Ängste und Sorgen geredet, um mich zu entlasten.

☐ Ich habe versucht, nicht darüber nachzudenken.

☐ Ich habe versucht, mich so genau wie möglich zu informieren und habe folgende Informationsquellen genutzt (Mehrfachnennungen möglich):

☐ Fachbücher ☐ Internet ☐ Fachzeitschriften

☐ Fernsehsendungen ☐ Gespräche mit Betroffenen

☐ Sonstiges:____________________

☐ Ich habe seither: ______________________________

11. Sind in der Zeit der Diagnosestellung und danach Probleme aufgetreten? Haben Sie sich in dieser Zeit über etwas geärgert?

☐ Ja ☐ Nein

Wenn ja, was war es?

____

____

____

Ihre Kontaktmöglichkeiten

Wie beurteilen Sie Kontakt- und Unterstützungsmöglichkeiten in Ihrer nächsten Umgebung?

12. Wenn ich krank bin, kann ich ohne Zögern Angehörige/Freunde/ Nachbarn bitten, wichtige Dinge (z.B. Einkaufen) für mich zu erledigen.

nie	selten	ab und zu	meist	immer
☐	☐	☐	☐	☐

13. Von meiner Familie, von meinen Freunden und Bekannten erhalte ich oft gute Tipps (z.B. gute Ärztin/Arzt, gutes Krankenhaus, interessante Veranstaltungen, wichtige Informationsquellen).

nie	selten	ab und zu	meist	immer
☐	☐	☐	☐	☐

14. Kennen Sie Menschen, die Sie bei Problemen um Rat fragen können?
☐ Ja ☐ Nein
Wenn ja, wie viele sind es? ____________
15. Wer nimmt auch Mühen auf sich, um Ihnen bei größeren Schwierigkeiten zu helfen?
____

Fragen zur Ihrer Zufriedenheit mit der Unterstützung nach der Diagnose

(Mehrfachnennungen möglich)

16. Von wem werden Sie seit der Diagnosestellung hilfreich unterstützt?
☐ Partner ☐ Kinder ☐ Andere Familienangehörige
☐ Freunde ☐ Ärztin/Arzt ☐ Sprechstundenhilfe
☐ Andere Betroffene ☐ Sonstige: ________________________
☐ Von niemandem
17. Wer hat Ihnen Informationen über Ihre Erkrankung gegeben, die für Sie besonders wichtig waren?
☐ Partner ☐ Kinder ☐ Andere Familienangehörige
☐ Freunde ☐ Ärztin/Arzt ☐ Sprechstundenhilfe
☐ Andere Betroffene ☐ Sonstige: ________________________
☐ Niemand
18. Von wem wurden Sie umfassend über Hilfs- und Unterstützungsangebote (Beratungsstellen, Selbsthilfegruppen etc.) beraten?
☐ Partner ☐ Kinder ☐ Andere Familienangehörige
☐ Freunde ☐ Ärztin/Arzt ☐ Sprechstundenhilfe
☐ Andere Betroffene ☐ Sonstige: ________________________
☐ Von niemandem
19. Wer hat Sie bei der Vermittlung von Ärzten, Krankenhaus etc. unterstützt?
☐ Partner ☐ Kinder ☐ Andere Familienangehörige
☐ Freunde ☐ Ärztin/Arzt ☐ Sprechstundenhilfe
☐ Andere Betroffene ☐ Sonstige: ________________________
☐ Niemand

20. Ich hätte mir mehr praktische Unterstützung gewünscht:
(Mehrfachnennungen möglich)

- ☐ beim Beschaffen von Informationen über die Erkrankung an sich und über die Therapiemöglichkeiten, die für mich besonders wichtig sind
- ☐ bei wichtigen Gesprächen mit Ärztinnen/Ärzten
- ☐ durch ein Gespräch mit einer Betroffenen in ähnlicher Lebenssituation
- ☐ beim Kontakt zu Selbsthilfegruppen
- ☐ bei der Angstbewältigung
- ☐ im Haushalt
- ☐ bei der Kinderbetreuung
- ☐ bei der Pflege der Angehörigen
- ☐ bei Beziehungskonflikten
- ☐ bei Problemen mit dem Arbeitgebern
- ☐ bei Kontakten mit der Krankenkasse
- ☐ Sonstiges:____________________________
- ☐ trifft nicht zu

In welcher seelischen Verfassung sind Sie gerade?

21. Ich habe Angst vor den körperlichen Auswirkungen der Erkrankung.

kaum	ein wenig	ziemlich	stark	sehr stark
☐	☐	☐	☐	☐

22. Ich habe Angst davor, meinen beruflichen Verpflichtungen nicht mehr gerecht zu werden.

kaum	ein wenig	ziemlich	stark	sehr stark
☐	☐	☐	☐	☐

☐ trifft nicht zu

23. Ich habe Angst davor, meinen häuslichen Verpflichtungen nicht mehr gerecht zu werden.

kaum	ein wenig	ziemlich	stark	sehr stark
☐	☐	☐	☐	☐

24. Ich habe Angst davor, dass meine sozialen Kontakte/Partnerschaft durch die Krankheit beeinträchtigt werden.

kaum	ein wenig	ziemlich	stark	sehr stark
☐	☐	☐	☐	☐

Wir danken Ihnen ganz herzlich für Ihre Mitarbeit!

Fragebogen zum
2. Patientinnen-Interview
(Kontrollgruppe)

Probandennummer: ....

Befragungszeitpunkt: Vier Monate nach stationärer Aufnahme

Das heutige Datum (Tag, Monat, Jahr): ______________

Fragen zu der Zeit nach der Entlassung aus der Klinik

1. Wie wurden Sie operiert?
☐ Brusterhaltende OP
☐ mit Sentinel ☐ mit kompletter Entfernung der Lymphknoten
☐ Brustamputation
☐ mit Sentinel ☐ mit kompletter Entfernung der Lymphknoten
☐ Sonstige: ______________________________
2. Hat man im Zusammenhang mit der OP bei Ihnen folgendes festgestellt:
Tumorgröße: .... cm ☐ weiß ich nicht
Lymphknotenbefall: ☐ Ja ☐ Nein ☐ weiß ich nicht
Fernmetastasen: ☐ Ja ☐ Nein ☐ weiß ich nicht
3. Welche Therapie(n) haben Sie bereits bekommen?
☐ neoadjuvante Chemotherapie ☐ adjuvante Chemotherapie (die Hälfte)
☐ adjuvante Chemotherapie (alle Zyklen)
☐ Bestrahlung ☐ Hormontherapie
☐ Sonstiges: (z.B. Krankengymnastik, Lymphdrainage, sog. alternative Therapieverfahren, spezielle Diäten etc.) ________________________
☐ Ich habe bisher keine der genannten Therapien bekommen.
4. Welche Therapie(n) erhalten Sie im Moment?
☐ neoadjuvante Chemotherapie ☐ adjuvante Chemotherapie
☐ Bestrahlung ☐ Hormontherapie
☐ Sonstiges: (z.B. Krankengymnastik, Lymphdrainage, sog. alternative Therapie-verfahren, spezielle Diäten etc.) ______________________
☐ Ich erhalte zur Zeit keine der genannten Therapien.
5. Waren Sie in einer Klinik zu einer Anschlussheilbehandlung (AHB) oder Rehabilitation (Reha)?
☐ Ja ☐ Nein
6. Welche Praxen haben Sie in den letzten 4 Monaten aufgesucht?
Wie oft besuchten Sie den Arzt/die Ärztin?
☐ Hausarzt ____________ Arztbesuche
☐ Frauenarzt ____________ Arztbesuche
☐ Onkologe ____________ Arztbesuche
☐ Andere Fachärzte: ____________ ____________ Arztbesuche
____________ ____________ Arztbesuche

☐ Ambulanz der Frauenklinik im Klinikum ___________ Besuche
☐ Ambulanz der Strahlenklinik im Klinikum ___________ Besuche
☐ Andere Ambulanz: ___________ ___________ Besuche
☐ Ich habe keinen Arzt aufgesucht.

7. Haben Sie in dieser Zeit den Arzt/die Ärztin gewechselt?
   ☐ Ja ☐ Nein
   Wenn ja, welchen Arzt/ Ärztin haben Sie gewechselt?
   ____
   Und warum haben Sie ihn/sie gewechselt?
   ____
   ____
8. Wie oft waren Sie nach Ihrer Erstentlassung stationär in der Klinik?
   ☐ nicht mehr
   ☐ ______ mal, insgesamt _______ Tage
9. Sind Sie zur Zeit krank geschrieben? (Nur bei Berufstätigen!)
   ☐ Ja ☐ Nein
10. An wie vielen Tagen waren Sie in den letzten 4 Monaten krank geschrieben? (Nur bei Berufstätigen!)
    An __________ Tagen
11. Haben Sie in den letzten 4 Monaten eine psychologische Begleitung in Anspruch genommen?
    ☐ Ja ☐ Nein
12. Hatten Sie in dieser Zeit Kontakt zu Selbsthilfegruppen?
    ☐ Ja ☐ Nein
    Wenn ja, zu welchen? ___________________________
13. Haben Sie eine Beratungsstelle aufgesucht?
    ☐ Ja ☐ Nein
    Wenn ja, welche? ___________________________
14. Haben Sie in den letzten 4 Monaten eine professionelle Hilfe in Anspruch genommen?
    ☐ Ja ☐ Nein
    Wenn ja, in welchem Bereich?
    ☐ im Haushalt
    ☐ bei Pflege der Angehörigen
    ☐ bei Kinderbetreuung
15. Sind in den letzten 4 Monaten Probleme aufgetreten?
    Haben Sie sich in dieser Zeit über etwas geärgert?
    ☐ Ja ☐ Nein
    Wenn ja, was war es?
    ____

Fragen zu Ihrer Zufriedenheit mit der Unterstützung nach der Entlassung aus der Klinik

(Mehrfachnennungen möglich)

16. Von wem wurden Sie nach der Entlassung aus der Klinik hilfreich unterstützt?
☐ Partner ☐ Kinder ☐ Andere Familienangehörige
☐ Freunde ☐ Ärztin/Arzt ☐ Sprechstundenhilfe
☐ Andere Betroffene ☐ Sonstige: ______________
☐ Von niemandem

17. Wer hat Ihnen Informationen über Ihre Erkrankung gegeben, die für Sie besonders wichtig waren?
☐ Partner ☐ Kinder ☐ Andere Familienangehörige
☐ Freunde ☐ Ärztin/Arzt ☐ Sprechstundenhilfe
☐ Andere Betroffene ☐ Sonstige: ______________
☐ Niemand

18. Wer hat Sie umfassend über Hilfs- und Unterstützungsangebote (Beratungsstellen, psychoonkologische Bertreuung, Selbsthilfegruppen etc.) informiert?
☐ Partner ☐ Kinder ☐ Andere Familienangehörige
☐ Freunde ☐ Ärztin/Arzt ☐ Sprechstundenhilfe
☐ Andere Betroffene ☐ Sonstige: ______________
☐ Niemand

19. Wer hat Ihnen bei der Vermittlung der Hilfs- und Unterstützungsangebote (Beratungsstellen, psychoonkologische Bertreuung, Selbsthilfegruppen etc.) geholfen?
☐ Partner ☐ Kinder ☐ Andere Familienangehörige
☐ Freunde ☐ Ärztin/Arzt ☐ Sprechstundenhilfe
☐ Andere Betroffene ☐ Sonstige: ______________
☐ Niemand

20. Haben Sie Probleme beim Kontakt mit Ämtern, Behörden und Krankenkassen gehabt?

☐ Ja ☐ Nein

Wenn ja, wer hat Ihnen dabei geholfen

☐ Partner ☐ Kinder ☐ Andere Familienangehörige

☐ Freunde ☐ Ärztin/Arzt ☐ Sprechstundenhilfe

☐ Andere Betroffene ☐ Sonstige: ____________

☐ Niemand

21. Ich hätte mir mehr praktische Unterstützung gewünscht:

☐ beim Beschaffen von Informationen über die Erkrankung an sich und über die Therapiemöglichkeiten, die für mich besonders wichtig sind

☐ bei wichtigen Gesprächen mit Ärztinnen/Ärzten

☐ durch ein Gespräch mit einer Betroffenen in ähnlicher Lebenssituation

☐ beim Kontakt zu Selbsthilfegruppen

☐ bei der Angstbewältigung

☐ im Haushalt

☐ bei der Kinderbetreuung

☐ bei der Pflege der Angehörigen

☐ bei Beziehungskonflikten

☐ bei Problemen mit dem Arbeitgebern

☐ bei Kontakten mit der Krankenkasse

☐ Sonstiges: ____________________________

☐ trifft nicht zu

In welcher seelischer Verfassung sind Sie gerade?

22. Ich habe Angst vor den körperlichen Auswirkungen der Erkrankung.

kaum	ein wenig	ziemlich	stark	sehr stark
☐	☐	☐	☐	☐

23. Ich habe Angst davor, meinen beruflichen Verpflichtungen nicht mehr gerecht zu werden.

kaum	ein wenig	ziemlich	stark	sehr stark
☐	☐	☐	☐	☐

☐ trifft nicht zu

24. Ich habe Angst davor, meinen häuslichen Verpflichtungen nicht mehr gerecht zu werden.

kaum	ein wenig	ziemlich	stark	sehr stark
☐	☐	☐	☐	☐

25. Ich habe Angst davor, dass meine sozialen Kontakte/Partnerschaft durch die Krankheit beeinträchtigt werden.

kaum	ein wenig	ziemlich	stark	sehr stark
☐	☐	☐	☐	☐

26. Bitte schätzen Sie ein, wie kompetent, selbständig und sicher Sie im Umgang mit ihrer Erkrankung (geworden) sind?
(Schätzen Sie sich auf einer Skala 1-5 ein)

Ich fühle mich informiert...					
über die Krankheit im allgemeinen	1 ☐	2 ☐	3 ☐	4 ☐	5 ☐
speziell über meine Erkrankung (bisheriger Verlauf und Prognose)	1 ☐	2 ☐	3 ☐	4 ☐	5 ☐
über meine Therapie	1 ☐	2 ☐	3 ☐	4 ☐	5 ☐
über mögliche Hilfs-/Therapieangebote	1 ☐	2 ☐	3 ☐	4 ☐	5 ☐
Ich habe das Gefühl,...					
dass meine Wünsche bzw. Bedenken während der Behandlung berücksichtigt werden	1 ☐	2 ☐	3 ☐	4 ☐	5 ☐
dass ich in der Lage bin, Entscheidungen für meine Therapie zu treffen	1 ☐	2 ☐	3 ☐	4 ☐	5 ☐

Insgesamt fühle ich mich sicher im Umgang mit meiner Erkrankung

1 ☐	2 ☐	3 ☐	4 ☐	5 ☐

Wir danken Ihnen ganz herzlich für Ihre Mitarbeit!

Fragebogen zum
3. Patientinnen-Interview
(Kontrollgruppe)

Probandennummer: ....

Befragungszeitpunkt: Ein Jahr nach stationärer Aufnahme

Das heutige Datum (Tag, Monat, Jahr): _______________

Wie geht es Ihnen?

	sehr schlecht	schlecht	mittel-mäßig	gut	sehr gut
Körperlich	☐	☐	☐	☐	☐
Seelisch	☐	☐	☐	☐	☐
Was Schmerzen betrifft	☐	☐	☐	☐	☐
Bei beruflicher Aktivität	☐	☐	☐	☐	☐
Bei häuslicher Aktivität	☐	☐	☐	☐	☐
Beim Kontakt zu Bekannten/ Freunden	☐	☐	☐	☐	☐

Fragen zu Ihrer Behandlung

1. Welche Therapien wurden/werden nach der Operation bei Ihnen durchgeführt? Geben Sie bitte auch den Zeitraum an!
   - ☐ keine
   - ☐ Strahlentherapie von_______________ bis_______________
   - ☐ Chemotherapie von_______________ bis_______________
   - ☐ Hormontherapie von_______________ bis_______________
   - ☐ Sonstiges: ____
     von_______________ bis_______________
2. Waren Sie in einer Klinik zu Anschlussheilbehandlung (AHB) oder Rehabilitation (Reha)?
   - ☐ Ja ☐ Nein
3. Welchen Arzt suchen Sie bei Fragen zu Ihrer Krebserkrankung am häufigsten auf?
   - ☐ Hausarzt

- ☐ Frauenarzt
- ☐ Onkologen
- ☐ Anderen Facharzt: ______________________________
- ☐ Ich habe keinen Arzt aufgesucht.

4. Haben Sie in dieser Zeit den Arzt/die Ärztin gewechselt?
   ☐ Ja ☐ Nein
   Wenn ja, welchen Arzt/ Ärztin haben Sie gewechselt?
   ____
   Und warum haben Sie ihn/sie gewechselt?
   ____
   ____
   ____
5. Wie oft waren Sie nach Ihrer Erstentlassung stationär in der Klinik?
   ☐ nicht mehr
   ☐ ______ mal, insgesamt _______ Tage
6. Sind Sie zur Zeit krank geschrieben? (Nur bei Berufstätigen!)
   ☐ Ja ☐ Nein
   Wenn nein, wie sieht Ihre momentane berufliche Situation aus?
   ☐ Ich arbeite wieder genauso wie vor der Erkrankung.
   ☐ Ich habe die Stundenzahl um ______ % reduziert.
   ☐ Ich habe eine Berufs- bzw. Erwerbsunfähigkeit Rente beantragt.
   ☐ Ich habe eine vorzeitige Altersrente beantragt.
   ☐ Ich habe gekündigt.
   ☐ Ich wurde entlassen.
   ☐ Sonstiges:______________________________
7. Haben Sie nach der Entlassung aus der Klinik eine psychologische Begleitung in Anspruch genommen?
   ☐ Ja ☐ Nein
8. Hatten Sie in dieser Zeit Kontakt zu Selbsthilfegruppen?
   ☐ Ja ☐ Nein
   Wenn ja, zu welchen? ______________________________
9. Haben Sie eine Beratungsstelle aufgesucht?
   ☐ Ja ☐ Nein
   Wenn ja, welche? ______________________________
10. Haben Sie im letzten Jahr weitere professionelle Hilfe in Anspruch genommen?
    ☐ Ja ☐ Nein
    Wenn ja, in welchem Bereich?
    ☐ im Haushalt

☐ bei Pflege der Angehörigen
☐ bei Kinderbetreuung
☐ Sonstiges: ______________________

11. Sind in den letzten Monaten in Zusammenhang mit Ihrer Erkrankung Probleme aufgetreten? Haben Sie sich in dieser Zeit über etwas geärgert?

☐ Ja ☐ Nein

Wenn ja, was war es?

____

____

____

____

Fragen zu Ihrer Zufriedenheit mit der Unterstützung nach der Entlassung aus der Klinik

(Mehrfachnennungen möglich!)

12. Von wem wurden Sie in den letzten Monaten hilfreich unterstützt?

☐ Partner ☐ Kinder ☐ Andere Familienangehörige
☐ Freunde ☐ Ärztin/Arzt ☐ Sprechstundenhilfe
☐ Andere Betroffene ☐ Sonstige: ____________
☐ Von niemandem

13. Wer hat Ihnen in dieser Zeit Informationen über Ihre Erkrankung gegeben, die für Sie besonders wichtig waren?

☐ Partner ☐ Kinder ☐ Andere Familienangehörige
☐ Freunde ☐ Ärztin/Arzt ☐ Sprechstundenhilfe
☐ Andere Betroffene ☐ Sonstige: ____________
☐ Niemand

14. Wer hat Sie umfassend über Hilfs- und Unterstützungsangebote (Beratungsstellen, psychoonkologische Bertreuung, Selbsthilfegruppen etc.) informiert?

☐ Partner ☐ Kinder ☐ Andere Familienangehörige
☐ Freunde ☐ Ärztin/Arzt ☐ Sprechstundenhilfe
☐ Andere Betroffene ☐ Sonstige: ____________
☐ Niemand

15. Wer hat Ihnen bei der Vermittlung der Hilfs- und Unterstützungsangebote (Beratungsstellen, psychoonkologische Bertreuung, Selbsthilfegruppen etc.) geholfen?

☐ Partner	☐ Kinder	☐ Andere Familienangehörige
☐ Freunde	☐ Ärztin/Arzt	☐ Sprechstundenhilfe
☐ Andere Betroffene		☐ Sonstige: ______________
☐ Niemand		

16. Haben Sie Probleme in den letzten Monaten beim Kontakt mit Ämtern, Behörden und Krankenkassen gehabt?

☐ Ja ☐ Nein

Wenn ja, wer hat Ihnen dabei geholfen?

☐ Partner	☐ Kinder	☐ Andere Familienangehörige
☐ Freunde	☐ Ärztin/Arzt	☐ Sprechstundenhilfe
☐ Andere Betroffene		☐ Sonstige: ______________
☐ Niemand		

17. Ich hätte mir in den letzten Monaten mehr praktische Unterstützung gewünscht:
(Mehrfachnennungen möglich!)

- ☐ beim Beschaffen von Informationen über die Erkrankung an sich und über die Therapiemöglichkeiten, die für mich besonders wichtig sind
- ☐ bei wichtigen Gesprächen mit Ärztinnen/Ärzten
- ☐ durch ein Gespräch mit einer Betroffenen in ähnlicher Lebenssituation
- ☐ beim Kontakt zu Selbsthilfegruppen
- ☐ bei der Angstbewältigung
- ☐ im Haushalt
- ☐ bei der Kinderbetreuung
- ☐ bei der Pflege der Angehörigen
- ☐ bei Beziehungskonflikten
- ☐ bei Problemen mit dem Arbeitgebern
- ☐ bei Kontakten mit der Krankenkasse
- ☐ Sonstiges:____
- ☐ trifft nicht zu

18. Zu welchem Zeitpunkt ist Ihrer Meinung nach Unterstützung am nötigsten?
(Mehrfachnennungen möglich!)

- ☐ Gleich nach der Verdachtsdiagnose vor dem Krankenhausaufenthalt
- ☐ Während des Aufenthaltes im Krankenhaus

- ☐ Bei der Nachbehandlung (Chemotherapie/Bestrahlung)
- ☐ Nach der Rehabilitationsmaßnahme
- ☐ Vor einem Nachsorgetermin

In welcher seelischer Verfassung sind Sie gerade?

19. Ich habe Angst vor den körperlichen Auswirkungen der Erkrankung.

kaum	ein wenig	ziemlich	stark	sehr stark
☐	☐	☐	☐	☐

20. Ich habe Angst davor, meinen beruflichen Verpflichtungen nicht mehr gerecht zu werden.

kaum	ein wenig	ziemlich	stark	sehr stark
☐	☐	☐	☐	☐

☐ trifft nicht zu

21. Ich habe Angst davor, meinen häuslichen Verpflichtungen nicht mehr gerecht zu werden.

kaum	ein wenig	ziemlich	stark	sehr stark
☐	☐	☐	☐	☐

23. Ich habe Angst davor, dass meine sozialen Kontakte/Partnerschaft durch die Krankheit beeinträchtigt werden.

kaum	ein wenig	ziemlich	stark	sehr stark
☐	☐	☐	☐	☐

24. Bitte schätzen Sie ein, wie kompetent, selbständig und sicher Sie im Umgang mit Ihrer Erkrankung (geworden) sind?
(Schätzen Sie sich auf einer Skala 1-5 ein!)

Ich fühle mich informiert:...	sehr schlecht				sehr gut
...über die Krankheit im allgemeinen	1 ☐	2 ☐	3 ☐	4 ☐	5 ☐
...speziell über meine Erkrankung (bisheriger Verlauf und Prognose)	1 ☐	2 ☐	3 ☐	4 ☐	5 ☐
...über meine Therapie	1 ☐	2 ☐	3 ☐	4 ☐	5 ☐
...über mögliche Hilfs-/Therapieangebote	1 ☐	2 ☐	3 ☐	4 ☐	5 ☐

Ich habe das Gefühl,...	trifft überhaupt nicht zu				trifft im hohen Maße zu
...dass meine Wünsche bzw. Bedenken während der Behandlung berücksichtigt werden	1 ☐	2 ☐	3 ☐	4 ☐	5 ☐

	...dass ich in der Lage bin, Entscheidungen für meine Therapie zu treffen	1 ☐ 2 ☐ 3 ☐ 4 ☐ 5 ☐
	Insgesamt fühle ich mich **sicher** im Umgang mit meiner Erkrankung	1 ☐ 2 ☐ 3 ☐ 4 ☐ 5 ☐
25.	Gibt es noch irgendetwas, was Sie bemerken möchten?	
	______________________________	
	______________________________	
	______________________________	
	______________________________	
	______________________________	

Wir danken Ihnen ganz herzlich für Ihre Mitarbeit!

Fragebogen zum
1. Patientinnen-Interview
(Interventionsgruppe)

Probandennummer: ....

Befragungszeitpunkt: Am Tag der stationären Aufnahme

Das heutige Datum (Tag, Monat, Jahr): _______________

Einige soziodemographische Daten

1. Ihr Geburtstag (Tag, Monat, Jahr):________________________

2. Familienstand:

- ☐ ledig
- ☐ verheiratet
- ☐ geschieden, getrennt
- ☐ verwitwet
- ☐ Kinder Anzahl der Kinder___________
  Alter der Kinder_____________

3. Leben Sie zur Zeit allein oder mit anderen zusammen?

☐ allein ☐ mit Partner ☐ mit Kindern
Anzahl der Kinder___________
Alter der Kinder_____________
☐ mit Anderen:_________________ ☐ Pflegefall zu Hause

4. Schulabschluss:

- ☐ Hauptschule ohne Abschluss
- ☐ Hauptschule mit Abschluss
- ☐ Mittlere Reife
- ☐ Abitur, Fachhochschulreife
- ☐ Universitäts-, Fachhochschulabschluss

5. Derzeitige berufliche Situation:

- ☐ in Ausbildung oder Umschulung
- ☐ berufstätig
  In welchem Beruf?_______________________________
- ☐ zur Zeit arbeitslos
- ☐ Hausfrau
- ☐ in Rente/Pension
  - ☐ altersbedingt

- ☐ vorzeitig seit____________
  ehemaliger Beruf:_________________________

☐ Sozialhilfe

☐ Sonstiges:___________________________________

Fragen zu der Zeit der Diagnosestellung

6. Wie wurde der Knoten in Ihrer Brust entdeckt?

☐ Ich habe ihn zufällig entdeckt.

☐ Ich habe ihn selbst bei gezielter Selbstuntersuchung aufgespürt.

☐ Mein Partner hat ihn bemerkt.

☐ Er wurde bei der Vorsorgemammographie entdeckt.

☐ Er wurde bei der Ultraschalluntersuchung festgestellt.

☐ Die Ärztin/Arzt hat ihn ertastet.

☐ Er fiel bei anderer Untersuchung auf: _________________________

7. Welche Praxen haben Sie seit dem Verdacht der Krebserkrankung aufgesucht?

	Wie oft besuchten Sie den Arzt/die Ärztin?
☐ Hausarzt	____________ Arztbesuche
☐ Frauenarzt	____________ Arztbesuche
☐ Radiologe	____________ Arztbesuche
☐ Ambulanz der Frauenklinik im Klinikum	____________ Arztbesuche
☐ Ambulanz des Josefinums	____________ Arztbesuche
☐ Andere Fachärzte: ____________	____________ Arztbesuche
____________	____________ Arztbesuche

☐ Ich habe keinen Arzt aufgesucht.

8. Haben Sie in dieser Zeit den Arzt/die Ärztin gewechselt?

☐ Ja ☐ Nein

Wenn ja, welchen Arzt/ Ärztin haben Sie gewechselt?

____

Und warum haben Sie ihn/sie gewechselt?

____

____

9. Wann hat Ihnen die Ärztin/der Arzt Ihre Diagnose mitgeteilt?
   Datum: __________________
   War jemand mit Ihnen bei diesem Gespräch?
   ☐ Ja ☐ Nein

Wenn ja, wer?

____

Wenn nein, hätten Sie sich eine Begleitung gewünscht?

☐ Ja ☐ Nein

10. Was haben Sie nach der Diagnosestellung überwiegend getan?

☐ Ich war nicht in der Lage, etwas zu unternehmen.

☐ Ich habe mit meiner Familie (Freunden) über meine Ängste und Sorgen geredet, um mich zu entlasten.

☐ Ich habe versucht, nicht darüber nachzudenken.

☐ Ich habe versucht, mich so genau wie möglich zu informieren und habe folgende Informationsquellen genutzt (Mehrfachnennungen möglich):

☐ Fachbücher ☐ Internet ☐ Fachzeitschriften

☐ Fernsehsendungen ☐ Gespräche mit Betroffenen

☐ Sonstiges:____________________

☐ Ich habe seither: ____

11. Sind in der Zeit der Diagnosestellung und danach Probleme aufgetreten? Haben Sie sich in dieser Zeit über etwas geärgert?

☐ Ja ☐ Nein

Wenn ja, was war es?

____

____

____

Ihre Kontaktmöglichkeiten

Wie beurteilen Sie Kontakt- und Unterstützungsmöglichkeiten in Ihrer nächsten Umgebung?

12. Wenn ich krank bin, kann ich ohne Zögern Angehörige/Freunde/Nachbarn bitten, wichtige Dinge (z.B. Einkaufen) für mich zu erledigen.

nie	selten	ab und zu	meist	immer
☐	☐	☐	☐	☐

13. Von meiner Familie, von meinen Freunden und Bekannten erhalte ich oft gute Tipps (z.B. gute Ärztin/Arzt, gutes Krankenhaus, interessante Veranstaltungen, wichtige Informationsquellen).

nie	selten	ab und zu	meist	immer
☐	☐	☐	☐	☐

14. Kennen Sie Menschen, die Sie bei Problemen um Rat fragen können?
☐ Ja ☐ Nein
Wenn ja, wie viele sind es? ___________
15. Wer nimmt auch Mühen auf sich, um Ihnen bei größeren Schwierigkeiten zu helfen?
____

Fragen zur Ihrer Zufriedenheit mit der Unterstützung nach der Diagnose

(Mehrfachnennungen möglich)

16. Von wem werden Sie seit der Diagnosestellung hilfreich unterstützt?
☐ Partner ☐ Kinder ☐ Andere Familienangehörige
☐ Freunde ☐ Andere Betroffene ☐ niedergelassene/r Ärztin/Arzt
☐ Ärztin/Arzt in der Ambulanz ☐ Case Managerin
☐ Sprechstundenhilfe ☐ Sonstige: __________ ☐ Von niemandem
17. Wer hat Ihnen Informationen über Ihre Erkrankung gegeben, die für Sie besonders wichtig waren?
☐ Partner ☐ Kinder ☐ Andere Familienangehörige
☐ Freunde ☐ Andere Betroffene ☐ niedergelassene/r Ärztin/Arzt
☐ Ärztin/Arzt in der Ambulanz ☐ Case Managerin
☐ Sprechstundenhilfe ☐ Sonstige: __________ ☐ Niemand
18. Von wem wurden Sie umfassend über Hilfs- und Unterstützungsangebote (Beratungsstellen, Selbsthilfegruppen etc.) beraten?
☐ Partner ☐ Kinder ☐ Andere Familienangehörige
☐ Freunde ☐ Andere Betroffene ☐ niedergelassene/r Ärztin/Arzt
☐ Ärztin/Arzt in der Ambulanz ☐ Case Managerin
☐ Sprechstundenhilfe ☐ Sonstige: __________ ☐ Von niemandem
19. Wer hat Sie bei der Vermittlung von Ärzten, Krankenhaus etc. unterstützt?
☐ Partner ☐ Kinder ☐ Andere Familienangehörige
☐ Freunde ☐ Andere Betroffene ☐ niedergelassene/r Ärztin/Arzt
☐ Ärztin/Arzt in der Ambulanz ☐ Case Managerin
☐ Sprechstundenhilfe ☐ Sonstige: __________ ☐ Niemand

In welcher seelischen Verfassung sind Sie gerade?

21. Ich habe Angst vor den körperlichen Auswirkungen der Erkrankung.
    kaum ☐ ein wenig ☐ ziemlich ☐ stark ☐ sehr stark ☐
22. Ich habe Angst davor, meinen beruflichen Verpflichtungen nicht mehr gerecht zu werden.
    kaum ☐ ein wenig ☐ ziemlich ☐ stark ☐ sehr stark ☐
    ☐ trifft nicht zu
23. Ich habe Angst davor, meinen häuslichen Verpflichtungen nicht mehr gerecht zu werden.
    kaum ☐ ein wenig ☐ ziemlich ☐ stark ☐ sehr stark ☐
24. Ich habe Angst davor, dass meine sozialen Kontakte/Partnerschaft durch die Krankheit beeinträchtigt werden.
    kaum ☐ ein wenig ☐ ziemlich ☐ stark ☐ sehr stark ☐

Fragen zur Unterstützung durch mammaNetz (Case Management)

25. Haben Sie schon vom mammaNetz gehört?
    ☐ Ja ☐ Nein
26. Wie haben Sie vom mammaNetz erfahren?
    ☐ Arzt/Ärztin ☐ Flyer/Broschüre ☐ Internet
    ☐ Zeitung ☐ Familie/Freunde ☐ Andere Betroffene
    ☐ Ärztin/Arzt in der Ambulanz Frauenklinik
    ☐ Sonstiges:____________________
27. Hatten Sie Kontakt mit der Case Managerin?
    ☐ Ja ☐ Nein
    Wenn nein, warum ist kein Kontakt zustande gekommen?
    ____
    ____
    ____
    ____

Die weiteren Fragen nur an die Patientinnen, die Kontakt mit der Case Managerin hatten!

Fragen zur Kontaktaufnahme

28. Wie war die Kontaktaufnahme?
☐ einfach ☐ umständlich
☐ angenehm ☐ unangenehm
☐ zu früh ☐ gerade richtig ☐ zu spät
29. Haben Sie im Anschluss an dieser Kontaktaufnahme ein Beratungsgespräch mit der Case Managerin gehabt?
☐ Ja ☐ Nein
Wenn ja, weiter mit Frage 30!
Wenn nein, warum ist es zu keinem Beratungsgespräch gekommen?
____
____
____
____

Fragen zu(m) Beratungsgespräch(en)

30. Wie war(en) Ihr(e) Beratungsgespräch(e) mit Case Managerin?
☐ sehr umfangreich ☐ gerade richtig ☐ zu kurz
☐ verständlich ☐ unverständlich
☐ persönlich ☐ unpersönlich
☐ einfühlsam ☐ abweisend
31. Haben Sie das Gefühl, dass die Case Managerin Ihr Anliegen richtig erfasst hat?
☐ Ja ☐ Zum Teil ☐ Nein
32. Hat (Haben) diese(s) Beratungsgespräch(e) zur Klärung Ihrer Situation beigetragen?
☐ Ja ☐ Zum Teil ☐ Nein
33. Waren Sie mit diesem(n) Beratungsgespräch(en) zufrieden?

sehr zufrieden	recht zufrieden	wenig zufrieden	gar nicht zufrieden
☐	☐	☐	☐

Fragen zum Hilfeplan

34. Hat die Case Managerin alles mit Ihnen zusammen geplant?
☐ Ja ☐ Zum Teil ☐ Nein

35. Tat die Case Managerin nur das, was besprochen wurde?
☐ Ja ☐ Zum Teil ☐ Nein

36. Haben Ihnen die geplanten Maßnahmen geholfen?
☐ Ja ☐ Zum Teil ☐ Nein

37. Wie häufig hatten Sie zur Case Managerin bisher Kontakt?

	1 x	2 x	3 x	mehr als 3 x
Telefonisch	☐	☐	☐	☐
Persönlich	☐	☐	☐	☐

38. Wie zufrieden sind Sie mit Ihrer Case Managerin?

Wie zufrieden sind Sie	sehr zufrieden	recht zufrieden	wenig zufrieden	gar nicht zufrieden
mit der fachlichen Kompetenz der Case Managerin?	☐	☐	☐	☐
mit der Zeit, die sie Ihnen widmet?	☐	☐	☐	☐
mit dem Vertrauensverhältnis zu der Case Managerin?	☐	☐	☐	☐
mit dem Einfühlungsvermögen der Case Managerin?	☐	☐	☐	☐

39. Wie zufrieden sind Sie im allgemeinen mit der Betreuung durch Ihre Case Managerin?

sehr zufrieden	recht zufrieden	wenig zufrieden	gar nicht zufrieden
☐	☐	☐	☐

40. Was hat Ihnen während der Betreuung durch Ihre Case Managerin besonders geholfen?

____

____

41. Was vermissen Sie an der Betreuung durch die Case Managerin?

____

____

Wir danken Ihnen ganz herzlich für Ihre Mitarbeit!

Fragebogen zum
2. Patientinnen-Interview
(Interventionsgruppe)

Probandennummer: ....

Befragungszeitpunkt: Vier Monate nach stationärer Aufnahme

Das heutige Datum (Tag, Monat, Jahr): ______________

Fragen zu der Zeit nach der Entlassung aus der Klinik

1. Wie wurden Sie operiert?
   - ☐ Brusterhaltende OP
     - ☐ mit Sentinel
     - ☐ mit kompletter Entfernung der Lymphknoten
   - ☐ Brustamputation
     - ☐ mit Sentinel
     - ☐ mit kompletter Entfernung der Lymphknoten
   - ☐ Sonstige: ______________________________
2. Welche Therapie(n) haben Sie bereits bekommen?
   - ☐ Chemotherapie
   - ☐ Bestrahlung
   - ☐ Hormontherapie
   - ☐ Sonstiges: (z.B. Krankengymnastik, Lymphdrainage, sog. alternative Therapieverfahren, spezielle Diäten etc.)

     ____
   - ☐ Ich habe bisher keine der genannten Therapien bekommen.
3. Welche Therapie(n) erhalten Sie im Moment?
   - ☐ Chemotherapie
   - ☐ Bestrahlung
   - ☐ Hormontherapie
   - ☐ Sonstiges: (z.B. Krankengymnastik, Lymphdrainage, sog. alternative Therapieverfahren, spezielle Diäten etc.)

     ____
   - ☐ Ich erhalte zur Zeit keine der genannten Therapien.
4. Waren Sie in einer Klinik zu einer Anschlussheilbehandlung (AHB) oder Rehabilitation (Reha)?

   ☐ Ja ☐ Nein
5. Welche Praxen haben Sie in den letzten 4 Monaten aufgesucht?

		Wie oft besuchten Sie den Arzt/die Ärztin?
☐ Hausarzt		____________ Arztbesuche
☐ Frauenarzt		____________ Arztbesuche
☐ Onkologe		____________ Arztbesuche
☐ Andere Fachärzte:	____________	____________ Arztbesuche
	____________	____________ Arztbesuche

- ☐ Ambulanz der Frauenklinik im Klinikum __________ Besuche
- ☐ Ambulanz der Strahlenklinik im Klinikum __________ Besuche
- ☐ Andere Ambulanz: __________ __________ Besuche
- ☐ Ich habe keinen Arzt aufgesucht.

6. Haben Sie in dieser Zeit den Arzt/die Ärztin gewechselt?
   ☐ Ja ☐ Nein
   Wenn ja, welchen Arzt/ Ärztin haben Sie gewechselt?
   ____
   Und warum haben Sie ihn/sie gewechselt?
   ____
   ____
7. Wie oft waren Sie nach Ihrer Erstentlassung stationär in der Klinik?
   ☐ nicht mehr
   ☐ ______ mal, insgesamt ______ Tage
8. Sind Sie zur Zeit krank geschrieben? (Nur bei Berufstätigen!)
   ☐ Ja ☐ Nein
9. An wie vielen Tagen waren Sie in den letzten 4 Monaten krank geschrieben? (Nur bei Berufstätigen!)
   An __________ Tagen
10. Haben Sie in den letzten 4 Monaten eine psychologische Begleitung in Anspruch genommen?
    ☐ Ja ☐ Nein
11. Hatten Sie in dieser Zeit Kontakt zu Selbsthilfegruppen?
    ☐ Ja ☐ Nein
    Wenn ja, zu welchen? ____________________
12. Haben Sie eine Beratungsstelle aufgesucht?
    ☐ Ja ☐ Nein
    Wenn ja, welche? ____________________
13. Haben Sie in den letzten 4 Monaten eine professionelle Hilfe
    ☐ im Haushalt
    ☐ bei Pflege der Angehörigen
    ☐ bei Kinderbetreuung
    in Anspruch genommen?
14. Sind in den letzten 4 Monaten Probleme aufgetreten?
    Haben Sie sich in dieser Zeit über etwas geärgert?
    ☐ Ja ☐ Nein
    Wenn ja, was war es?
    ____
    ____
    ____

Fragen zu Ihrer Zufriedenheit mit der Unterstützung nach der Entlassung aus der Klinik

(Mehrfachnennungen möglich)

15. Von wem wurden Sie nach der Entlassung aus der Klinik hilfreich unterstützt?
☐ Partner ☐ Kinder ☐ Andere Familienangehörige
☐ Freunde ☐ Andere Betroffene ☐ niedergelassene/r Ärztin/Arzt
☐ Ärztin/Arzt in der Ambulanz ☐ Case Managerin
☐ Sprechstundenhilfe ☐ Sonstige: __________ ☐ Von niemandem

16. Wer hat Ihnen Informationen über Ihre Erkrankung gegeben, die für Sie besonders wichtig waren?
☐ Partner ☐ Kinder ☐ Andere Familienangehörige
☐ Freunde ☐ Andere Betroffene ☐ niedergelassene/r Ärztin/Arzt
☐ Ärztin/Arzt in der Ambulanz ☐ Case Managerin
☐ Sprechstundenhilfe ☐ Sonstige: __________ ☐ Niemand

17. Von wem wurden Sie umfassend über Hilfs- und Unterstützungsangebote (Beratungsstellen, Selbsthilfegruppen etc.) beraten?
☐ Partner ☐ Kinder ☐ Andere Familienangehörige
☐ Freunde ☐ Andere Betroffene ☐ niedergelassene/r Ärztin/Arzt
☐ Ärztin/Arzt in der Ambulanz ☐ Case Managerin
☐ Sprechstundenhilfe ☐ Sonstige: __________ ☐ Von niemandem

18. Wer hat Ihnen bei der Vermittlung der Hilfs- und Unterstützungsangeboten (Beratungsstellen, psychoonkologische Betreuung, Selbsthilfegruppen etc.) geholfen?
☐ Partner ☐ Kinder ☐ Andere Familienangehörige
☐ Freunde ☐ Andere Betroffene ☐ niedergelassene/r Ärztin/Arzt
☐ Ärztin/Arzt in der Ambulanz ☐ Case Managerin
☐ Sprechstundenhilfe ☐ Sonstige: __________ ☐ Niemand

19. Wer hat Ihnen beim Kontakt mit Ämtern, Behörden, Krankenkassen geholfen?
☐ Partner ☐ Kinder ☐ Andere Familienangehörige
☐ Freunde ☐ Andere Betroffene ☐ niedergelassene/r Ärztin/Arzt
☐ Ärztin/Arzt in der Ambulanz ☐ Case Managerin
☐ Sprechstundenhilfe ☐ Sonstige: __________ ☐ Niemand

20. Ich hätte mir mehr praktische Unterstützung gewünscht:
- ☐ beim Beschaffen von Informationen über die Erkrankung an sich und über die Therapiemöglichkeiten, die für mich besonders wichtig sind
- ☐ bei wichtigen Gesprächen mit Ärztinnen/Ärzten
- ☐ durch ein Gespräch mit einer Betroffenen in ähnlicher Lebenssituation
- ☐ beim Kontakt zu Selbsthilfegruppen
- ☐ bei der Angstbewältigung
- ☐ im Haushalt
- ☐ bei der Kinderbetreuung
- ☐ bei der Pflege der Angehörigen
- ☐ bei Beziehungskonflikten
- ☐ bei Problemen mit dem Arbeitgebern
- ☐ bei Kontakten mit der Krankenkasse
- ☐ Sonstiges:________________________________
- ☐ trifft nicht zu

In welcher Verfassung sind Sie gerade?

21. Ich habe Angst vor den körperlichen Auswirkungen der Erkrankung.

kaum	ein wenig	ziemlich	stark	sehr stark
☐	☐	☐	☐	☐

22. Ich habe Angst davor, meinen beruflichen Verpflichtungen nicht mehr gerecht zu werden.

kaum	ein wenig	ziemlich	stark	sehr stark
☐	☐	☐	☐	☐

☐ trifft nicht zu

23. Ich habe Angst davor, meinen häuslichen Verpflichtungen nicht mehr gerecht zu werden.

kaum	ein wenig	ziemlich	stark	sehr stark
☐	☐	☐	☐	☐

24. Ich habe Angst davor, dass meine sozialen Kontakte/Partnerschaft durch die Krankheit beeinträchtigt werden.

kaum	ein wenig	ziemlich	stark	sehr stark
☐	☐	☐	☐	☐

25. Bitte schätzen Sie ein, wie kompetent, selbständig und sicher Sie im Umgang mit ihrer Erkrankung (geworden) sind?
(Schätzen Sie sich auf einer Skala 1-5 ein)

Ich fühle mich informiert...

über die Krankheit im allgemeinen	1 ☐	2 ☐	3 ☐	4 ☐	5 ☐
speziell über meine Erkrankung (bisheriger Verlauf und Prognose)	1 ☐	2 ☐	3 ☐	4 ☐	5 ☐
über meine Therapie	1 ☐	2 ☐	3 ☐	4 ☐	5 ☐
über mögliche Hilfs-/Therapieangebote	1 ☐	2 ☐	3 ☐	4 ☐	5 ☐

Ich habe das Gefühl,...

dass meine Wünsche bzw. Bedenken während der Behandlung berücksichtigt werden	1 ☐	2 ☐	3 ☐	4 ☐	5 ☐
dass ich in der Lage bin, Entscheidungen für meine Therapie zu treffen	1 ☐	2 ☐	3 ☐	4 ☐	5 ☐

Insgesamt fühle ich mich **sicher** im Umgang mit meiner Erkrankung

1 ☐ 2 ☐ 3 ☐ 4 ☐ 5 ☐

Fragen zur Unterstützung durch mammaNetz (Case Management)

26. Hat die Case Managerin Sie im Krankenhaus besucht?

☐ Ja ☐ Nein

Wenn ja, wie oft? ____________

27. Hatten Sie nach der Entlassung aus der Klinik Kontakt zur Case Managerin?

☐ Ja ☐ Nein

Wenn ja, wie oft?

	1 x	2 x	3 x	mehr als 3 x
Telefonisch	☐	☐	☐	☐
Persönlich	☐	☐	☐	☐

Wenn nein, warum?

____

____

____

28. Wenn Sie nach der Entlassung aus der Klinik keinen Kontakt zur Case Managerin hatten: Wie beurteilen Sie aus der heutigen Sicht die Begleitung durch mammaNetz vor und während des Kilinikaufenthaltes?

____

____

____

____

29. Haben Sie nach der Entlassung aus der Klinik ein ausführliches Beratungsgespräch mit der Case Managerin gehabt?

☐ Ja ☐ Nein

30. Haben Sie das Gefühl, dass die Case Managerin Ihr Anliegen richtig erfasst hat?

☐ Ja ☐ Zum Teil ☐ Nein

Und warum?

____

____

____

31. Haben Sie in diesem Gespräch die weitere Unterstützung zusammen mit der Case Managerin geplant?

☐ Ja ☐ Zum Teil ☐ Nein

32. Haben Ihnen die geplanten Maßnahmen geholfen?

☐ Ja ☐ Zum Teil ☐ Nein

33. Wie zufrieden sind Sie mit Ihrer Case Managerin?

Wie zufrieden sind Sie	sehr zufrieden	recht zufrieden	wenig zufrieden	gar nicht zufrieden
mit der fachlichen Kompetenz der Case Managerin?	☐	☐	☐	☐
mit der Zeit, die sie Ihnen widmet?	☐	☐	☐	☐
mit dem Vertrauensverhältnis zu der Case Managerin?	☐	☐	☐	☐
mit dem Einfühlungsvermögen der Case Managerin?	☐	☐	☐	☐

34. Wie zufrieden sind Sie im allgemeinen mit der Betreuung durch Ihre Case Managerin?

sehr zufrieden	recht zufrieden	wenig zufrieden	gar nicht zufrieden
☐	☐	☐	☐

35. Was hat Ihnen während der Betreuung durch Ihre Case Managerin besonders geholfen?

____

36.	Was können wir noch verbessern?
	____
	____

Wir danken Ihnen ganz herzlich für Ihre Mitarbeit!

Fragebogen zum
3. Patientinnen-Interview
(Interventionsgruppe)

Probandennummer: ....

Befragungszeitpunkt: Ein Jahr nach stationärer Aufnahme

Das heutige Datum (Tag, Monat, Jahr): ______________

Wie geht es Ihnen?

	sehr schlecht	schlecht	mittel-mäßig	gut	sehr gut
Körperlich	☐	☐	☐	☐	☐
Seelisch	☐	☐	☐	☐	☐
Was Schmerzen betrifft	☐	☐	☐	☐	☐
Bei beruflicher Aktivität	☐	☐	☐	☐	☐
Bei häuslicher Aktivität	☐	☐	☐	☐	☐
Beim Kontakt zu Bekannten/ Freunden	☐	☐	☐	☐	☐

Fragen zu Ihrer Behandlung

1. Welche Therapien wurden/werden nach der Operation bei Ihnen durchgeführt? Geben Sie bitte auch den Zeitraum an!
   - ☐ keine
   - ☐ Strahlentherapie von______________ bis______________
   - ☐ Chemotherapie von______________ bis______________
   - ☐ Hormontherapie von______________ bis______________
   - ☐ Sonstiges: ______________________________________
     von______________ bis______________
2. Waren Sie in einer Klinik zu Anschlussheilbehandlung (AHB) oder Rehabilitation (Reha)?
   ☐ Ja ☐ Nein
3. Welchen Arzt suchen Sie bei Fragen zu Ihrer Krebserkrankung am häufigsten auf?
   - ☐ Hausarzt
   - ☐ Frauenarzt
   - ☐ Onkologen
   - ☐ Anderen Facharzt: ______________________________
   - ☐ Ich habe keinen Arzt aufgesucht.
4. Haben Sie in dieser Zeit den Arzt/die Ärztin gewechselt?
   ☐ Ja ☐ Nein

Wenn ja, welchen Arzt/ Ärztin haben Sie gewechselt?

____

Und warum haben Sie ihn/sie gewechselt?

____

____

____

5. Wie oft waren Sie nach Ihrer Erstentlassung stationär in der Klinik?
   - ☐ nicht mehr
   - ☐ ______ mal, insgesamt _______ Tage
6. Sind Sie zur Zeit krank geschrieben? (Nur bei Berufstätigen!)
   - ☐ Ja ☐ Nein

   Wenn nein, wie sieht Ihre momentane berufliche Situation aus?
   - ☐ Ich arbeite wieder genauso wie vor der Erkrankung.
   - ☐ Ich habe die Stundenzahl um ______ % reduziert.
   - ☐ Ich habe eine Berufs- bzw. Erwerbsunfähigkeit Rente beantragt.
   - ☐ Ich habe eine vorzeitige Altersrente beantragt.
   - ☐ Ich habe gekündigt.
   - ☐ Ich wurde entlassen.
   - ☐ Sonstiges:______________________________
7. Haben Sie nach der Entlassung aus der Klinik eine psychologische Begleitung in Anspruch genommen?
   - ☐ Ja ☐ Nein
8. Hatten Sie in dieser Zeit Kontakt zu Selbsthilfegruppen?
   - ☐ Ja ☐ Nein

   Wenn ja, zu welchen? ______________________________
9. Haben Sie eine Beratungsstelle aufgesucht?
   - ☐ Ja ☐ Nein

   Wenn ja, welche? ______________________________
10. Haben Sie im letzten Jahr weitere professionelle Hilfe in Anspruch genommen?
    - ☐ Ja ☐ Nein

    Wenn ja, in welchem Bereich?
    - ☐ im Haushalt
    - ☐ bei Pflege der Angehörigen
    - ☐ bei Kinderbetreuung
    - ☐ Sonstiges: ____________________

11. Sind in den letzten Monaten in Zusammenhang mit Ihrer Erkrankung Probleme aufgetreten? Haben Sie sich in dieser Zeit über etwas geärgert?
☐ Ja ☐ Nein
Wenn ja, was war es?
____
____
____
____

Fragen zu Ihrer Zufriedenheit mit der Unterstützung nach der Entlassung aus der Klinik

(Mehrfachnennungen möglich!)

12. Von wem wurden Sie in den letzten Monaten hilfreich unterstützt?
☐ Partner ☐ Kinder ☐ Andere Familienangehörige
☐ Freunde ☐ Andere Betroffene ☐ niedergelassene/r Ärztin/Arzt
☐ Ärztin/Arzt in der Ambulanz ☐ Case Managerin
☐ Sprechstundenhilfe ☐ Sonstige: __________ ☐ Von niemandem

13. Wer hat Ihnen in dieser Zeit Informationen über Ihre Erkrankung gegeben, die für Sie besonders wichtig waren?
☐ Partner ☐ Kinder ☐ Andere Familienangehörige
☐ Freunde ☐ Andere Betroffene ☐ niedergelassene/r Ärztin/Arzt
☐ Ärztin/Arzt in der Ambulanz ☐ Case Managerin
☐ Sprechstundenhilfe ☐ Sonstige: __________ ☐ Niemand

14. Wer hat Sie umfassend über Hilfs- und Unterstützungsangebote (Beratungsstellen, psychoonkologische Bertreuung, Selbsthilfegruppen etc.) informiert?
☐ Partner ☐ Kinder ☐ Andere Familienangehörige
☐ Freunde ☐ Andere Betroffene ☐ niedergelassene/r Ärztin/Arzt
☐ Ärztin/Arzt in der Ambulanz ☐ Case Managerin
☐ Sprechstundenhilfe ☐ Sonstige: __________ ☐ Niemand

15. Wer hat Ihnen bei der Vermittlung der Hilfs- und Unterstützungsangeboten (Beratungsstellen, psychoonkologische Bertreuung, Selbsthilfegruppen etc.) geholfen?
☐ Partner ☐ Kinder ☐ Andere Familienangehörige
☐ Freunde ☐ Andere Betroffene ☐ niedergelassene/r Ärztin/Arzt

☐ Ärztin/Arzt in der Ambulanz ☐ Case Managerin
☐ Sprechstundenhilfe ☐ Sonstige: __________ ☐ Niemand

16. Haben Sie Probleme in den letzten Monaten beim Kontakt mit Ämtern, Behörden und Krankenkassen gehabt?

☐ Ja ☐ Nein

Wenn ja, wer hat Ihnen dabei geholfen?

☐ Partner ☐ Kinder ☐ Andere Familienangehörige
☐ Freunde ☐ Andere Betroffene ☐ niedergelassene/r Ärztin/Arzt
☐ Ärztin/Arzt in der Ambulanz ☐ Case Managerin
☐ Sprechstundenhilfe ☐ Sonstige: __________ ☐ Niemand

17. Ich hätte mir in den letzten Monaten mehr praktische Unterstützung gewünscht:
(Mehrfachnennungen möglich!)

☐ beim Beschaffen von Informationen über die Erkrankung an sich und über die Therapiemöglichkeiten, die für mich besonders wichtig sind
☐ bei wichtigen Gesprächen mit Ärztinnen/Ärzten
☐ durch ein Gespräch mit einer Betroffenen in ähnlicher Lebenssituation
☐ beim Kontakt zu Selbsthilfegruppen
☐ bei der Angstbewältigung
☐ im Haushalt
☐ bei der Kinderbetreuung
☐ bei der Pflege der Angehörigen
☐ bei Beziehungskonflikten
☐ bei Problemen mit dem Arbeitgebern
☐ bei Kontakten mit der Krankenkasse
☐ Sonstiges:____
☐ trifft nicht zu

18. Zu welchem Zeitpunkt ist Ihrer Meinung nach Unterstützung am nötigsten?
(Mehrfachnennungen möglich!)

☐ Gleich nach der Verdachtsdiagnose vor dem Krankenhausaufenthalt
☐ Während des Aufenthaltes im Krankenhaus
☐ Bei der Nachbehandlung (Chemotherapie/Bestrahlung)
☐ Nach der Rehabilitationsmaßnahme
☐ Vor einem Nachsorgetermin

In welcher seelischer Verfassung sind Sie gerade?

19. Ich habe Angst vor den körperlichen Auswirkungen der Erkrankung.

kaum	ein wenig	ziemlich	stark	sehr stark
☐	☐	☐	☐	☐

20. Ich habe Angst davor, meinen beruflichen Verpflichtungen nicht mehr gerecht zu werden.

kaum	ein wenig	ziemlich	stark	sehr stark
☐	☐	☐	☐	☐

☐ trifft nicht zu

21. Ich habe Angst davor, meinen häuslichen Verpflichtungen nicht mehr gerecht zu werden.

kaum	ein wenig	ziemlich	stark	sehr stark
☐	☐	☐	☐	☐

22. Ich habe Angst davor, dass meine sozialen Kontakte/Partnerschaft durch die Krankheit beeinträchtigt werden.

kaum	ein wenig	ziemlich	stark	sehr stark
☐	☐	☐	☐	☐

23. Bitte schätzen Sie ein, wie kompetent, selbständig und sicher Sie im Umgang mit Ihrer Erkrankung (geworden) sind?
(Schätzen Sie sich auf einer Skala 1-5 ein!)

Ich fühle mich informiert:...	sehr schlecht............................sehr gut				
...über die Krankheit im allgemeinen	1 ☐	2 ☐	3 ☐	4 ☐	5 ☐
...speziell über meine Erkrankung (bisheriger Verlauf und Prognose)	1 ☐	2 ☐	3 ☐	4 ☐	5 ☐
...über meine Therapie	1 ☐	2 ☐	3 ☐	4 ☐	5 ☐
...über mögliche Hilfs-/Therapieangebote	1 ☐	2 ☐	3 ☐	4 ☐	5 ☐
Ich habe das Gefühl,...	trifft überhaupt nicht zu..........................trifft im hohen Maße zu				
...dass meine Wünsche bzw. Bedenken während der Behandlung berücksichtigt werden	1 ☐	2 ☐	3 ☐	4 ☐	5 ☐
...dass ich in der Lage bin, Entscheidungen für meine Therapie zu treffen	1 ☐	2 ☐	3 ☐	4 ☐	5 ☐
Insgesamt fühle ich mich **sicher** im Umgang mit meiner Erkrankung	1 ☐	2 ☐	3 ☐	4 ☐	5 ☐

Fragen zur Unterstützung durch mammaNetz (Case Management)

24. Werden Sie von mammaNetz weiterhin betreut?

☐ Ja ☐ Nein

Wenn nein, bis wann wurden Sie betreut? ____________________

25. Wie zufrieden sind Sie im allgemeinen mit der Betreuung durch Ihre Case Managerin?

sehr zufrieden	recht zufrieden	wenig zufrieden	gar nicht zufrieden
☐	☐	☐	☐

26. Was hat Ihnen während der Betreuung durch Ihre Case Managerin besonders geholfen?

____

____

____

27. Was können wir noch verbessern?

____

____

28. Gibt es noch irgendetwas, was Sie bemerken möchten?

____

____

____

____

____

Wir danken Ihnen ganz herzlich für Ihre Mitarbeit!

1. Befragung der Vernetzungspartner vom mammaNetz *(Ärzte)*

1. Wie haben Sie von mammaNetz erfahren?
   - ☐ Infobrief ☐ Infoveranstaltung ☐ Flyer/Broschüre
   - ☐ Internet ☐ Rundfunk ☐ Zeitungen
   - ☐ Fachzeitschriften ☐ Patientin ☐ FachkollegInnen
   - ☐ Sonstiges: ____________________
2. Wann haben Sie von uns erfahren?

   ____
3. Hatten Sie bisher Kontakt zum mammaNetz?
   - ☐ Ja ☐ Nein

   Wenn ja, war der Kontakt: (Mehrfachnennungen möglich!)
   - ☐ telefonisch ☐ persönlich ☐ per Brief/Fax/Email
   - ☐ einmalig ☐ unregelmäßig ☐ regelmäßig
4. Falls Sie den Kontakt zum mammaNetz selbst aufgenommen haben: Was war der Grund?

   ____

   ____
5. Wünschen Sie sich einen engeren Kontakt zum mammaNetz?
   - ☐ Ja ☐ Nein

   Wenn ja, wie könnte der Kontakt zum mammaNetz intensiviert werden?
   - ☐ Durch fallbezogene Rück- bzw. Absprachen mit Case Managerinnen
   - ☐ Durch gemeinsame Infoveranstaltungen
   - ☐ Durch regelmäßiges Mailing / Information
   - ☐ ____
7. Die Begleitstelle des mammaNetzes arbeitet nach der Methode des Case Managements. Ist Ihnen diese Methode bekannt?
   - ☐ Ja ☐ Zum Teil ☐ Nein

   Möchten Sie mehr über diese Methode erfahren?
   - ☐ Ja ☐ Nein
8. Mit wie vielen neuen Brustkrebspatientinnen haben Sie durchschnittlich im Monat bzw. im Jahr zu tun?

   Im Monat: ____________ Im Jahr: ____________
9. Ist bei allen Brustkrebspatientinnen der Hinweis auf das Angebot der Begleitstelle des mammaNetzes sinnvoll?
   - ☐ Ja ☐ Nein

   Wenn nicht für alle, für welche dann?

   ____

10. Wie haben die betroffenen Frauen unser Case-Management-Angebot bei der Erstvorstellung aus Ihrer Sicht angenommen?
eher skeptisch begeistert
1 ☐ 2 ☐ 3 ☐ 4 ☐ 5 ☐

11. Gab es Patientinnen, die das Angebot abgelehnt haben?
☐ Ja ☐ Nein
Wenn ja, wie viele? Ca. ________% aller angesprochenen Patientinnen

12. Welche Veränderungen konnten Sie an Ihren von uns betreuten Patientinnen beobachten?
(Mehrfachnennungen möglich!)
Die Patientinnen sind
informierter und aufgeklärter hinsichtlich
☐ ihrer Krebserkrankung
☐ der Therapie
☐ sozialrechtlicher Fragen
☐ weiterer Hilfsangebote
außerdem
☐ psychisch stabiler
☐ selbstsicherer
☐ kooperativer (bessere Compliance) oder ☐ unverändert
Welche weiteren Veränderungen haben Sie ggf. an diesen Patientinnen festgestellt?

____

____

13. Wie zufrieden Ihrer Meinung nach sind die Patientinnen mit der Betreuung durch das mammaNetz?

sehr zufrieden	recht zufrieden	wenig zufrieden	gar nicht zufrieden
☐	☐	☐	☐

14. Welche Vorteile hat Ihnen die Arbeit der Begleitstelle gebracht?
(Mehrfachnennungen möglich!)
☐ Ich konnte mich auf fachliche Informationen beschränken.
☐ Ich wurde bei der psychosozialen Betreuung entlastet.
☐ Bessere Compliance seitens der Patientin hat meine Arbeit erleichtert.
☐ Das Vertrauensverhältnis konnte gestärktwerden.
☐ Durch größere Zufriedenheit der Patientin entstand eine stärkere Bindung an die Praxis.
☐ Sonstiges

☐ Vorteile: ______________________________

____

☐ Keine Vorteile

15. Wie zufrieden sind Sie mit der Arbeit der Begleitstelle?

sehr zufrieden	recht zufrieden	wenig zufrieden	gar nicht zufrieden
☐	☐	☐	☐

Warum?

____

____

16. Die Verbesserung der Versorgungssituation der an Brustkrebs erkrankten Frauen durch Vernetzung ist ein besonderes Anliegen des mamma-Netzes.

Was könnte zum Aufbau des Netzwerkes beitragen?

☐ Verbesserte fallbezogene Arbeit
☐ Aufzeigen von Versorgungslücken
☐ Klärung von Schnittstellen in der Zusammenarbeit
☐ Konzeptentwicklung für neue Aufgaben
☐ ______________________________

Welche Formen der Zusammenarbeit würden Sie hierbei bevorzugen?

☐ Infoveranstaltungen ☐ Arbeitskreise
☐ Regelmäßige informelle Treffen (Stammtisch)
☐ Fort- und Weiterbildung ☐ ______________

17. Alle Vernetzungspartner erhalten regelmäßig Informationen über das mammaNetz durch unseren Newsletter.

Sind die dort erhaltenen Informationen und Anregungen für Sie nützlich?

☐ Ja ☐ Teilweise ☐ Nein

Welche weiteren Inhalte würden Sie sich noch wünschen?

____

____

____

Welche anderen Anregungen haben Sie für den Newsletter?

____

____

____

18. Gibt es noch etwas, das Sie abschließend bemerken möchten?

____

____

Wir danken Ihnen ganz herzlich für Ihre Mitarbeit!

2. Befragung der Vernetzungspartner vom mammaNetz *(Ärzte)*

1. Hatten Sie in letzter Zeit Kontakt zum mammaNetz?
   ☐ Ja, öfters ☐ Ja, selten ☐ Nein
2. Mit wie vielen neuen Brustkrebspatientinnen haben Sie durchschnittlich im Monat zu tun?
   ☐ Weniger als 5 ☐ Zwischen 5 und 10 ☐ Mehr als 10
3. Ist bei allen Brustkrebspatientinnen der Hinweis auf das Angebot der Begleitstelle des mammaNetzes sinnvoll?
   ☐ Ja ☐ Nein
   Wenn nicht für alle, für welche dann?
   ____
4. Wie haben die betroffenen Frauen unser Case-Management-Angebot bei der Erstvorstellung aus Ihrer Sicht angenommen?
   eher skeptisch begeistert
   1 ☐ 2 ☐ 3 ☐ 4 ☐ 5 ☐
5. Gab es Patientinnen, die das Angebot abgelehnt haben?
   ☐ Ja ☐ Nein
   Wenn ja, wie viele? Ca. ________% aller angesprochenen Patientinnen
6. Welche Veränderungen konnten Sie an Ihren von uns betreuten Patientinnen beobachten?
   (Mehrfachnennungen möglich!)
   Die Patientinnen sind
   informierter und aufgeklärter hinsichtlich
   ☐ ihrer Krebserkrankung
   ☐ der Therapie
   ☐ sozialrechtlicher Fragen
   ☐ weiterer Hilfsangebote
   außerdem
   ☐ psychisch stabiler
   ☐ selbstsicherer
   ☐ kooperativer (bessere Compliance) oder ☐ unverändert
   Welche weiteren Veränderungen haben Sie ggf an diesen Patientinnen festgestellt?
   ____
   ____

7. Wie zufrieden sind Ihrer Meinung nach die Patientinnen mit der Betreuung durch das mammaNetz?

sehr zufrieden	recht zufrieden	wenig zufrieden	gar nicht zufrieden
☐	☐	☐	☐

8. Welche Vorteile hat Ihnen die Arbeit der Begleitstelle gebracht? (Mehrfachnennungen möglich!)
   - ☐ Ich konnte mich auf fachliche Informationen beschränken.
   - ☐ Ich wurde bei der psychosozialen Betreuung entlastet.
   - ☐ Bessere Compliance seitens der Patientin hat meine Arbeit erleichtert.
   - ☐ Das Vertrauensverhältnis konnte gestärktwerden.
   - ☐ Durch größere Zufriedenheit der Patientin entstand eine stärkere Bindung an die Praxis.
   - ☐ Sonstiges
   - ☐ Vorteile:____________________________

   ____
   - ☐ Keine Vorteile

9. Wie zufrieden sind Sie mit der Arbeit der Begleitstelle?

sehr zufrieden	recht zufrieden	wenig zufrieden	gar nicht zufrieden
☐	☐	☐	☐

Warum?

____

____

10. Gibt es noch etwas, das Sie abschließend bemerken möchten?

____

____

____

____

Wir danken Ihnen ganz herzlich für Ihre Mitarbeit!

1. Befragung der Vernetzungspartner vom mammaNetz *(ohne Ärzte)*

1. Wie haben Sie von mammaNetz erfahren?
   - ☐ Infobrief ☐ Infoveranstaltung ☐ Flyer/Broschüre
   - ☐ Internet ☐ Rundfunk ☐ Zeitungen
   - ☐ Fachzeitschriften ☐ Patientin ☐ FachkollegInnen
   - ☐ Sonstiges: ____________________
2. Wann haben Sie von uns erfahren?

   ____
3. Hatten Sie bisher Kontakt zum mammaNetz?
   - ☐ Ja ☐ Nein

   Wenn ja, war der Kontakt: (Mehrfachnennungen möglich!)
   - ☐ telefonisch ☐ persönlich ☐ per Brief/Fax/Email
   - ☐ einmalig ☐ unregelmäßig ☐ regelmäßig
4. Falls Sie den Kontakt zum mammaNetz selbst aufgenommen haben: Was war der Grund?

   ____

   ____
5. Wünschen Sie sich einen engeren Kontakt zum mammaNetz?
   - ☐ Ja ☐ Nein

   Wenn ja, wie könnte der Kontakt zum mammaNetz intensiviert werden?
   - ☐ Durch fallbezogene Rück- bzw. Absprachen mit Case Managerinnen
   - ☐ Durch gemeinsame Infoveranstaltungen
   - ☐ Durch regelmäßiges Mailing

   ____
6. Die Begleitstelle des mammaNetzes arbeitet nach der Methode des Case Managements. Ist Ihnen diese Methode bekannt?
   - ☐ Ja ☐ Zum Teil ☐ Nein

   Möchten Sie mehr über diese Methode erfahren?
   - ☐ Ja ☐ Nein
7. Mit wie vielen Brustkrebspatientinnen haben Sie durchschnittlich im Monat bzw. im Jahr zu tun?

   Im Monat: ____________ Im Jahr: ____________
8. Ist bei allen Brustkrebspatientinnen der Hinweis auf das Angebot der Begleitstelle des mammaNetzes sinnvoll?
   - ☐ Ja ☐ Nein

   Wenn nicht für alle, für welche dann?

   ____

9. Haben Sie Rückmeldungen, wie Ihre Kundinnen/Klientinnen dieses Angebot annehmen?

☐ Ja ☐ Teilweise ☐ Nein

Wenn ja, welche Rückmeldungen haben Sie von Ihren Kundinnen/Klientinnen erhalten?

____

____

____

10. Welche Veränderungen konnten Sie an Ihren von uns betreuten Klientinnen/Kundinnen beobachten?

(Mehrfachnennungen möglich!)

Die Kundinnen/Klientinnen sind

☐ informierter und aufgeklärter

☐ psychisch stabiler

☐ zuversichtlicher

☐ Sonstiges: ______________________________

☐ unverändert

11. Wie zufrieden sind Sie mit der Arbeit der Begleitstelle?

sehr zufrieden	recht zufrieden	wenig zufrieden	gar nicht zufrieden
☐	☐	☐	☐

12. Die Verbesserung der Versorgungssituation der an Brustkrebs erkrankten Frauen durch Vernetzung ist ein besonderes Anliegen des mammaNetzes.

Was könnte zum Aufbau des Netzwerkes beitragen?

☐ Verbesserte fallbezogene Arbeit

☐ Aufzeigen von Versorgungslücken

☐ Klärung von Schnittstellen in der Zusammenarbeit

☐ Konzeptentwicklung für neue Aufgaben

☐ ____________________________________

Welche Formen der Zusammenarbeit würden Sie hierbei bevorzugen?

☐ Infoveranstaltungen ☐ Arbeitskreise

☐ Regelmäßige informelle Treffen (Stammtisch)

☐ Fort- und Weiterbildung ☐ ________________

13. Alle Vernetzungspartner erhalten regelmäßig Informationen über das mammaNetz durch unseren Newsletter.

Sind die dort erhaltenen Informationen und Anregungen für Sie nützlich?

☐ Ja ☐ Teilweise ☐ Nein

	Welche weiteren Inhalte würden Sie sich noch wünschen? __________ __________ __________
	Welche anderen Anregungen haben Sie für den Newsletter? __________
14.	Gibt es noch etwas, das Sie abschließend bemerken möchten? __________ __________ __________

Wir danken Ihnen ganz herzlich für Ihre Mitarbeit!

2. Befragung der Vernetzungspartner vom mammaNetz *(ohne Ärzte)*

1. Hatten Sie in letzter Zeit Kontakt zum mammaNetz?
   ☐ Ja, öfters ☐ Ja, selten ☐ Nein
2. Mit wie vielen Brustkrebspatientinnen haben Sie durchschnittlich im Monat zu tun?
   ☐ Weniger als 5 ☐ Zwischen 5 und 10 ☐ Mehr als 10
3. Ist bei allen Brustkrebspatientinnen der Hinweis auf das Angebot der Begleitstelle des mammaNetzes sinnvoll?
   ☐ Ja ☐ Nein
   Wenn nicht für alle, für welche dann?
   ____
4. Haben Sie Rückmeldungen, wie Ihre Kundinnen/Klientinnen dieses Angebot annehmen?
   ☐ Ja ☐ Teilweise ☐ Nein
   Wenn ja bzw. teilweise, welche Rückmeldungen haben Sie von Ihren Kundinnen/Klientinnen erhalten?
   ____
   ____
5. Welche Veränderungen konnten Sie an Ihren von uns betreuten Klientinnen/Kundinnen beobachten?
   (Mehrfachnennungen möglich!)
   Die Kundinnen/Klientinnen sind
   ☐ informierter und aufgeklärter
   ☐ psychisch stabiler
   ☐ zuversichtlicher
   ☐ sonstiges: ____________________
   ☐ unverändert
6. Wie zufrieden sind Sie mit der Arbeit der Begleitstelle?

sehr zufrieden	recht zufrieden	wenig zufrieden	gar nicht zufrieden
☐	☐	☐	☐

   ☐ Ich konnte mir bisher noch keine Meinung darüber bilden.
7. Was wünschen Sie sich allgemein von der Kooperation mit mammaNetz?
   ☐ Fallbezogene Kooperation
   ☐ Kooperation im Allgemeinen
   ☐ ______________________________

8. Am 24 Juni 2005 planen wir den 2. Netzwerktag (Einladung erfolgt gesondert!).
   Was wünschen Sie sich bzgl. des Programms?
   - ☐ Fachvortrag über Brustkrebs (allgemein)
   - ☐ Präsentation mammaNetz
   - ☐ Vorstellung der Brustselbstuntersuchung nach der MammaCare Methode
   - ☐ Vortrag zum Thema Krebsprävention
   - ☐ Diskussionsplenum zum Thema ____________________
   - ☐ Austausch-Forum der Netzwerkpartner
   - ☐ ____________________
9. Gibt es noch etwas, das Sie abschließend bemerken möchten?
   ____
   ____
   ____
   ____

Wir danken Ihnen ganz herzlich für Ihre Mitarbeit!

Gesprächsprotokoll 1 (für B1)

Probandennummer	3/139 DH
Datum, Uhrzeit	15.12.04, 9.30 Uhr
Interviewdauer	30 min
Befragungsort	Turmzimmer beta Institut
Anwesend (außer Pat. und Interviewerin)	
Störungen	keine

Die Patientin war...

X	aufgeschlossen	0	zögernd
X	gesprächig	X	emotional beteiligt

X ist „angekreuzt“, 0 bedeutet „nicht angekreuzt“

Reaktion auf Interviewerin:
sehr offen und freundlich

Affektive Reaktionen:
keine

Erzählstil/Deutschkenntnisse:
normal

Besonderheiten/Probleme/Sonstiges:
Neoadjuvante Chemotherapie, sehr junge Frau (27 Jahre) mit einem kleinen Baby (9 Monate)

Wichtige Ergänzungen zur Krankheitsgeschichte:
Beim Abstillen hat die Patientin den Knoten selbst ertastet. Sie ist zu ihrer Gynäkologin gegangen und sie hat sie zu einer Ultraschalluntersuchung/Mammografie geschickt (Krankenhaus Donauwörth). Dann wurde die Stanze gemacht und der Verdacht hat sich leider bestätigt. Der Tumor ist 3 cm groß und um brusterhaltend (BET) operieren zu können, hat man der Frau die neoadjuvante Therapie vorgeschlagen. Danach wird operiert und vielleicht bei Ablation gleich mit Wiederaufbau der Brust begonnen. Wo das weiß die Patientin noch nicht.

Wichtige Ergänzungen zur familiären Situation und zum sozialen Netz:
Die Patientin wird vor allem von ihrem Mann und den Schwiegereltern unterstützt. Aber sie bräuchte unbedingt eine Haushaltshilfe, die aber nicht zu be-

kommen ist. Das Problem war, dass es in der ländlichen Gegend nicht einfach ist, eine zu finden.

Wichtige Ergänzungen zur Unterstützung nach der Diagnose bzw. zu den Bedürfnissen der Pat. in dieser Zeit:
Vom mammaNetz hat die Patientin von einer Freundin erfahren, die im gleichen Haus wie eine Case Managerin vom mammaNetz wohnt. Sie hat sich dann bei uns selbst gemeldet. Bisher hat sie ein persönliches Gespräch einer Case Managerin des mammaNetzes geführt. Das größte Problem ist eine Hilfe für den Haushalt zu finden, aber es besteht auch noch große Unsicherheit, wie sie sich für die weitere Behandlung entscheiden soll.

Gesprächsprotokoll 2 (für B1)

Probandennummer	3/100 WH
Datum, Uhrzeit	16.07.04, 12.50 Uhr
Interviewdauer	40 min
Befragungsort	Patientenzimmer am Bett
Anwesend (außer Pat. und Interviewerin)	
Störungen	keine

Die Patientin war...
X aufgeschlossen 0 zögernd
X gesprächig X emotional beteiligt
X ist „angekreuzt", 0 bedeutet „nicht angekreuzt"

Reaktion auf Interviewerin:
sehr freundlich und offen

Affektive Reaktionen:
keine

Erzählstil/Deutschkenntnisse:
normal

Besonderheiten/Probleme/Sonstiges:
keine

Wichtige Ergänzungen zur Krankheitsgeschichte:
Patientin hat den Knoten bei einer Selbstuntersuchung gefunden. Sie ist zuerst zum Radiologen gegangen und dann zum Gynäkologen Dr. Magnus. Sie hat 27 Jahre als Laborantin im Klinikum gearbeitet und wollte nicht dort operiert werden. Deshalb hat sie sich fürs Josefinum entschieden. Die Diagnose war für sie ein großer Schock und die Gespräche mit der Case Managerin haben ihr sehr geholfen. Sie wurde brusterhaltend operiert und momentan geht es ihr gut. Sie hat Angst vor der Chemo.

Wichtige Ergänzungen zur familiären Situation und zum sozialen Netz:
Patientin ist geschieden und hat einen erwachsenen Sohn. Seit 8 Monaten hat sie einen Lebensgefährten, der sie sehr unterstützt. Sie pflegt ihre Mutter (Pflegestufe 3).

Wichtige Ergänzungen zur Unterstützung nach der Diagnose bzw. zu den Bedürfnissen der Pat. in dieser Zeit:
Patientin wollte so schnell wie möglich operiert werden und hat auch kurzfristig einen Termin bekommen. Aber dann gab es Probleme mit der Unterbringung der pflegebedürftigen Mutter. Erst nachdem sie der Person der Sozialstation, die für die Kurzzeitpflege zuständig war, gedroht hat, sich an das mammaNetz zu wenden, hat sie prompt den Platz bekommen. Die Unterstützung durch das mammaNetz war sehr wichtig für sie vor allem bei der Angstbewältigung.

Gesprächsprotokoll 4 (für B2)

Probandennummer	5/113 KD
Datum, Uhrzeit	19.01.05, 13.00 Uhr
Interviewdauer	75 min
Befragungsort	Turmzimmer beta Institut
Anwesend (außer Pat. und Interviewerin)	
Störungen	keine

Die Patientin war...

X	aufgeschlossen	0	zögernd
X	gesprächig	X	emotional beteiligt

X ist „angekreuzt“, 0 bedeutet „nicht angekreuzt“

Reaktion auf Interviewerin:
besonders positiv und offen

Affektive Reaktionen:
Ärger über den Chirurgen Klinikum Rechts der Isar, München, weil er die Frau unter Druck gesetzt hat, sich operieren zu lassen.

Erzählstil/Deutschkenntnisse:
normal

Besonderheiten/Probleme/Sonstiges:
Angst vor der Operation, deshalb lässt sie sich nicht operieren.

Wichtige Ergänzungen zur Krankheitsgeschichte:
Keine Operation (bis jetzt). 6 x 3 Zyklen Chemotherapie und Antihormonspritze, die sie mehr belasten, als die Chemo selbst (starke Wechseljahressymptome, Gewichtszunahme). Bei der PET-Untersuchung: Der Tumor in der linken Brust ist weg und die Metastasen in den Lymphknoten. Der Tumor in der rechten Brust ist kleiner geworden, aber Patientin überlegt jetzt, ob sie sich trotz der Ängste doch nicht operieren lässt. Aus dem Grund ist sie (auf Anraten von Dr. Ringel) zu Dr. Piepke (Rechts der Isar) gefahren.

Wichtige Ergänzungen zur familiären Situation und zum sozialen Netz:
Mit der Mutter hat die Patientin gerade endgültig gebrochen und das hat ihr gut getan. Drei gute Freunde tun sich sehr schwer mit ihrer Verweigerung der Operation, was die Freundschaften ziemlich belastet.

Wichtige Ergänzungen zur Unterstützung nach der Diagnose bzw. zu den Bedürfnissen der Pat. in dieser Zeit:
Sie wird vor allem vom Psychoonkologen Herrn Scholz unterstützt und ist von ihm richtig begeistert, wie auch vom Gynäkologen Dr. Ringel. Vom mammaNetz wird sie umfassend beraten und begleitet und ist mit dieser Unterstützung sehr zufrieden. Auch der Kontakt zur Selbsthilfegruppe, ist für sie wichtig, obwohl die Stimmung in dieser Gruppe recht niedergeschlagen ist.

Gesprächsprotokoll 4 (für B1)

Probandennummer	3/125 BC
Datum, Uhrzeit	25.10.04, 14.25 Uhr
Interviewdauer	40 min
Befragungsort	Besucherzimmer Klinikum Augsburg
Anwesend (außer Pat. und Interviewerin)	
Störungen	keine

Die Patientin war...
X aufgeschlossen 0 zögernd
X gesprächig X emotional beteiligt
X ist „angekreuzt", 0 bedeutet „nicht angekreuzt"

Reaktion auf Interviewerin:
positiv und freundlich

Affektive Reaktionen:
Angst vor der endgültigen Diagnose (Metastasen?) und vor den Reaktionen der ländlichen Umgebung.

Erzählstil/Deutschkenntnisse:
normal

Besonderheiten/Probleme/Sonstiges:
keine

Wichtige Ergänzungen zur Krankheitsgeschichte:
Den Knoten hat die Patientin selbst getastet. Sie ist regelmäßig zur Frauenärztin gegangen und im April 2004 hat der Arzt noch nichts erstastet. Beim Ultraschall und Mammografie wurde der zweite nicht tastbare Knoten hinter dem ersten entdeckt und man musste die Brust und alle Lymphknoten entfernen. Patientin hat vor allem Angst vor den möglichen Metastasen und wartet sehr gespannt auf die endgültigen Ergebnisse.

Wichtige Ergänzungen zur familiären Situation und zum sozialen Netz:
Patientin arbeitet als Bäuerin und hat 3 Kinder und einen großen Haushalt. Es belastet sie sehr, dass sie dem Mann nicht mehr helfen kann. Die Schwiegereltern leben im gleichen Haus und versuchen auch zu helfen.

Wichtige Ergänzungen zur Unterstützung nach der Diagnose bzw. zu den Bedürfnissen der Pat. in dieser Zeit:
Sofort nach der Diagnose im Klinikum Augsburg hat die Patientin durch die Intervention des mammaNetzes eine professionelle Unterstützung im Haushalt bei der Krankenkasse organisiert und hat die auch bekommen. Die älteste Tochter (21 Jahre) und die Schwiegereltern helfen ihr. Nach der Diagnose war sie ziemlich schockiert und wollte eigentlich nicht darüber reden. Sie hat sich eher in die Arbeit gestürzt. Sie lebt in einem kleinen Dorf und hat Angst, wie die Leute auf ihre Erkrankung reagieren (ob sie vielleicht als eine Aussätzige behandelt wird). Sie kennt eine andere Frau (Mutter eines Kindes aus dem Kindergarten ihres jüngsten Sohnes), die vor einiger Zeit das Gleiche durchgemacht hat. Es hat die Patientin sehr gefreut, dass die andere Frau ihr ein Gespräch angeboten hat. Die Unterstützung durch die Case Managerin des mammaNetzes ist für sie sehr wichtig. Aber sie wird ihr nicht bei dem wichtigsten Anliegen, nämlich wieder gesund zu werden, helfen können. Eine professionelle Ansprechpartnerin außerhalb der Familie und dem Freundeskreis ist für sie momentan sehr wichtig.

Kolibri 360 GmbH
Ferdinand-Jühlke-Straße 7
99095 Erfurt, Deutschland
produktsicherheit@kolibri360.de

Druck:
CPI Druckdienstleistungen GmbH
im Auftrag der
Kolibri 360 GmbH
Ferdinand-Jühlke-Str. 7
99095 Erfurt